余嘉錫著作集

四庫提要辨證

二

中華書局

四庫提要辨證卷十

子部一

儒家類一 總目卷九十一

荀子二十卷

周荀況撰。況趙人，亦曰荀卿。漢人或稱曰孫卿，則以宣帝諱詢，避嫌名也。

嘉錫案：史記孟子荀卿列傳索隱云：「後亦謂之孫卿者，避漢宣帝諱也。」漢書藝文志注師古曰：「本曰荀卿，避宣帝諱，故曰孫。」蓋唐人皆以爲避諱，故提要從之。顧炎武日知録卷二十七云：「楚元王傳孫卿，師古曰荀況，漢以避宣帝諱改之。按漢人不避嫌名，荀之爲孫，如孟卯之爲芒卯，司徒之爲申徒，語音之轉也。」是避諱之説，已爲顧氏所駁，提要尚沿舊説，蓋偶失考。謝墉校正荀子後附記云：「荀卿又稱孫卿，自司馬貞顔師古以來，相承以爲避宣帝諱。考漢宣名詢，漢時尚不諱嫌名，且如後漢李恂，與荀淑、荀爽、荀悦、荀彧，俱書本字，詎反於周時人名見諸載籍者而改稱之？若然，則左傳自荀息至荀瑶多矣，何不改耶？且卽前漢之任敖、公孫敖，俱不避元帝之名驁也。蓋荀音同孫，語遂移易，如荆軻在衞，人謂之慶卿；而之燕，人謂之荆卿。又如張良爲韓信都，潛夫論云信都者，司徒也。俗音不正，曰信都，或曰申徒，或勝屠，然其本一司徒耳。然則荀之爲孫，正如此比，以爲避宣帝諱，當不其然。」近人胡元儀郇卿別傳考異見王先謙荀子集解卷首。云：「林寶元和姓纂郇，周文王十七子郇侯之後，以國爲氏，後又去邑爲荀，晉有荀林父，生庚，裔孫況。以上姓纂之説，胡氏尚有辨論之語，今略去。史記稱荀卿，國策、劉向漢書藝文志、應劭風俗通皆稱孫卿。司馬貞顔師古皆以爲避宣帝諱詢故改稱孫。謝東墅案卽謝墉。駁郇卿之稱孫卿不因避諱，足破千古之惑；以爲俗音不正，若司徒、信都，則仍非也。且郇卿趙人，古郇國在今山西猗氏縣境，其地于戰國正屬趙，故爲趙人。又稱孫者，蓋郇伯公孫之後，以孫爲氏也。王符潛夫論姓氏篇云王孫氏、公孫氏，國自有之。孫氏者，或王孫之班，或公孫之班也。是各國公孫之後，皆有孫氏矣。由是言之，郇也，孫也，皆氏也。戰國之末，宗法廢絶，姓氏混一，兩姓並稱者，實皆古之氏也。如陳完奔齊，史記稱田完；陳恒見論語，史記作田常；陳仲子見孟子，郇卿書陳仲、田仲互見；田駢見郇卿書，呂覽作陳駢；陳、田皆氏，故兩稱之。推之荆卿之稱慶卿，亦是類耳。若以俗音不正，二字同音，遂致移易爲言，尚未達其所以然之故也。郇卿書稱孫子，仍之不改，郇卿自稱之辭也。自史公稱郇卿，其後裔荀淑等皆曰荀，相沿至今，皆曰郇子，故不復稱孫也。」王先謙漢書補注卷三十引謝氏、胡氏之説論之云：「案胡氏説尤墒，荀書議兵篇稱孫卿子，此自著其氏也。」嘉錫以爲謝氏、胡氏之説皆言之成理，正可並存。至謝氏之説，實就日知録而敷演之，乃終篇不及顧氏，似有掠美之嫌。胡氏王氏竟不引日知録，則失之眉睫之前矣。又荀氏雖出自郇侯，然自左傳以後皆作荀，無作郇者。胡氏所作别傳，必欲改孫卿子之氏爲郇，近於駭俗，亦其僻也。

楊倞所注，亦頗詳洽。唐書藝文志以倞爲楊汝士子，而宰相世系表則載楊汝士三子一名知温，一名知遠，一名知至，無名倞者。表、志同出歐陽修手，不知何以互異？意者，倞或改名如温庭筠之一名岐歟？

案郝懿行荀子補注後附與李璋煜書論楊倞始末，首敍璋煜之説，與提要此節相同。郝氏申論之云：「余謂志、表互異，當由史氏未詳，故闕然弗備。又按唐書倞不立傳，當由仕宦未達，無事實可詳。汪氏容甫據古刻叢鈔載唐故蔚州刺史馬公墓志銘，其文則楊倞所作，題云朝散大夫使持節汾州諸軍事守汾州刺史楊倞撰，結衔較荀子加詳。汪氏又據志載會昌四年，定爲武宗時人。案汪氏説見述學補遺荀卿子通論後。然則此恐别一楊倞，若藝文志注荀子之人止題大理評事，而無朝散大夫以下衔者，蓋非一人可知矣。汪孟慈案名喜孫，即容甫中之子。深以此説爲不然，因言藝文志但云楊汝士子，安知不有兩楊汝士也？余無以應之。」勞格唐郎官石柱題名考卷二十五主客郎中楊倞條下云：「石刻唐馬公紓墓誌銘，朝請大夫使持節汾州諸軍事守汾州刺史楊倞撰。原注古刻叢鈔會昌四年。會要三十九長慶三十年正月，刑部又請奏大理司直楊倞等詳正勑格。沈亞之送韓北渚赴江西序北諸賓仕於江西府，其友相與訊其將處者爲誰歟，曰有弘農生倞耳。夫弘農，愼於其道，不欺者也。北渚之往，吾無虞其類之患。原注沈下賢集九。新書藝文志丙部子録儒家類楊倞注荀子二十卷。原注汝士子，守大理評事。序末題歲在戊戌大唐睿聖文武皇帝元和十三年十二月。案倞，新表失載，郝懿行疑撰馬紓墓誌者別一楊倞，汪喜孫疑有兩楊汝士，似俱非。」其所考證，較提要及汪氏、郝氏之説加詳。即其所引諸書考之，倞蓋於元和中官大理評事時注荀子，唐志即據其注書時結銜載之。其後長慶時遷大理司直，會昌中出守汾州。其官主客郎中，則不知何時，要當在出守之前後也。據沈亞之文，則又嘗爲江西幕僚，特不知其爲何官耳。若新志謂爲楊汝士子自當是世系表越公房之楊汝士，蓋志書某人子，必其人見於本史。汝士，新書附見楊虞卿傳，故舉其名。若如汪喜孫之説，爲別一不知名之楊汝士，則必不注爲汝士子。志中撰書人多矣，固未嘗一一著其爲某人子也。若以世系表不載而疑之，則表與志傳牴牾處甚多，蓋呂夏卿雖熟於譜學，而其撰世系表亦止就諸家譜牒録之，未暇博考羣書，不足據以爲定也。況提要改名之説固亦事理之所有乎？郝氏以注荀子之楊倞爲憲宗元和時人，而撰馬紓墓誌者爲武宗會昌時人，遂疑爲别一楊倞。汪孟慈以郝氏攻駁其父之説心不能平，而無以折之，因造爲兩楊汝士之説，以與郝氏相枝拄。要之，皆意氣之争，而未嘗考之於事實者。考新書楊汝士本傳云：「開成初由兵部侍郎爲東川節度使。」開成元年下距會昌四年僅九年，則其子固宜尚在。即自倞注荀子時之元和十三年起算，至會昌四年，亦僅二十六年，倞於是時固未爲甚老也。安見其非一人耶？唐摭言卷八别頭及第條記會昌四年王起奏五人，其一爲楊知至，注云：「刑部尚書汝士之子。」據世系表知至爲汝士第三子，當是倞之弟。知至於會昌四年方始及第，則倞於是年官刺史，猶爲早達矣。唐書汝士本傳云：「子知温、知至悉以進士第入官，知温終荆南節度使，知至爲宰相劉瞻所善，以比部郎中知制誥。瞻得罪亦貶瓊州司馬，累擢户部侍郎。」通鑑卷二百五十二懿宗咸通十一年書貶比部郎中知制誥楊知至於嶺南，又卷二百五十三云：「僖宗乾符四年十二月王仙芝寇荆南，節度使楊知温，知至之兄也。以文學進，不知兵。或告賊至，知温以爲妄，不設備。五年春正月丁酉朔大雪，知温方受賀，賊已至城下，遂陷羅城，將佐共治子城而守之，請知温出撫士卒。知温紗帽皂裘而行，見士卒拒戰，猶賦詩示幕僚。」知温、知至至懿僖時尚存，則倞於武宗時爲刺史，尚遠在其前，固不足怪。然則注荀子與撰馬紓墓誌者，不害其爲一人。汪容甫之言，原無繆誤。郝氏及孟慈兩相争論，持矛刺盾，徒自墮荆棘叢中耳。新志於撰書人仕履不詳其終於何官者，多就其本書結銜題之，往往新書有傳者，志亦不舉其所終之官。況倞本無傳，石刻又出於元、明之間，撰藝文志時固未之見者乎？勞氏以郝氏及孟慈之説爲俱非，誠確不可易。余故推明其意，更爲之考定如此，且以裨提要之闕焉。

新語二卷

舊本題漢陸賈撰。案漢書賈本傳稱著新語十二篇。漢書藝文志儒家陸賈二十七篇，案漢志實二十三篇，此七字誤。蓋兼他所論述計之。隋志則作新語二卷，此本卷數與隋志合，篇數與本傳合，似爲舊本。然漢書司馬遷傳稱遷取戰國策、楚漢春秋、陸賈新語作史記。楚漢春秋張守節正義猶引之，今佚，不可考。戰國策取九十三事，皆與今本合。惟是書之文，悉不見於史記。

嘉錫案：自來目録家皆以新語爲陸賈所作，相傳無異詞，至提要始創疑其僞，而其所考，至爲紕繆，不足爲據。如所引漢書司馬遷傳，考之漢書，實無其文，遷傳終篇未嘗言及陸賈新語。其贊中惟言「司馬遷據左氏、國語，采世本、戰國策，述楚漢春秋，接其後事，訖于大漢。」亦無取陸賈新語作史記之語。惟高似孫子略卷三云:「班固稱太史公取戰國策、楚漢春秋、陸賈新語作史記。」此蓋似孫誤記,而提要誤信之,未及覆考之漢書本傳也。卷五十一雜史類戰國策提要後案語引班固語,尚不誤。考後漢書班彪傳、史通古今正史篇述史記所采書,皆與遷傳贊同,他書亦無取新語作史記之説,則是書之文,悉不見於史記,固其宜也。

王充論衡本性篇引陸賈曰:「天地生人也,以禮義之性。人能察己所以受命,則順。順謂之道。」今本亦無其文。

案是書賈本傳作十二篇,漢志儒家陸賈二十三篇,提要既知爲兼他論述計之,則論衡本性篇所引之語,稱陸賈曰,不稱新語曰,自是賈他論述中之文。故嚴可均鐵橋漫稾卷五新語敍謂:「本性篇所引,當在漢志二十三篇中。」則今本之無其文,亦不足異。論衡書虛篇引陸賈曰:「離婁之明,不能察帷薄之內;師曠之聰,不能聞百里之外。」其文亦不見於今本。又薄葬篇云:「聖賢之業,皆以薄葬省用爲務。然而世尚厚葬,有奢泰之失者,儒家論不明,墨家議之非,故也。墨家之議右鬼,以爲人死輒爲神鬼而有知,能形而害人,故引杜伯之類以爲效驗。儒者不從,以爲死人無知,不能爲鬼,然而賻祭備物者,示不負死以觀生也。陸賈依儒而説,故其立語,不肯明處。」今新語無論鬼神之語,此亦引賈他著述也。西京雜記卷三曰：「樊將軍噲問於陸賈曰：自古人君皆云受命於天，云有瑞應，豈有是乎？陸賈應之曰有。夫目瞤得酒食，燈火花得錢財，乾鵲噪而行人至，蜘蛛集而百事喜。小既有徵，大亦宜然。故目瞤則咒之，燈火花則拜之，乾鵲噪則餧之，蜘蛛集則放之。況天下大寶，人君重位，非天命何以得之哉？瑞者，寶也，信也。天以寶爲信，應人之德，故曰瑞應。無天命，無寶信，不可以力取也。」太平廣記卷一百三十五引殷芸小說畧同。西京雜記乃晉葛洪雜抄諸書爲之，說詳彼書條下。此所記陸賈之語，以意度之，必出於陸賈二十三篇之中，蓋就論衡所引觀之，知賈喜論性命鬼神之事，此條之論瑞應，與其書之宗旨體裁，正復相合也。賈所著書，除新語外，其可考者如此。提要及嚴氏僅引本性篇一條，蓋猶考之未詳矣。

又穀梁傳至漢武帝時始出，而道基篇末乃引穀梁傳曰，時代尤相牴牾，其殆後人依託，非賈原本歟？

案穀梁傳出世時代，御覽卷六百十引桓譚新論云：「左氏傳世後百餘年魯穀梁赤爲春秋，殘略多所遺失。又有齊人公羊高緣經作傳，彌失其本事矣。」禮記王制「天子諸侯無事則歲三田」章疏引鄭玄云：「穀梁近孔子，公羊正當六國之亡。」此鄭釋廢疾之文。漢書儒林傳云：「漢興，高祖過魯，申公以弟子從師入見於魯南宮，申公卒以詩、春秋授，而瑕邱江公盡能傳之。」又云：「瑕邱江公受穀梁春秋及詩於魯申公。」並無穀梁傳至武帝時始出之説。提要之意，蓋以瑕邱江公受穀梁春秋於魯申公，申公之學惟江公盡能傳之。申公至武帝時年八十餘乃卒，而江公在武帝時與董仲舒並，以上並見儒林傳。因謂穀梁傳至是始出，爲賈之所不及見，不知申公爲浮邱伯弟子，其穀梁春秋之學，自當是受之於伯。高祖過魯，申公以弟子從師入見，師蓋卽浮邱伯。其時賈方以客從高祖定天下，居左右。呂太后時浮邱伯在長安，楚元王遣子郢客與申公俱卒業，見楚元王傳及儒林傳。賈亦方爲陳平畫與絳侯交驩之策。均見賈傳。是賈與浮邱伯正同時人，又同處一地，何爲不可以見穀梁春秋乎？新語資質篇云：「鮑邱之德行，非不高於李斯、趙高也，然伏隱蒿廬之下，而不録於世，利口之臣害之也。」鹽鐵論毁學篇云：「李斯與包邱子俱事荀卿，包邱子不免於甕牖蒿廬。」又云：「方李斯之相秦也，始皇任之，人臣無二，而荀卿爲之不食，覩其罹不測之禍也。包邱子飯麻蓬藜，修道白屋之下，樂其志，安之於廣厦芻豢，無赫赫之勢，亦無戚戚之憂。」與新語所言鮑邱、李斯之事合。飯麻蓬藜修道白屋之下，卽所謂伏隱蒿廬之下，包邱卽鮑邱，古字通用。文苑英華卷八百五，顧況華亭縣令包公壁記云：「鮑靚通靈之士秦有包邱，漢有包咸。」是唐人尚以鮑與包邱爲一姓也。包又與浮通，左氏隱八年經「浮來」穀梁作「包來」，是其證。鮑邱子卽浮邱伯汪中荀卿子通論、顧千里鹽鐵論考證後序、沈欽韓漢書疏證卷二十七，均謂包邱子卽浮邱伯，今參用其意，更詳加考證如此。浮邱伯爲孫卿門人，見楚元王交傳。賈著新語在申公卒業之前，浮邱尚未甚老，賈之年輩當亦與相上下，而賈極口稱之，形於奏進之篇。其意蓋欲以此當薦書，則其學出於浮邱伯，尤有明徵。穀梁傳序疏云：「穀梁子名俶，字元始，魯人，一名赤，受經於子夏，爲經作傳，傳孫卿。孫卿傳魯人申公，申公傳博士江翁。」閻若璩尚書古文疏證卷四云：「申公受詩浮邱伯。伯，荀卿門人。申於詩爲再傳，何獨於春秋而親受業乎？且申至武帝初年八十餘，計其生當在秦初并天下日，荀卒已久，疏凡此等，俱悠謬不勝辨。」沈欽韓漢書疏證卷三十四云：「案申公之年不能逮事荀卿，而其師浮邱伯也，蓋荀卿傳浮邱伯，浮邱伯傳申公。」其說是也。浮邱伯以詩及穀梁傳授弟子，賈與之同時，敬其德行，安知其不從之問春秋大義，如司馬遷之問故於孔安國耶？特賈非專門名家，故儒林傳不列其名耳，則其引穀梁傳，曾何足異乎？

劉歆移太常博士書所云：「漢興，天下惟有易卜，至文帝時，詩始萌芽，至武帝，然後鄒魯梁趙頗有詩、禮、春秋。先師者，特謂文、景以前諸儒，皆孤經傳授。至武帝時，鄒、魯、梁、趙，皆有先師，其傳始廣耳。考之漢書楚元王傳，交與申公受詩浮邱伯。伯者，孫卿門人也。及秦焚書，各别去，元王至楚。高后時浮邱伯在長安，元王遣子郢客與申公俱卒業。」又儒林傳云：「漢興，言易，自淄川田生；言書，自濟南伏生；言詩，於魯則申培公，於齊則轅固生，燕則韓太傅；言禮，則魯高堂生；言春秋，於齊則胡毋生，於趙則董仲舒。」又云：「漢興，高堂生傳士禮十七篇而魯徐生善爲頌。孝文時，徐生以頌爲禮官大夫，胡毋生治公羊春秋，爲景帝博士。漢興，北平侯張蒼及梁太傅賈誼皆修春秋左氏傳。」是則詩之萌芽，早在高后之時，而禮與春秋，自漢興已有先師矣，安得執劉歆之言，謂穀梁傳至武帝時始出乎？辨惑篇引魯定公與齊侯會于夾谷事，與穀梁傳略同，而其詞加詳。公羊既無其事，左傳所載復不同，知其用穀梁義也。「兩君升壇，兩相處下，而相欲揖」，傳作「兩君就壇，兩相相揖」。「夷狄之民何求爲」，傳作「夷狄之民何來爲」。「使優旃儛於魯公之幕下」，傳作「使優施舞於魯君之幕下」。可以考見古今傳文之異。至德篇云：「魯莊公一年之中，以三時興築作之役。案謂三十一年春築臺于郎，夏築臺于薛，秋築臺于秦也。規固山林草澤之利，與民爭田漁薪菜之饒，刻桷丹楹，眩曜靡麗。收十二之税，不足以供回邪之欲，繕不用之好，以快快字原缺，據治要補。婦人之目。財盡於驕盈，人力罷於不急。上困於用，下飢於食，乃遣，臧孫辰請原缺二字。於齊。倉廩空匱，外人知之，於是爲宋、陳、衛所伐。」考穀梁莊二十八年冬築微傳云：「山林藪澤之利，所以與民共也，虞之非正也。」臧孫辰告糴于齊傳云：「國無三年之畜，曰國非其國也。古者税什一，豐年補敗不外求，而上下足也。雖累凶年，民弗病也。一年不艾，而百姓饑，君子非之。」三十一年秋築臺于秦傳云：「不正罷民三時，虞山林藪澤之利。且財盡則怨，力盡則懟，君子危之，故謹而志之也。」賈説全出於此。所謂規固山林草澤之利，與民爭田漁薪菜之饒者，左氏公羊皆無此事，知賈爲用穀梁師説也。明誡篇云：「聖人察物，無所遺失，上及日月星辰，下至鳥獸草木昆蟲。原缺三字鷁之退飛，治五石之所隕，所以不失纖微。至於鴝鵒來，冬多麋，言鳥獸之類原缺三字也。十有二月李梅實，十月殞霜不殺菽，言寒暑之氣失其節也。鳥獸草木，尚欲各得其所，綱之以法，紀之以數，而況於人乎？」案穀梁僖十六年六鷁退飛過宋都傳云：「子曰：石，無知之物；鷁，微有知之物。石無知，故日之；鷁微有知之物，故月之；君子之於物，無所苟而已。石鷁猶且盡其辭，而況於人乎？故五石、六鷁之辭不設，則王道不亢矣。」范甯注云不遺細微，故王道可舉。此亦左氏、公羊所未言，知賈說本於此也。以此數條推之，知全書所言春秋時事，皆用穀梁家法，又不獨道基篇所引一條而已。近人劉師培左盦集卷二春秋三傳先後考云：「周季漢初之儒，凡治春秋，均三傳並治，非惟荀卿之書可徵也。觀陸賈新語道基篇明引穀梁傳而輔政、無爲、至德、懷慮、明誠諸篇均述公羊誼，爲繁露所本。若辨惑一篇甄引孔子論嘉樂諸言，則又悉本左傳。」又左氏學行於西漢考云：「新語之說，多本公、穀，然辨惑篇載孔子嘉樂不野合二語，均本左傳，則賈兼通三傳。」余謂賈兼通左傳，誠如劉說，但不過引用其語耳。至其說春秋大義，實用穀梁家法。若春秋繁露之說，或有與賈相似者，此自仲舒被服新語耳，不得以賈爲述公羊誼也。蓋公羊傳至漢景帝時始由公羊壽與齊人胡毋子都著於竹帛，當漢初時尚是口說相傳，賈未必得聞之。若穀梁則賈親從浮邱伯游，自得從之問故也。又至德篇末有故春秋穀四字，其下文闕佚，蓋亦引穀梁傳也。楊士勛穀梁疏謂穀梁子爲經作傳，而徐彥公羊疏則謂穀梁亦是著竹帛者題其親師，故曰穀梁傳，二說不同，今亦不敢斷其孰是。四庫提要卷二十六云疑徐彦之言爲得其實。然既爲賈所徵引，足知其著竹帛先於公羊，桓譚、鄭玄之言，信而有徵矣。漢儒諸經師說，雖多亡佚，然其遺文散見諸書者，多可裒集。惟穀梁春秋以後人治之者鮮，漢儒之說幾希殆絕，賈書幸而僅存其說，猶在申公、瑕邱江公之前，去著竹帛時未遠，微言大義，皆有所受，治經者宜若何寶重之乎？有清一代，經學極盛，而於賈之穀梁義鮮稱述之者，豈非爲提要不根之說所惑耶？

考馬總意林所載，皆與今本相符。李善文選注於司馬彪贈山濤詩引新語曰：「梗梓仆則爲世用。」於王粲從軍詩引新語曰：「聖人承天威，承天功，與之争功，豈不難哉！」於陸機日出東南隅行引新語曰：「高臺百仞。」於古詩第一首引新語曰：「邪臣之蔽賢，猶浮雲之障日月。」於張載雜詩第七首引新語曰：「建大功於天下者，必垂名於萬世也。」以今本核校，雖文句有詳略異同，而大致亦悉相應，似其僞猶在唐前。惟玉海稱「陸賈新語今存於世者，道基、術事、輔政、無爲、資質、至德、懷慮，纔七篇。」此本十有二篇，乃反多於宋本，爲不可解。或後人因不完之本，補綴五篇，以合本傳舊目也。

案嚴氏新語敍曰：「史記本傳十二篇，漢書同，藝文志作二十三篇，疑兼他論譔計之。史記正義引梁七録，新語二卷，陸賈撰。隋志、舊新唐志同。崇文總目、郡齋讀書志、書録解題皆不著録。王伯厚漢藝文志考證云今存道基、雜事、輔政、無爲、資質、至德、懷慮七篇，蓋宋時佚而復出，出亦不全。至明弘治間，莆陽李庭梧字仲陽得十二篇足本，刻版於桐鄉縣治。後此有姜思復本、胡維新本、子彙本、程榮、何鏜叢書本，皆祖李庭梧。或疑明本十二篇反多於王伯厚所見，恐是後人因不全之本補綴五篇，以合本傳篇數。今知不然者，羣書治要載有八篇，按見治要卷四十。其辨惑、本行、明誡、思務四篇，皆非王伯厚所見，而與明本相同。文選張載雜詩注引『建大功於天下者，必垂名於萬世也』，古詩行行重行行注引『邪臣之蔽賢，猶浮雲之障日月』，今在辨惑篇。王粲從軍詩注引『聖人承天威，承天功，與之爭功，豈不難哉』，今在本行篇。意林所載『衆口毁譽，浮石沈木，羣邪相抑，以直爲曲』，今在辨惑篇。『玉斗酌酒，金椀刻鏤，所以夸小人，非厚己也』，今在本行篇。足知多出五篇是隋、唐原本。」嚴氏所考足以釋提要之疑。羣書治要爲修四庫書時所未見，提要不知其所載新語同於今本，固不足怪。獨是提要既謂此書之僞似在唐前，又謂後人因不完之本補綴五篇。夫所謂不完之本者，卽王伯厚之所見也。伯厚爲南宋末人，信如提要之言，則必伯厚所見之七篇爲唐以前人所僞作，今本多出之五篇，出於宋以後人之僞作而後可。乃其所引意林及文選注所謂與今本雖有詳略異同而大致亦悉相應者，竟多見於後出之篇。然則此五篇者究出於唐以前耶，宋以後耶？可謂自相矛盾，多所牴牾者矣。考宋黄震日抄卷五十六云：「新語十二篇，漢大中大夫陸賈所撰。一曰道基，言天地既位，而列聖制作之功。次曰術事，言帝王之功，當思之於身，舜棄黄金，禹捐珠玉，道取其至要。三曰輔政，言用賢。四曰無爲，言舜、周。五曰辨惑，言不苟合。六曰慎微，言謹内行。七曰資質，言質美者在遇合。八曰至德，言善治者不尚刑。九曰懷慮，言立功當專一。十曰本行，言立行本仁義。十一曰明誡，言君臣當謹言行。十二曰思務，言聞見當務執守，此其大略也。」其所敍篇目，與今本皆合，且能每篇言其作意，是十二篇未嘗闕也。黄氏與王伯厚皆生於宋末，正是同時之人。然則當時自有兩本，一只七篇，一則十二篇，王氏偶見不全之本耳。乃提要遽謂宋本只七篇，餘出後人補綴，嚴氏亦謂宋時佚而復出，出亦不全，皆不考之過也。

今但據其書論之，則大旨皆崇王道，黜霸術，歸本於修身用人。其稱引老子者，惟思務篇引上德不德一語，餘皆以孔氏爲宗，所援據多春秋、論語之文。漢儒自董仲舒外，未有如是之醇正也。流傳既久，其真其贋，存而不論可矣。

案：班固賓戲云：「近者陸生優游，新語以興；董生下帷，發藻儒林；劉向司籍，辨章舊聞；揚雄覃思，法言、太玄；皆及時君之門闈，究先聖之壼奥，婆娑虖術藝之場，休息虖篇籍之囿，以全其質，而發其文。」漢書敍傳、文選卷四十五。漢書高祖本紀云：「天下既定，命蕭何次律令，韓信申軍法，張蒼爲章程，叔孫通制禮義，陸賈造新語。」高紀此節，史記所無，班固采自太史公自序，但自序無「陸賈造新語」一句，又班氏所自增。論衡案書篇云：「新語陸賈所造，蓋董仲舒相被服焉。案漢書河間獻王傳云「被服儒術，造次必於儒者」注師古曰：「被服，言常居處其中也。」通鑑卷十八胡注云：「被服者，言以儒術衣被其身也。」與顏注雖異，而意亦不甚相遠。王先謙漢書補注定從胡注，未爲不可，乃又云：「史記作被服造次必於儒者，則謂不服奇衺，不苟行止也。」此則純出臆說，未免畫蛇添足。如此文之董仲舒相被服，可以不服奇衺解之乎？皆言君臣政治得失，言可采行，事美足觀，鴻知所言，參貳經傳，雖古聖之言，不能過增。陸賈之言，未見遺闕，而仲舒之言雩祭可以應天，土龍可以致雨，頗難曉也。」又超奇篇云：「陸賈、董仲舒論說世事，由意而出，不假取於外。」又云：「陸賈消呂氏之謀，與新語同一意。」其爲漢人推重如此。王充謂其言君臣政治得失，論說世事，與今本體裁亦復相合，知新語確爲敷陳治道之書，非記事之書。且班固稱之曰：「究先聖之壼奥，婆娑術藝，休息篇籍。」王充稱之曰：「參貳經傳，雖古聖之言，不能過增。」則其崇王道，黜霸術，援據春秋、論語，以孔氏爲宗正，不待作提要之時讀其書而始知之也。況班固以之與董仲舒、劉向、揚雄並言，又與蕭何、韓信、張蒼、叔孫通諸家之開國制作同稱，其重之也至矣。王充謂新語蓋董仲舒相被服，是仲舒固亦推服其書，故充屢以二人之書相衡較，且謂仲舒不如賈。然則提要所謂漢儒自董仲舒外未有如是之醇正者，不獨不足爲奇，尚嫌高視仲舒，所以贊賈者，未及其量也。宋黄震日抄卷四十六謂「漢初諸儒，未有賈比。」卷四十七又云：「賈庶幾以道事君者。」其稱譽賈甚至，然其卷五十六又謂：「此書似非賈之本真。」則其識亦尚未足以知賈矣。嚴氏敍云：「子書，新語最純最早，貴仁義，賤刑威，述詩、書、春秋、論語，紹孟荀而開賈董，卓然儒者之言，史遷目爲辨士，未足以盡之。」嚴氏此論甚善，雖其意亦取之於提要，然提要非真能知新語者，惟嚴氏乃能知之耳。但嚴氏又謂穀梁傳孝武始立學，非陸賈所預見，則猶未免惑於提要之説。穀梁傳由荀卿、浮邱伯以授之申公，賈與浮邱伯同時相善，何爲不可預見乎？且據儒林傳穀梁春秋至宣帝時始徵江公孫爲博士，孝武時未嘗立諸學官也。道基篇引穀梁傳曰：「仁者以治親，義者以利尊。」今穀梁傳無其文，鍾文蒸穀梁補注謂此語乃漢志所稱穀梁外傳、穀梁章句之語，而通謂之傳，見補注卷首論傳篇。其説似爲得之。嚴氏謂賈所見者穀梁舊傳，疑瑕邱江公所受于魯申公者，其本復經改造，非穀梁赤之舊，亦未必然也。要之，賈在漢初，粹然儒者，於詩、書煨燼之餘，獨能誦法孔氏，開有漢數百年文學之先，較之董爲尤難，其功不在浮邱伯、伏生以下。故班固、王充皆亟稱之。漢高以馬上得天下，不知重儒，賈獨爲之稱説詩書，陳述仁義。本傳言其每奏一篇，高帝未嘗不稱善。論衡書解篇云：「高祖既得天下，馬上之計未敗，陸賈造新語，高祖粗納采。」後漢書儒林謝該傳載孔融上書薦該曰：「臣聞高祖創業，陸賈、叔孫通進説詩、書。」則漢初之撥亂反正，賈有力焉。融以賈與叔孫通、范升、衛宏並言，亦以賈爲經學之儒也。然賈實具内聖外王之學，非叔孫通輩陋儒所敢望，惜乎未竟其用，否則經術之興，不待漢武時也。史遷乃曰：「余講陸生新語書十二篇，固當世之辯士。」夫新語豈飛箝捭闔書耶？然則國人皆以孟子爲好辯，又何爲讀之廢書而歎也？本傳敍賈著新語，但言「粗述存亡之徵」，蓋其不足以知陸生如此。班固之智雖足以知之，而其爲賈作傳，僅删去「粗述存亡之徵」一語，此蓋不以史記爲然，有意删去。其他皆沿襲史記，無所發明。傳贊雖改作，但稱其「附會將相，以彊社稷，身名俱榮」，竟不復道及新語。敍傳亦只言「從容諷議，博我以文」而已。博我以文，即指新語言之。後儒因之，遂鮮稱述之者。幸而遺書具在，猶可考見其學問，而提要不能博考，臆決唱聲，誣爲贋作，豈不重可歎哉！愚故逐條辨駁，表而出之，無使讀者惑焉。

所載衛公子鱄奔晉一條，與三傳皆不合，莫詳所本。中多闕文，亦無可校補。所謂文公種米、曾子駕羊諸事，劉晝新論、馬總意林，皆全句引之，知無譌誤。然皆不知其何説。又據犂嗝報之語，訓詁亦不可通。古書佚亡，今不盡見，闕所不知可也。

案新語明誡篇云：「故春秋書衛侯之弟鱄出奔晉，書鱄絶骨肉之親，棄大夫之位，越先人之境，附他人之域，窮涉寒飢，織履而食，不明之效也。」考穀梁襄二十七年傳云：「衛殺其大夫甯喜，衛侯之弟專出奔晉。專，喜之徒也。專之爲喜之徒，何也？己雖急納其兄，與人之臣謀弑其君，是亦弑君者也。專，其曰弟何也？專有是信者，君賂不入乎喜而殺喜，是君不直乎喜也。故出奔晉，織絇邯鄲，終身不言衛專之去，合乎春秋。」是穀梁未嘗以絶骨肉之親責鱄，左氏敍鱄事，意多褒美，公羊亦無貶詞。故提要以新語爲與三傳不合。然新語之織履，卽穀梁之織絇也。禮記玉藻注云絇屨，頭飾也。此事左氏公羊皆不載，則仍是用穀梁義也。穀梁雖謂鱄之去合乎春秋，然又謂鱄亦弑君者，則於鱄有所不滿，陸生因謂之不明。公羊何休注云：「傳極道此者，見獻公無信，刺鱄兄爲彊臣所逐，既不能救，又移心事剽，背爲姦約，獻公雖因喜得反，誅之小負，未爲大惡，而深以自絶，所謂守小信而忘大義，拘小介而失大忠。」夫所謂忘大義失大忠者，正責其棄骨肉之親，而輕去其國也。或者穀梁先師亦有此説，而賈敍之耳。何休之説公羊，與新語同，則不得謂之與三傳皆不同矣。何休之説亦非公羊傳本意，故陸賈之説不必定爲穀梁本傳所有。淮南子泰族訓云：「夫觀逐者於其反也，而觀行者於其終也，故舜放弟，周公殺兄，猶之爲仁也。文公樹米，曾子架羊，猶之爲知也。」高誘注云：「文公，晉文公也；樹米，而欲生之也。架，連架；所以備知也。」末句不甚可解。此亦望文爲説，而不能詳其本事者。説苑雜言篇亦云：「文公種米，曾子駕羊，孫叔敖相楚，三年不知軛在衡後，務大者固忘小。」然則此固相沿古語，漢人習用者矣。劉子新論觀量篇作晉文種米，曾子植羊，文又小異。世説尤悔篇云：「簡文見田稻不識，問是何草，左右答是稻。簡文還，三日不出，云寧有賴其末，而不識其本。」劉孝標注云：「文公種菜，曾子牧羊，縱不識稻，何所多悔，此言必虛。」亦用此二語，米作菜，駕作牧，疑後人不得其解而妄改之。詳數書之意，蓋言米不可種，羊不可駕，此衆人之所知，而晉文、曾子不知，世或以爲不智。然君子之智，有大於此者。故新語曰：「智者之所短，不如愚者之所長。」見輔政篇。説苑曰：「務大者，固忘小。」劉孝標亦謂無所多悔也，但終不能得其本事耳。資質篇云：「夫窮澤之民，據犂嗝報之士，或懷不羈之才。」各本皆同，故提要以爲訓詁不可通。然考羣書治要卷四十引此句作「據犂接耜之士」，則固文從字順，無不可通者。今本傳寫誤耳。

新書十卷漢賈誼

漢書藝文志儒家賈誼五十八篇。崇文總目云本七十二篇，劉向删定爲五十八篇。隋唐志皆九卷，别本或爲十卷。考今隋唐志皆作十卷，無九卷之説。蓋校刊隋唐書者，未見崇文總目，反據今本追改之。明人傳刻古書，往往如是，不足怪也。

嘉錫案：今隋志、新唐志固皆作十卷，然舊唐志實作九卷。崇文總目成于慶曆元年，見玉海卷五十二。而新唐書成于嘉祐五年，見卷首曾公亮表。後於總目者十九年。則總目所引之唐志，自指舊唐志言之。舊志作九卷，新志不妨自作十卷。提要乃以總目校新志，誤矣。高似孫子略目及玉海卷五十五引隋志，均作賈子十卷，録一卷。是南宋人所見隋志，已同今本，亦非明人所追改也。總目多疏略，不可據之以駁隋志。梁庾仲容子鈔有賈誼新書九卷，（據子略引，今意林卷二作八卷，恐是傳寫之誤。）是此書自唐以前已有九卷、十卷兩本之不同，新舊志各據所見録之耳。

然今本僅五十六篇，又問孝一篇，有録無書，實五十五篇，已非北宋本之舊。又陳振孫書録解題稱首載過秦論，末爲弔湘賦，且節略誼本傳於第十一卷中。今本雖首載過秦論，而末無弔湘賦，亦無附録之第十一卷，且併非南宋時本矣。

案提要所謂今本，蓋明刻本也。盧文弨嘗據宋建本（盧氏目録自注云是宋時刻本，前失去序文，故不知是何年所刻。唯目録後有建甯府陳八郎書鋪印一行，故今稱爲建本。）潭本（自注云宋淳祐八年長沙刻，卽從淳熙八年程漕使本重雕者，題賈子。）校正明刻諸本，刻入抱經堂叢書。其自序（見本書卷首）云：「班書藝文志儒家載賈誼五十八篇。今世所行本，其目祇五十有六。然過秦有三篇，而唯載上下兩篇，又禮容語宋本分上下兩篇，而今本復不分。故視漢志所載缺其二篇。此本十卷，據宋本目録，增多過秦論，（案不當有論字。）中一篇定爲五十八篇，中有其目而亡其書者二篇焉。」（案謂問孝及禮容語上。）盧氏又於過秦中篇目下自注云建本作過秦下，諸本多同。案小司馬云（案見史記秦本紀索隱。）過秦論以孝公已下爲上篇，秦兼并諸侯三十餘郡爲下篇。

據此，則此爲中篇明矣。案據司馬貞言，則唐本新書過秦當分三篇，然與陳涉傳應劭注不合，見後。宋潭州所刻賈子作過秦中，今依用之。考玉海卷五十五備載新書目録，自過秦上下至傳五十八篇，十卷。卷五内問孝下注闕字，卷十禮容語上下注云「上篇闕」。其分卷及篇目，並與盧氏所見建本同，知問孝篇之有録無書，南宋時各本皆同，非自明本始。故明何孟春餘冬敍録卷四十四亦云：「王應麟玉海載是書案謂新書。卷帙、篇章、數名、次第，與世本并同。」王鳴盛十七史商榷卷二云：「秦始皇本紀贊采賈生之言凡二千四五百字，今考此文見賈誼新書卷一過秦上中下三篇。予所藏係宋淳祐八年刻本，最爲可據。自『秦孝公』至『攻守之勢異也』爲上篇，自『秦并海内，兼諸侯，南面稱帝』至『是二世之過也』爲中篇，自『秦兼諸侯山東三十餘郡』至『而社稷安矣』爲下篇。」此卽盧氏所見之潭本也。蓋南宋時新書自有三本，一則合過秦中下二篇爲一，而以漢書本傳爲第五十八，王應麟所見及建本是也。一則過秦分上中下仍爲五十八篇，雖附本傳而不入篇數，袁本讀書志卷三云：「新書凡五十八篇，或取漢書誼傳附於後。」則本傳本不當入篇數。潭本是也。一則首過秦，末弔湘賦，以本傳爲卷十一，陳振孫所見本是也。三本之中，惟陳本今不傳。明本既從建本合過秦中下爲一，又脱去篇目一條，有脱禮容語上者，見盧序。程榮漢魏叢書本則有容語上，而脱解縣第二十五，然其文具在，但目録脱耳。故爲篇只五十有六。其實較之南宋刻本，文字并無闕佚也。提要未見宋本，又不考之玉海，執陳振孫一家文言，以今本爲非宋人所見，誤矣。潭本篇數已與漢書相合，雖闕問孝及禮容語上二篇，而篇目具全，似是五十八篇之舊。然漢書陳涉傳贊應劭注云：「賈生書有過秦二篇，言秦之過。」則潭本分三篇者非是，較漢志篇數，尚少其一。考治安策中有大戴禮禮察篇，文不見於今本，或正是所闕之一篇歟？汪中校新書嘗據漢書補入之，是也。見述學內篇三。

其書多取誼本傳所載之文，割裂其章段，顛倒其次序，而加以標題，殊瞀亂無條理。朱子語録曰：「賈誼新書，除了漢書中所載，餘亦難得粹者，看來只是賈誼一雜記稿耳，中間事事有些個。」陳振孫亦謂其「非漢書所有者，輒淺駁不足觀，決非誼本書。」今考漢書誼本傳贊稱「凡所著述五十八篇，掇其切於世事者著於傳。」應劭漢書注亦於過秦論下注曰：「賈誼書第一篇名也。」則本傳所載皆五十八篇所有，足爲顯證。

案班固於誼本傳録其治安策，先言「誼數上疏陳政事，多所欲匡建，其大略曰」云云，夫曰大略，則原書固當更詳於此矣。傳贊又曰：「誼之所陳，略施行矣。及欲改定制度，以漢爲土德，色上黃，數用五，及欲試屬國施五餌三表，以係單于，其術固已疏矣。凡所著述五十八篇，掇其切於世事者，著于傳。」顏師古注亦曰：「誼上疏言可爲長太息者六，今此至三而止，蓋史家直取其要切者耳。」然則班固於其所上之疏，凡以爲疏而不切者，皆不加采掇。其他泛陳古義，不涉世事者，更無論也。故凡載於漢書者，乃從五十八篇之中擷其精華，宜其文如萬選青錢。後人於此數篇，童而習之，而新書則讀者甚寡。其書又傳寫脱誤，語句多不可解，令人厭觀。偶一涉獵，覺其皆不如見於漢書者之善，亦固其所。然唐皮日休文藪卷三悼賈篇云：「余嘗讀賈誼新書，見其經濟之道，真命世王佐之才也。」又云：「其心切，其憤深，其詞隱而麗，其藻傷而雅。」陳振孫詆爲淺駁，而日休愛其雅麗，見仁見智，夫何常之有。提要以爲本傳所載，皆五十八篇所有，善矣。然過秦論乃陳涉傳贊所引，不在本傳之中，引證已不能無誤。至謂新書爲取本傳所載割裂其章段，顛倒其次序，則尤不然。王應麟漢書藝文志考證卷五云：「今考新書諸篇，其末綴以痛哭者一、流涕者二、太息者四，其餘篇目，或泛論事機而不屬於是三者，如服疑、益壤、權重諸篇是也。班固作傳，分散其書，參差不一，總其大略，自陛下誰憚而久不爲此以上，則取其書所謂宗首、數寧、案數寧篇，班固録爲首段，即所謂臣竊惟事勢可爲痛哭者一、可爲流涕者二、可爲長太息者六也。痛哭，新書作痛惜。藩傷、藩强、五美、自注云壹動而五業附，新書云五美。制不定、親疏危亂案此四字篇名，凡七篇而爲之，自天下之勢方病大瘇以下，以爲痛哭之説，與其書合。按此節乃新書大都篇之後半，其前有可爲痛哭一段，漢書删去。至于流涕二説，其論足食勸農者，是其一也。按即新書無蓄篇。而固載之食貨志，不以爲流涕之説也。論制匈奴，其實一事，凡有二篇，其一書以爲流涕，按新書威不信篇，有可爲流涕語。其一則否，是與前所謂足食勸農而爲二也。固卽去其一，則以爲不足，故又分解縣、匈奴二篇，以爲流涕之二。按漢書兩流涕，其前一節乃解縣篇，而取威不信篇流涕語足之。後一節則勢卑篇，非匈奴篇也。王說誤。說庶人上僭、按卽孽產子篇。禮貌大臣，案卽階級篇。皆其書所謂太息之說也。固從而取之當矣，而其書又有等齊篇，論當時名分不正，銅布篇論收鑄銅錢，又皆其太息之說也。固乃略去等齊之篇不取，而以銅布之篇附于食貨志案食貨志所載乃新書鑄錢、銅布二篇文，而改銅布篇末可爲長太息句爲臣竊傷之。顧取秦俗、經制二篇其書不以爲太息者，則以爲之。」案今本新書及玉海所載之目録，皆無秦俗、經制二篇之名。漢書所取自「商君遺禮義棄仁恩」起，至「中流而遇風波船必覆矣」止，皆俗激一篇之文，移易其前後，加長太息一句耳。本非二篇，王氏誤也。劉台拱漢學拾遺劉氏遺書卷七。亦云：「誼陳治安之策，與其保傅傳本各爲一書，案當云各自爲篇。班氏合之，而頗有所刪削，故以大略起，之流涕者二而止。載匈奴一事長太息者六，止載其三。其論畜積，爲流涕之一，鑄錢爲太息之一。二事既載入食貨志，故於本傳不復重出。鼂錯言守邊備塞，勸農力本，當世急務二事，而一見本傳，一見食貨志，亦此例也。保傅傳言三代與秦治亂之意，審取舍之論，卽其下篇。案漢書治安策中豫教太子一段，凡分二節，前一節自「夏爲天子」起，至「此時務也」止，乃新書保傅篇文，亦見大戴禮。後一節自「凡人之知能見已然」起，至「人主胡不引殷、周、秦事以觀之也」止，卽劉氏所謂言三代與秦治亂之意審取舍之論也。今在大戴禮禮察篇，新書無之。說見前。兩篇全文，今在大戴中，一爲保傅篇，一爲禮察篇，而禮察篇有云：『爲人主師傅者，不可不日夜明此。』案大戴禮此處上下凡四十字，漢書刪去。則當爲保傅傳之下篇無疑。」案大戴保傅乃取新書四篇，合爲一篇，本非新書保傅篇之舊，則禮察篇不當名保傅下篇。劉氏此處專就大戴立說，故其言如此。若就新書言之，但當云禮察爲新書中之一篇，亦保傅傳職之類耳。今以王氏、劉氏之說考之，則班固之掇五十八篇之文，翦裁鎔鑄，煞費苦心。試取漢書與新書對照，其間斧鑿之痕，有顯然可見者。如取勢卑篇文云：「陛下何不以臣爲典屬國之官，以主匈奴行臣之計。」而刪去匈奴篇五餌三表之說，使非新書具在，班固又於贊中自言之，則讀者莫知其所謂行臣之計者爲何等計，將不覺其爲操術之疏，而疑爲行文之疏矣。又治安策以痛哭流涕長太息起，其後即爲痛哭者一、流涕者二、長太息者三，布其文終焉，則痛哭流涕長太息者，一篇之幹也，而於移風易俗、即商君棄禮義一節。及禮貌大臣即人主之尊譬如堂一節。兩太息之間，忽取新書保傅及見於大戴之禮察二篇闌入其中，既無長太息之語，又與前後文義不侔，禮察篇亦言保傅之事，故曰「爲人主師傅者，不可不日夜明此」。其言禮禁將然，法禁已然，湯、武置天下於仁義禮樂，秦王置天下於法令刑罰，猶是保傅篇三代明孝仁禮義以道習天子，而秦使趙高傅胡亥而教之獄之意。班固刪去爲人主師傅數語，使此一節若泛言禮與法之短長者，以起下文禮貌大臣之意，似可前後聯貫爲一矣。然豫教太子與禮貌大臣，究非一事，何可併爲長太息之一耶？以此一節贅於其間，無乃如賈生所謂方病大腫，一脛之大幾如要也乎？凡此皆其删併痕跡之顯然者，而曾無人肯爲細心推尋，亦可怪也！新書自南宋已苦無善本，盧文弨以校勘名家，然其校此書於非漢書所有者，率不能訂其謬誤，通其訓詁。凡遇其所不解，輒詆爲不成文理，任意删削。俞樾諸子平議卷二十七。譏其是讀漢書，非治賈子，深中其病。若陳振孫者，其識未必過於盧氏，彼亦徒知讀文從字順之漢書耳，則不以爲漢書録新書，而反以爲新書録漢書，見書録解題卷九。固其宜也。乃提要從而附和之，謂此書乃取本傳所載，割裂顛倒，其亦未免汨於俗説也夫。

贊又稱五餌三表以係單于，顔師古注所引賈誼書，與今本同。又文帝本紀注引賈誼書衛侯朝於周，周行人問其名，亦與今本同。則今本卽唐人所見，亦足爲顯證。

案近人劉師培嘗著賈子新書斠補，余未見其書。然其自序載於所著左盦集卷七，序中臚舉北堂書鈔、藝文類聚、初學記、羣書治要、意林、稽瑞、白帖，御覽所引新書，以校今本，除字句小有異同外，所得佚文不過三條。劉氏云。類聚卷八引神農以爲走禽難以久養民，乃求可食之物，嘗百草，察實鹹苦之味，教民食穀。御覽七十八引同。蓋修政語上篇捝文。初學記二十二引古天子二十而冠帶劍，諸侯三十而冠帶劍，大夫四十而冠帶劍，隸人不得冠，庶人有事得帶劍，無事不得帶。二十六引天子黑方履，諸侯素方履，大夫素圈履三語，蓋等齊諸篇挩文。又御覽三百七十六引「沸唇投塞垣之下」七字，注云匈奴號也。疑亦匈奴篇挩文。劉氏以爲卽今本諸篇中挩文，自白帖以上，皆唐時書，然則今本卽唐人所見，特傳寫有脱誤，其證甚多，不止如提要所云也。

然決無摘録一段立一篇名之理，亦無連綴十數篇合爲奏疏一篇、上之朝廷之理，疑誼過秦論、治安策等，本皆爲五十八篇之一，後原本散佚，好事者因取本傳所有諸篇，離析其文，各爲標目，以足五十八篇之數，故餖飣至此。其書不全真，亦不全僞，朱子以爲雜記之稾，固未核其實；陳氏以爲決非誼書，尤非篤論也。

案古人之書，書於竹簡，貫以韋若絲，則爲篇；書於縑帛，可以舒卷，則爲卷；簡太多，則韋絲易絶；卷太大，則不便卷舒；故古書篇幅無過長者，而篇尤短於卷。其常所誦讀，則又斷篇而爲章，以便精熟易記。故漢人五經諸子，皆有章句之學。漢志云：「閭里書師，合蒼頡、爰歷、博學三篇，斷六十字爲一章。」是其事也。孝經一篇，今文二十二章，古文十八章，皆有章名，開宗名義之類是也。老子二篇，河上公注本分八十一章，亦皆有章名，體道章之類是也。夫一篇之文可摘録數十字，卽別爲之名，何謂無摘録一段，立一篇名之理乎？陸賈述存亡之徵，奏之高祖，號新語，此與上疏無異，而分爲十二篇。桓寬鹽鐵論雖非奏疏，然皆記當時賢良文學與丞相御史大夫丞相史御史問答辨論之語，首尾前後相承，直是一篇文字，而必分爲六十篇，此其篇名，明是本人所題，非由後人摘録也。賈誼之書，何爲獨不可分爲若干篇乎？古之諸子，平生所作書疏，既是著述，賈山上書，名曰至言；鼂錯上疏，謂之守邊備塞勸農力本，並見本傳；賈誼之疏何爲獨不可有篇名乎？大戴禮取新書保傅、傅職、胎教、容經四篇，合爲保傅篇。漢書昭帝紀注文穎曰：文穎，後漢建安時人。「賈誼作保傅傳，在禮大戴記。」明保傅是賈誼書本名，而新書保傅一篇，實在治安策中。此一段既可立篇名，知其餘皆當有篇名矣。提要狃於漢書治安策前後相連，以爲本是一篇，故曰無連綴十數篇合爲奏疏一篇之理，不知班固明云「誼數上疏陳政事，多所欲匡建，其大略曰」云云，言數言多，皆指此下所載之大略，卽今所謂治安策者。傳云「居數年，梁王勝死，亡子，誼復上疏」此疏卽新書益壤篇，又有諫封淮南諸子疏，卽新書淮難篇。云云，言復上疏，則與上文數上疏無與矣。載治安策一篇，而謂之數上疏，則此本非一篇，其連綴數篇爲一者，班固也，非賈誼也。或曰治安策之首卽曰「臣竊維事勢可爲痛哭者一，可爲流涕者二，可爲長太息者六。」此爲綱領，後爲條目，安可先出一綱領而其餘條目徐徐分篇奏上乎？應之曰：陸賈爲高祖著書十二篇，而本傳言每奏一篇高祖未嘗不稱善，然則隨著隨奏，固當時之通例也。商君書内如算地篇云「臣請語其過」，錯法篇云「臣聞古之明君，錯法而民無邪」，來民篇云「臣竊以爲不然」，此皆明是對秦孝公之語，蓋與其前後諸篇，皆所上之書，而以一事爲一篇也。新書正是此例。汪中述學卷三新書序云：「自數寧至輔佐三十三篇，皆陳政事。按鼂錯傳錯言宜削諸侯及法令可更定者，書凡三十篇，則知當日封事事各爲篇，合爲一書，固有其體。班氏約其文而分載之本傳、食貨志耳。」今按主父偃傳云：「上書所言九事，其八事爲律令，一事諫伐匈奴。」而傳獨載其諫伐匈奴一事，蓋九事卽分九篇，故藝文志有主父偃二十八篇，是亦漢人上書以一事爲一篇之證也。且提要疑過秦論、治安策爲五十八篇之一，其說亦不可通。史記漢書陳涉贊所載過秦論，皆只上篇，應劭明云「賈生書有過秦二篇」，過秦卽非一篇，則治安策安得獨爲五十八篇之一乎？吾謂過秦論亦賈生所上之書，且爲以後諸篇之綱領，何以言之？新書分事勢、連語、雜事三類，凡屬於事勢者，皆爲文帝陳政事，不應首篇獨異。卽曰新書不足信，今試以過秦與治安策并觀之，過秦上曰：「商君內立法度，務耕織，修守戰之具，外連衡而鬭諸侯。始皇奮六世之餘烈，吞二周而亡諸侯，然後以六合爲家，崤函爲宮，一夫作難，而七廟墮者，何也？仁義不施，而攻守之勢異也。」又過秦中曰：「先詐力而後仁義，以暴虐爲天下始，秦離戰國而王天下，其道不易，其政不改，是其所以取之守之者異也。孤獨而有之，故其亡可立而待也。」治安策亦云：「商君遺禮義，棄仁恩，并心於進取。行之二歲，秦俗日敗。然并心而赴時，猶曰蹶六國，兼天下，功成求得矣。終不知反廉愧之節，仁義之厚，信并兼之法，遂進取之業，天下大敗，其亂至矣。」過秦中曰：「借使秦王論上世之事，並殷、周之迹，以制御其政。後雖有淫驕之主，猶未有傾危之患也。故三王之建天下，名號顯美，功業長久。今秦二世立，天下莫不引領而觀其亡。」治安策亦云：「夏爲天子十有餘世，而殷受之。殷爲天子二十餘世，而周受之。周爲天子三十餘世，而秦受之。秦爲天子，二世而亡，人性不甚相遠也。何三代之君有道之長，而秦無道之暴也！」其文義皆前後相應，然猶可曰一家之言，固有不謀而合者，未見過秦之必爲奏疏也。至於過秦下曰：「鄙諺曰：『前事之不忘，後事之師也。』是以君子爲國，觀之上古，驗之當世，參之人事，察盛衰之理，審權世之宜，去就有序，變化因時，故曠日持久，而社稷安矣。」此所謂前事不忘後事之師，及言君子之所以爲國者，爲誰言之耶？雖後之作史論者，亦或針對時事立言，而不必徹之廊廟。然此乃無官守言責之人，情格勢禁，雖欲陳之而未有路，乃姑陳古刺今，以舒其憤懣耳。若賈生之事君，竭忠盡智，數上疏，多所欲匡建，蓋已知無不言，言無不盡，豈復隱情惜己，有此嘉謀嘉猷而不以告者耶？且秦已亡矣，連篇累牘，極口詆之奚爲也？賈生豈如後世經生習爲策論，以求決策發科乎？治安策云：「臣謹稽之天地，驗之往古，按之當今之務。」此卽觀之上古，驗之當世，參之人事之說也。又云：「鄙諺曰：『不習爲吏，視已成事。』又曰：『前車覆，後車戒。』夫殷周之所以長久者，其已事可知也。然而不能從，是不法聖智也。秦之亟絶者，其軌迹可見也。然而不避，是後車又覆也。夫存亡之反，治亂之機，其要在此矣。」此卽前事不忘後事之師之說也。過秦下曰：「當此時也，非無深謀遠慮知化之士也，然所以不敢盡忠拂過者，秦俗多忌諱之禁也。是以三主失道，而忠臣不諫，智士不謀也。天下已亂，姦不上聞，豈不悲哉！」此望文帝之納諫，而自明其盡忠也。又曰：「先王知壅蔽之傷國也，故置公卿大夫士以飾法設刑，而天下治。其强也，禁暴誅亂而天下服；其弱也，五霸征而諸侯從；其削也，內守外附而社稷存。」此言所上衆建諸侯制伏匈奴之策，皆所以禁暴誅亂。苟聽其言，則雖不幸至於削弱，而社稷可存也。故治安策曰：「卧赤子天下之上，而安植遺腹，朝委裘而天下不亂。」由此觀之，則過秦亦所上之書，所以爲諸篇之綱領，明矣。後人但知痛哭流涕長太息爲一篇之綱，非也。過秦可分二、三篇，治安策何爲不可分爲十餘篇乎？然則此篇獨言秦之過而不及時事者，何也？曰殷監不遠，在夏后之世，過秦所以戒漢也。漢人上疏，多喜稱引秦事，徐樂嚴安之上書，劉向之諫起昌陵，皆如此。賈山至言所謂臣不敢以遠爲喻，願爲借秦以爲喻也。而至言與過秦尤相近，過秦言不及漢者，此爲所上書之第一篇，故姑徐引其端，而其他條目，則俟後言之耳。班固以爲不切於時事，故不掇之以著於本傳，然讀新書，則當知此篇所以冠全書之意也。至於連語諸篇，則不盡以告君，蓋有與門人講學之語。故先醒篇云「懷王問於賈君」，而勸學篇首冠以「謂門人學者」五字，其雜事諸篇則平日所稱述誦説者。凡此，皆不必賈子手著，諸子之例，固如此也。至於其間脱爛失次，蓋所不免，要爲古書所常有。陳振孫謂決非賈本書，固爲無識，即提要調停之説，以爲不全真亦不全僞者，亦尚考之未詳也。夫惟通知古今著作之體，而無蔽於咫見謏聞，然後可以讀古書矣。

新序十卷漢劉向

案：班固漢書藝文志稱向所序六十七篇，新序、説苑、世説、列女傳頌圖也。崇文總目云所載皆戰國秦漢間事。以今考之，春秋時事尤多，漢事不過數條。大抵採百家傳記，以類相從，故頗與春秋内外傳、戰國策、太史公書互相出入。葉大慶考古質疑摘其昭奚恤對秦使者一條所稱司馬子反在奚恤前二百二十年，葉公子高、令尹子西在奚恤前一百三十年，均非同時之人。又摘其誤以孟子論好色好勇爲對梁惠王，皆切中其失。

嘉錫案：史通雜説篇云：「觀劉向對成帝稱武、宣行事，世傳失實，事具風俗通，其言可謂明鑒者矣。及自造洪範五行及新序、説苑、列女、神仙諸傳，而皆廣陳虚事，多構僞辭，非其識不周而材不足，蓋以世人多可欺故也。嗚呼！後生可畏，何代無人，而輒輕忽若斯者哉？夫傳聞失真，書事失實，蓋事有不獲已，人所不能免也。至於故造異説，以惑後來，則過之尤甚者矣。」昔人攻擊劉向之説，莫先於此。以余考之，新序、説苑事蹟譌誤處固多，但此二書乃向采傳記爲之，所敍之事一仍古書原文，不得以此訾向也。漢書向本傳云：「向以爲王教由内及外，自近者始，故採取詩書所載賢妃貞婦，興國顯家可法則及孽嬖亂亡者，序次爲列女傳，凡八篇，以戒天子，及采傳記行事，著新序、説苑凡五十篇，奏之。」宋本説苑有向奏上敍録云：「所校中書説苑雜事，及臣向書民間書誣，校讎其事類衆多，章句相溷，或上下謬亂，難分别次序，除去與新序復重者。其餘者淺薄不中義理，别集以爲百家後，令以類相從，一一條别篇目，更以造新事十萬言以上，號曰新苑。」夫謂之采傳記行事則非其所自作，謂爲校中書説苑雜事，則當時本有説苑之書，向但除其與新序復重者，爲之條别篇目，令以類相從耳。新序敍録雖亡，度其體例，當亦與説苑相同。論衡超奇篇云：「若司馬子長、劉子政之徒，累積篇第，文以萬數，其過子雲、子高遠矣。然而因成紀前，無胸中之造。」此言其因古書成説以紀前人之事，非其胸中所自造也。由此言之，則子政書非所自作，王仲任嘗言之矣，故沈欽韓漢書疏證卷二十七云：「此二書舊本有之，向重爲訂正，非刱自其手也。」沈氏亦本之説苑敍，但引其語不完，故删去。漢志小説家有百家百三十九卷，蓋卽向敍所謂别集以爲百家者也。戰國策劉向敍云：「所校中戰國策書，中書餘卷，錯亂相糅莒。又有國别者八篇，少不足。臣向因國别者，略以時次之，分別不以序者以相補，除復重，得三十三篇。」此亦因舊有之書，條別篇目，以類相從者，與說苑之例正同。故隋志於戰國策題曰劉向録，然漢書本傳不言向序百家國策，藝文志於兩書之下，亦不題劉向之名，漢志於儒家劉向所序六十七篇之外，尚有劉向五行傳記十一卷，劉向說老子四篇，劉向賦三十三篇。楚詞亦劉向編集，漢志並不著録。只是取古人舊作，爲之整理編次，此固校書者常有之事。今所傳向諸書敍録，皆有定著爲若干篇之語。若晏子敍云：「其書六篇，又有復重，文辭頗異，不敢遺失，復列以爲一篇。又有不合經訓，似非晏子言，疑後世辯士所爲者，亦不敢失，復以爲一篇。」此復與說苑之條別篇目，令以類相從者何異？然其書雖經向手別爲纂集，而實無所去取筆削於其間，故不可名爲向撰。至於新序、說苑，則雖本有其書，其文亦悉采之傳記，然向既除其兩書之復重者，與他書之但除本書之復重者不同；又删去其淺薄不中義理者，與晏子等書但聚而編之雖明知其不合經訓亦不敢失者不同；蓋已自以義法別擇之，使之合於六經之義。況本傳云采傳記行事，說苑敍云更以造新事；則向又已有所增益於其間。既奏上之，以戒天子，亦以成儒者一家之言；故雖采自古書，仍不能不謂爲劉向所序；猶孔子因魯史修春秋，述而不作，要不能謂春秋非成於孔子也。夫一書有一書之宗旨，向固儒者，其書亦儒家者流，但求其合乎儒術無悖於義理足矣，至於其中事蹟皆采自古書，苟可以發明其意，雖有違失，固所不廢。譬之賦詩斷章取義，要在讀者不以文害辭，不以辭害志耳。嚴可均鐵橋漫稿卷八書說苑後云：「向所類事，與左傳及諸子或時代牴牾，或一事而兩説三説兼存，韓非子亦如此。良由所見異詞，所聞異詞，所傳聞異詞，不必同李斯之法，別黑白而定一尊。淺學之徒，少見多怪，謂某事與某書違異，某人與某人不相值，生二千載後，而欲畫一二千載以前之事，甚非多聞闕疑之意。」朱一新無邪堂答問卷四曰：「諸子書發攄己意，往往借古事以申其説，劉子政作新序、説苑，冀以感悟時君，取足達意而止，亦不復計事實之舛誤。蓋文章體製不同，議論之文，源出於子，自成一家，不妨有此。若紀事之文出於史，考證文出於經，則固不得如此也。」譚獻復堂日記卷六亦云：「新序以著述當諫書，皆與封事相發，董生所謂陳古以刺今。」此真能知古人著作之例矣。不然，向之爲學，雖非後世之考證家，然博極羣書，尤熟於左傳。論衡按書篇云：「劉子政玩弄左氏，童僕婦女，皆呻吟之。」其精熟如此，豈不知司馬子反、葉公子高、令尹子西與昭奚恤非同時人？然所以采之者，取其「惟善以爲寶」之意耳。昔九方堙求千里之馬而得之，以爲牡而黃，乃使人往取之，牝而驪。九方堙雖毛物牝牡之不知，然不可不謂之善相馬也。事見淮南子道應訓。敍昭奚恤事者，雖時代名氏之不合，然不可不謂之善言理也。向之不能割愛者以此。向所作鄧析書録，引春秋左氏傳辨鄧析非子産所殺甚詳，意林卷一引劉向云非子産殺鄧析，推春秋驗之，卽隱括敍録語。而説苑指武篇乃云子産誅鄧析，知其誤而不改。蓋其著書之體，固如是也，其他皆可以此推之。凡古書事有謬誤，讀者固宜攷證之。葉大慶之説，自不可廢，然遂謂爲中向之失，則所謂「固已夫高叟之爲詩」也。咸、同間有粵人蘇時學者，著書名爻山筆話，其第五卷專摘新序、説苑之違失，凡新序廿二條，説苑至一百零九條。雖其間有箋注，有校勘，不盡駁正之語，所駁亦有合有不合；而較之葉大慶固已加詳。然必謂「子政負一時重名，而遺書未盡精醇，亦嗜奇愛博者之病」。則其識見，猶之大慶也。蘇氏未見大慶書。全祖望劉揚優劣論云：「或謂其所著新序、説苑記事多不足據，則誠有之。此乃秦火之後，舊籍無稽，據傳聞之異詞而筆之書，非學術之疵也。」鮚埼亭集卷二十九。此其言雖善，惜乎其尚未知向著述之體耳。蓋嘗論之，向所定著之羣書，如後人之爲人編詩文集，但收拾之，無所放失，其文之美惡，編者固不與。卽向自撰之新序、説苑，本傳明云采之傳記，則其書亦但如後人之撰總集，隋志、舊唐志凡總集皆題爲某人撰。文之美惡，固當負責。至於用事之錯謬，則作文者之事，非撰集者之事也。惟太史公、班固之書，雖多采他人之作，然既以敍事爲主，又已筆削改竄，乃可以此責之耳。今發其凡於此説苑條下不復論。又案司馬子反，盧文弨羣書拾補據宋本禮記大學正義，實作司馬子發。孫詒讓札迻卷八亦云：「余知古渚宮舊事三載此事，子反亦作子發。」然則大慶所見，乃宋時誤本，遽持以議新序，則其所摘亦未必果中新序之失也。至大慶謂黍離乃周詩，新序誤云衛宣公子壽閔其兄見害而作，則殊不然。向本學魯詩，而大慶以毛詩繩之，其不合也固宜，是則未考漢儒專門授受之學矣。

案：宋范處義逸齋詩補傳卷六云：「魯詩出於浮邱伯，以授楚元王交，劉向乃交之孫，其説蓋本魯詩。」項安世家説卷四亦謂劉向父子世受魯詩，王應麟從之，著其説於詩考後序、見卷末。漢書藝文志考證見卷二魯詩條下。及困學紀聞。見卷三，均與處義説同。提要此條謂向學魯詩者，卽本之於宋人也。然范、王兩氏均謂向説蓋本魯詩。蓋者，疑之之詞，未可便據爲定論，故先儒從之者固多，疑之者亦不乏。全祖望經史答問卷三云：「問朱竹垞曰劉向所述皆魯詩，未知果否？答劉向是楚元王交之後，故以向守家學，必是魯詩，然愚以爲未可信。劉氏父子皆治春秋，而歆已難向之説矣，安在向必守交之説也？向之學極博，其説詩考文儒林傳，不言所師在三家中，未敢定爲何詩也。」王引文經義述聞卷五歷引向諸書論詩之語及所引詩多與韓詩説合，謂向所述者乃韓詩。馬瑞辰作王照圓列女傳補注序，見本書卷首。復加考證，直定向爲學韓詩，其説皆持之有故。然愚以爲惟全氏之説爲得之，其餘謂劉向爲習魯詩或韓詩者，皆無以見其必然也。何者？考證之學，貴於徵實，必其證據確鑿，不可移易，如陳第之毛詩古音考有本證，有旁證，乃爲善法。然後從而斷定之，乃能服古人之心，而爲學者之法。若出之以揣測之詞，想當然之說，則其結果必至於穿鑿傳會，與事實相去絶遠，重勞後人之駁正。有非國語，復有非非國語，古今書籍所以汗牛充棟，至於博而寡要勞而少功者，皆其始立說不慎有以致之也。如因楚元王交學魯詩，遂謂劉向亦當學魯詩者是矣。全氏以劉歆數以左氏難向駁之，愚請更以一人之身言之。漢儒治經，兼通數家之學者甚衆，且有古今文並治者，前、後漢書中不乏其例。如鄭玄本傳但言從東郡張恭祖受韓詩，未列所注書，乃有毛詩，終不言其學受之何人。使鄭不箋毛詩，今取鄭他書說詩之語盡輯入韓詩可乎？鄭注禮時兼採四家，而以魯、韓爲多，昔人考之已詳。卽箋詩，亦時用三家之說。再以劉向本人言之，宣帝時初立穀梁春秋，徵更生受穀梁，更生卽向本名。歆以左丘明好惡與聖人同，親見夫子，而公羊、穀梁在七十子後，傳聞之與親見之其詳略不同。歆數以難向，向不能非間也。然猶自持其穀梁義，此見之於本傳者也。然桓譚、王充均謂向好左氏，至婦女皆讀誦呻吟之。北堂書鈔卷九十八引桓譚新論曰：「劉子政、子駿、伯玉三人尤珍重左氏，教子孫，下至婦女，無不讀誦。」王充論衡語見前。桓譚既與向爲同時人，記其所親見，王充亦去向時代未遠，其說皆最可據依。故向所自作之洪範五行傳、列女傳，所編纂之新序、說苑，皆發明左氏之義甚多。說詳章炳麟之劉子政左氏說及劉師培左盦集卷二左氏學行於西漢考。設使三傳皆亡，今取向著述中說春秋之語盡輯入穀梁傳，可乎？夫以一人之學，尚自前後不同，本傳之説，尚復不可盡信；乃欲於數千載之後舉史傳所不載、昔人所未言，用揣測之詞，想當然之説，謂其祖學魯詩，其後世子孫亦必學魯詩，向爲楚元王之玄孫。恐非所謂實事求是者也。故曰謂向爲學魯詩者，未必然也。漢書藝文志云：「漢興魯申公爲詩訓故，而齊轅固、燕韓生皆爲之傳，或取春秋，采雜説，咸非其本義。與不得已，魯最爲近之。」漢志本之劉歆七略，七略、別録，本向、歆父子相繼而成，如必欲謂劉向學魯詩，則此説尚較就楚元王傳推測之者爲近理。然而不足爲據者，以漢志究是本七略，不本別録。七略乃歆所著，不能執子以概父，猶之不能執祖以概孫也。自宋人之論劉向，開此法門，於是後人之輯三家詩者，更從而推廣之，大抵因父以及子，因師以及弟。以爲漢人最重家法，不知皆無徵不信之説，難免於穿鑿傅會也。或謂家法至東漢始亂，西漢不爾。不知公羊學大師作嚴氏春秋之嚴彭祖，卽兼治左氏。左傳序正義引嚴氏春秋言「孔子修春秋，丘明爲之傳，共相表裏。」隋志梁有春秋左氏圖十卷，漢太子太傅嚴彭祖撰，皆其證也。若王氏、馬氏謂劉向所學乃韓詩，皆以向所著書與韓詩遺説相爲證明，其根據似較謂向學魯詩者爲確。然三家之詩，韓最後亡，故遺説之傳於今者，以韓爲多，魯次之，齊詩則寥寥無幾。漢書儒林韓嬰傳云：「嬰推詩人之意，而作內外傳數萬言，其語頗與齊魯間殊，然歸一也。」是則韓詩之説同於齊、魯者必多，今惟見其與韓合，遂謂爲韓詩云耳。其間頗有無法證明與齊、魯異義者，安知非卽齊、魯之説耶？向於春秋兼采穀梁、左氏，以二家義本相近故也。齊、魯、韓之詩既屬指歸一致，則其義尤爲相近，兼採三家，固亦事之所有。況新序、説苑據本傳言，則是采之傳記；據説苑敍録言，則是前人本有其書，向特加以删治，非所自撰；觀其於淺薄不中義理者，別集以爲百家，則此兩書亦係百家之説，蓋非一人之作，亦非一時之書，與戰國策相等。其中説詩之語，出於六國之時者，固無所謂齊、魯、韓、毛。卽出於漢以後者，亦必各家都有，不守一先生之言。向之序此兩書，意在發明儒者之紀綱教化，高似孫子略卷四謂新序正紀綱，迪教化，辨邪正，黜異端。見提要本條。以戒天子，與韓嬰作外傳采傳記以釋詩者，用意不同。未必取前人所説之詩塗改點竄之，以合一己之學也。譬如班固，昔人以爲學齊詩，此馬國翰諸家之説。蓋以敍傳言班伯受詩於師丹，儒林傳言師丹傳齊詩學，固是伯之從孫，疑其世習齊詩。又地理志引詩曰自杜及子之營兮，師古注皆以爲齊詩故也。實則以伯祖習齊詩，而推之姪孫，與以劉向之高祖習魯詩而推之向者，同一無據。地理志又引詩周道郁夷，顔注以爲韓詩，然則固又習韓詩乎？然漢書中所載西漢人著作，其間説詩之語及所引之詩齊、魯、韓皆仍其原文，未嘗改竄之使成一家之學。范曄作後漢書之時齊、魯皆亡，亦不改三家之説以從毛傳也。而謂向之著作必不沿用前人之文，務使他家之學不留一字，有是理乎？故無論向所學爲魯爲韓，亦只能於其著作中語氣出自於向者求之。若新序、説苑本非其所自作，恐未可以向之所學便定其中之詩説屬於何家也。向説苑敍明言只删其淺薄不中義理者。若以與己之所學不同，便以爲淺薄不中義理而删去之，此陋儒門户之見，劉向通人恐不如此。愚故謂范處義、王應麟、王引之、馬瑞辰之説皆未必然；惟全祖望謂向之學在三家中未敢定爲何詩者，獨爲得之。王端履重論文齋筆録卷五云：「王應麟漢書藝文志考證劉向説苑、新序、列女傳間引詩以證其説，向爲楚元王交之孫，交受詩於浮邱伯，劉向之學，魯詩之流也。端履按：此説實非。説苑、新序、列女傳引詩證明之説，實多襲韓詩外傳文，其不皆魯詩，一證也。漢書儒林傳魯人申公受詩於浮邱伯，以詩經爲訓故以教，亡傳。是魯詩本無傳，今説苑所引詩説多冠以傳曰字，其非魯詩，二證也。嘉錫案：此證未確，韓詩外傳引詩，亦多引傳曰，考其文有出於荀子者，有不知何書者。蓋古人於五經之外，通謂之傳記，不必是詩傳也。如必以爲詩傳，則楚元王嘗次詩傳，號曰元王詩，彼持劉向學魯詩之説者，反得有所藉口矣。又儒林傳向以故諫大夫通達，待詔受穀梁，而新序、説苑中多雜引公羊、左氏二傳文，知所引詩亦當雜齊、魯、韓三家之説，其不皆魯詩，三證也。」其説亦頗中肯綮。然則葉大慶以毛詩繩新序，固未考漢儒專門授受之學；而提要信宋人疑似未定之詞，遽謂劉向爲學魯詩者，亦未必真得其專門授受之據也。

傅子一卷　晉傅玄

晉書本傳稱玄撰論經國九流及三史故事，評論得失，名爲傅子，爲内外中篇，凡有四部六録，合百四十首，數十萬言行世。隋書經籍志、唐書藝文志皆載傅子一百四十卷。馬總意林亦同，是唐世尚爲完本。宋崇文總目僅載二十三篇，較之原目已亡一百一十七篇，故宋史藝文志僅載有五卷。其後惟尤袤遂初堂書目尚見其名，元、明之後，藏書家遂不著於録，蓋已久佚。今檢永樂大典中散見頗多，且所標篇目咸在。謹採掇裒次，得文義完具者十有二篇，又文義未全者十二篇，篇目視崇文總目較多其一。疑問刑、法刑本屬一篇，永樂大典誤分爲二耳。謹依文編綴，總爲一卷。其有永樂大典未載而見於他書徵引者，復蒐輯得四十餘條，别爲附録，繫之於後。

嘉錫案：隋志、舊、新唐志及意林卷五均作傅子一百二十卷，則提要中一百四十卷，四字爲二字之誤。通考卷二百十四有傅子五卷，引崇文總目云：「晉傅休奕撰，集經史治國之説評斷得失，各爲區例，本傳載内外中篇，凡四篇亡録，合一百四十篇，今亡一百一十七。」通志卷六十六云：「傅子五卷，晉司隸校尉傅玄撰，舊有百二十卷。」玉海卷五十三傅子條下云：「崇文目五卷，中興書目同。」又引書目即中興書目。云：「今存二十三篇，餘皆缺。」是則此書五卷二十三篇之本，南宋時尚著録於中興館閣書目矣。遂初堂書目不載卷數。四庫館蒐輯此書，出於内閣中書徐步雲之手。程瑶田通藝録修辭餘鈔輯逸子書三種序云：「余讀三國志，檢注中所引書世所罕傳者，輒採而輯之，得傅子五十五事。乙未公車應禮部試，國家方命儒臣薈萃四庫全書，而纂修官徐步雲從永樂大典中搜出傅子有録目者二十四篇，然皆裴松之之所未引者。又有無録目者數條，及旁搜太平御覽、文選注中碎事凡四十條，亦間爲裴注之所未及引。」頗爲疏畧，實則傅子佚文見於各書者，不止四十餘條。嚴可均有重定本四卷，鐵橋漫稿卷六載其敍，略云：「晉書本傳傅子并文集百餘卷行於世，宋初文集亡，而傅子尚有殘本。崇文總目五卷二十三篇，陳詩庭言今本十二篇，後不著録。乾隆中始從永樂大典寫出二十三篇。案陳詩庭説見錢東垣等崇文總目輯釋卷三雜家類。詩庭爲嘉慶時人，其時四庫輯本已出，世間更無他本，而詩庭云今本十二篇，不知其所指何本也。又嚴氏與詩庭正同時人，今引用其説，而云後不著録，且敍在乾隆修書事之前，亦非也。俱有篇名并無篇名者六條，及文選注、御覽、諸子瓊林三十六條，合爲一卷，即今世所行聚珍本也。嘉慶庚午歲，余從羣書治要校補大典本二千五百許字，益以藝文類聚之釋法、北堂書鈔之大本，得二十八篇。又從三國裴松之注寫出六千餘字，廣爲二卷。至乙亥歲余校意林，此句下嚴氏詳言意林中傅子與楊泉物理論、徐幹中論相羼越，因辨其某條某句與某書錯亂，今略去之。頗得傅子端緒，遂偏蒐各書所引見，得數百條。依意林九十五事次第類附而排比之，爲補遺二卷，與前所定二卷合爲四卷。繕寫插架，與聚珍本相輔而行。或問傅子爲内外中篇，有四部六録，云何區別？曰内篇撰論經國九流；外篇三史故事，評論得失；中篇魏書底本，而以自敍終焉；四部六録莫考。崇文總目作四篇無録，蓋誤。」嚴氏本刻入所輯全晉文卷四十七至卷五十，有序一首，與漫稾畧同。近人葉德輝別輯有傅子三卷，附訂誤一卷，刻入觀古堂所著書，其敍云：「明永樂大典書目乙韻下載有傅子，無卷數。今世武英殿一卷本，即從此出。余讀唐人羣書治要所載傅子，考其篇次雖分二十七段，以文義相連綴，實祇二十三篇。知宋以來所存二十三篇，並不能溢出治要以外也。以大典本校治要，治要少官人及鏡總敍二篇，初疑明人所見之書，不應多于唐宋。及讀初學記鏡部總敍引韓子文，乃知大典誤以韓子爲傅子，並誤以總敍爲篇名。又讀宋本意林引官人篇語，自注云今本羼入物理論中。知大典即從此鈔撮而出，其附録六條，或見於三國志注。意林、藝文類聚、太平御覽諸書，大抵由於鬻販，非所見本多於唐、宋也。今依治要，次以大典篇名，輯成二十二篇。又無篇名者二篇，案葉氏前言治要祇二十三篇，而此有二十四篇者，葉氏疑治要所引傅子「曰利天下者天下亦利」一節，爲安民篇之末段，故祇二十三；而其所編目録仍以此一節列爲一篇，故爲二十四。然文義不明，不免前後牴牾。益以水經注之宮室、藝文類聚之釋法，共得二十六篇。按嚴氏輯本二十八篇，而葉氏只二十六者，葉氏删去大典本之鏡總敍篇，又除去大典本之官人篇、嚴氏本之大本篇不數，而别益以水經注之宮室篇，故爲二十六篇也。又從裴松之三國志注、劉孝標世説新語注、劉昭續漢書注、沈約宋書、孔穎達書正義、杜佑通典、劉知幾史通、馬總意林、趙蕤長短經、李善文選注、釋道世法苑珠林、虞世南北堂書鈔、歐陽詢藝文類聚、徐堅初學記、白孔六帖、太平御覽、吳淑事類賦、王應麟困學紀聞諸書輯録二百餘條，編爲三卷。其有疑義，别爲考證附於後。今世所行武英殿本，意林、傅子與楊泉物理論互溷。今據宋本逐條入載其有與各書錯見者，先後删併，存於注中，以免煩亂。按太平御覽所存傅子，往往多出于治要，蓋猶修文殿之舊。按太平御覽以修文殿御覽、藝文類聚、文思博要爲藍本，其中當亦有採自文思博要者。至吳事類、孔六帖、困學紀聞，皆輾轉從他書傳引，不足據也。」今按大典本之鏡總敍篇，嚴氏亦録入所輯本中，無所考證。葉氏始知其謬，故其説較嚴氏爲尤精。據其所考，則大典本二十四篇，除去鏡總敍篇非傅子本文，官人篇採自意林，非出原書，則其所存實止二十二篇，較宋人所見者尚少其一。提要以爲視崇文總目多一篇，因疑問刑、法刑本屬一篇，大典誤分爲二者，非也。惟是葉氏輯本雖持論較嚴氏更爲精密，然所採之書，亦無以大相遠，且有嚴氏已輯入而葉氏本失載者。如晉書何曾傳所引司隸校尉傅玄著論稱曾及荀顗是也。二本正可互相補苴，而葉氏敍中不及嚴輯本一字，縱因其書刻入全晉文，易於忽略，而鐵橋漫稾不容不見，何以不加稱引，此事之不可理解者也。

晉代子家，今傳於世者，惟張華博物志、干寶搜神記、葛洪抱朴子、嵇含草木狀、戴凱之竹譜尚存。然博物志、搜神記皆經後人竄改，已非原書；草木狀、竹譜記録瑣屑，無關名理；抱朴子又多道家詭誕之説，不能悉軌於正；獨玄此書，所論皆關切治道，闡啓儒風，精意名言，往往而在。以視論衡、昌言，皆當遜之。殘編斷簡，收拾之餘，尚得以考見其什一，是亦可爲寶貴也。

案近人文廷式純常子枝語卷三十六云：「意林引傅子云見虎一毛，不知其斑，道家笑儒者之拘，儒者嗤道家，皆不知其本也。是其學亦兼取諸家，真雜家者流耳。紀文達入之儒家，非是。」

中說十卷 舊題隋王通

考楊炯集有王勃集序，稱「祖父通，隋秀才高第，蜀郡司户書佐，蜀王侍讀。大業末，退講藝於龍門，其卒也門人謚之曰文中子。」杜牧樊川集首有其甥裴延翰序，亦引文中子曰「言文而不及理，王道何從而興乎」二語，亦與今本相合。知所謂文中子者，實有其人，所謂中說者，其子福郊、福畤等纂述遺言，虛相夸飾，亦實有其書。

嘉錫案：宋王明清揮麈前録卷三云：「文中子王通，隋末大儒。歐陽文忠公、宋景文修唐書，房杜傳中略不及其姓名。或云其書阮逸所撰，未必有其人。然唐李習之嘗有讀文中子，案李翺并無讀文中子，但有答朱載言書云：「其理往往有是者，而詞章不能工者有之矣，王氏中說，俗傳太公家教是也。」而劉禹錫作王華卿墓銘序載其家行事甚詳，云門多偉人，王質字華卿，劉禹錫爲作神道碑，具載文中子世系行事。其銘曰：「隋有文中紹勳微言，當時偉人，咸出其門。」見劉賓客文集卷三，則與書所言合矣，何疑之有？又皮日休有文中子碑見于文粹。」是文中子之實有其人其書，宋人已言之。通考卷二百九、經義考卷二百七十九皆引揮麈録此條於文中子下，不知提要何以不加稱引，而必别尋證據？然提要所考皆明清所未言，則適足以相補矣。宋邵博聞見後録卷四載司馬光所作文中子補傳並載其評曰：「今其六經皆亡，而中説猶存，中説亦出於其家，雖云門人薛收、姚義所記，然予觀其書，竊疑唐室既興，凝與福畤輩並依時事從而附益之也。何則？其所稱朋友門人，皆隋唐之際將相名臣，如蘇威、楊素、賀若弼、李德林、李靖、竇威、房玄齡、杜如晦、王珪、魏徵、陳叔達、薛收之徒。考及舊史，無一人語及通名者。隋史唐初爲也，亦未嘗載其名于儒林隱逸之間，豈諸公皆忘師棄舊之人乎？何獨其家以爲名世之聖人，而外人皆莫知之也。福畤又云凝爲監察御史，劾奏侯君集有反狀，黜爲姑蘇令，杜淹稟凝直言非辜，長孫無忌與君集善，由是與淹有隙，王氏兄弟皆抑不用。時陳叔達方撰隋史，畏無忌，不爲文中子立傳。按叔達前宰相，與無忌位相埒，何故畏之至没其師之名使無聞於世乎？且魏徵實總隋史，縱叔達曲避權威，徵肯聽之乎？此余所以疑之也。又淹以貞觀二年卒，十四年君集平高昌還而下獄，由是怨望，十七年謀反。此其前後參差不實之尤著者也。唐世文學之士傳道其書者蓋寡，獨李翺以比太公家教，及司空圖、皮日休始重之。宋興柳開、孫何振而張之，遂大行於世，至有真以爲聖人可繼孔子者。余讀其書，想其爲人，誠好學篤行之儒者也。其自任太重，其子弟譽之太過，更使後之人莫之敢信也。余恐世人譏其僭而累其美，故采其行事于理可通，而所言切於事情者著于篇，以補隋書之缺。」温公雖爲通作傳而表彰之，而疑中說者，實莫先於温公。其後鄭獬、說見困學紀聞卷十。洪邁、晁公武、朱子、朱子語類卷百二十七云文中子弟子多是唐輔相，恐亦不然。蓋諸人更無一語及其師，人以爲王通與長孫無忌不足，故諸人懼無忌而不敢言，亦無此理，如鄭公豈畏人哉？王應麟等，皆疑房、杜等非通之門人，其實温公已見及之。鄭堂讀書記卷三十六謂自宋以來辨是書之僞妄者，莫先於晁氏，可謂失考。然温公雖疑其紀載不實，卻深信隋時實有王通其人，而唐時實有中說其書，蓋真能平心以察是非者矣。經義考及提要此篇皆未引温公補傳，余故詳著之，以補其未備。聞見後録又云：「余得唐文人劉禹錫言：『在隋朝諸儒惟王通能王道，隱白牛谷。游其門者，皆天下俊傑，著書於家，没謚曰文中子。』禹錫之言，豈文正偶不見耶？」是王明清所考，又皆温公及邵博所已言也。王鳴盛十七史商榷卷八十四云：「通，隋人。唐書本不當有專傳，然新舊隱逸傳於通之弟績傳中已附見通事，非全不見也。舊書乃云『通自有傳』，則史之駁文耳。今所傳文中子，在唐已多尊信之者。如陸龜蒙笠澤叢書卷乙送豆盧處士謁宋丞相序云：『文中子王先生中說與法言相類。文中子生於隋代，知聖人之道不行，歸河汾間，修先王之業，九年而功就，謂之王氏六經。門徒弟子有若鉅鹿魏公、清河房公、京兆杜公、代郡李公，咸北面稱師，受王佐之道。

隋亡，文中子没，門人歸於唐，盡發文中子所授之道，左右其治。』皮日休文藪第四卷文中子碑云：『仲尼删詩、書，定禮、樂，贊易修春秋，先生則有禮論二十五篇，續詩三百六十篇，元經三十一篇，易贊七十篇。孟子之門人有高第者公孫丑、萬章焉，先生則有薛收、李靖、魏徵、李勣、杜如晦、房玄齡。孟子之門人，鬱之於亂世；先生之門人，赫赫於盛時；較其道與孔、孟，豈徒然哉！』司空圖一鳴集第五卷文中子碑云：『仲尼不用於戰國，致其道於孟、荀而傳焉，得於漢，成四百年之祚。五胡繼亂，極於周、齊，天生文中子以致聖人之用，得衆賢而廓之，以俟我唐，亦天命也。故房、衛數公，皆爲其徒，恢文、武之道，以濟貞觀治平之盛，今三百年矣。』又第九卷三賢贊云：『隋大業間房公、李公、魏公皆師文中子，嘗爲其徒，曰玄齡也，志而密；靖也，惠而斷；徵也，直而遂；俾其遭時致力，必濟謨庸。厥後果然。』皮、陸、司空，皆不免於誕。」就以上諸家及提要所引者考之，則唐人若楊炯、劉禹錫、李翺、裴延翰、皮日休、陸龜蒙、司空圖之徒，皆著書稱述文中子，所言多與中説合。宋張洎賈氏談録曰：「劉蕡精於儒術，讀文中子忿而言曰才非殆庶，擬上聖述作，不亦過乎！客或問曰文中子於六籍何如？蕡曰若人望人，文中子之於六籍，猶奴婢之於郎主爾。後遂以文中子爲六籍奴婢。」錢易南部新書戊卷同。則詆文中子者，莫先於劉蕡，其識非唐之文人所能及。新、舊唐志均有王通中説五卷，兩志皆本之開元時目録，則唐時之實有其書，不待言矣。今本作十卷，據書録解題卷九稱龍鼎臣於明道間得唐本已如此。舊書王質傳云：「五代祖通字仲淹，隋末大儒，號文中子。」新書質傳亦云：「五世祖通爲隋大儒。」舊書文苑王勃傳云：「祖通，隋蜀郡司户書佐，大業末棄官歸，以著書講學爲業。依春秋體例，自獲麟後歷秦漢至於後魏，著紀年之書，謂之元經。又依孔子家語、揚雄法言例，爲客主對答之説，號曰中説，皆爲儒士所稱。義寧元年卒，門人薛收等相與議謚曰文中子。二子：福畤、福郊。」新書勃傳云：「祖通，隋末居白牛溪，教授門人甚衆。嘗起漢、魏盡晉作書百二十篇，以續古尚書，後亡其序，有録無書者十篇。勃補完缺佚，定著二十五篇。」舊書玄宗紀云：「開元二十九年崇玄學，置生徒，令習老子、莊子、列子、文中子，每年準明經例考試。」隱逸王績傳云：「兄通，字仲淹，隋大業中名儒，號文中子，自有傳。」新書績傳云：「兄通，隋末大儒也。聚徒河汾間，倣古作六經，又爲中説，以擬論語，不爲諸儒稱道，故書不顯，惟中説獨傳。」夫通既爲唐人所稱，而史傳又大書特書不一書，則隋時實有其人，又不待言矣。考杜淹所著文中子世家敍通所著書，並無中説。王福畤王氏家書雜録敍杜淹之言，謂門人存記所聞，薛收、姚義綴而名曰中説。又自言其仲父凝以中説授之，因而辨類分宗，編爲十編，勒成十卷。文苑英華卷七百三十六有王勃續書序亦見明張燮所輯王子安集卷四。曰：「我先君文中子，實秉睿懿，生于隋末，覩後作之違方，憂異端之害正，乃喟然曰：宣尼既没，文不在兹乎！遂約大義，删舊章，續詩集誤作書。爲三百六十篇，考僞亂而修元經，正禮樂以旌後王之失，述易讚以申先師之旨。經始漢魏，迄于有晉，擇其典物宜於教者，續書爲百二十篇，而廣大悉備。當時門人千百數，董薛之徒，並受其義，遭代喪亂，未行於時。歷年永久，稍見殘缺。家君欽若丕烈，圖終休緒，迺例六經，次禮樂，敍中説明易讚，永惟保守前訓，大克敷教後人。」亦以中説爲其父所敍，蓋此書實由福畤綴集語言，加以傳會。新、舊書以爲通所作者，非也。勃所敍明白如此，使果無其人，則福郊、福畤豈其生於空桑，而勃遂妄指一子虚烏有之人爲其祖父也哉？舊書言通自有傳，王鳴盛以爲史之駁文。孫志祖讀書脞録續編卷三云：「史家有虚張傳目而實無傳者，蓋由採自舊史，失於檢照，或作非一手，删改未盡也。舊唐書楊炎傳云父播名在逸人傳，李吉甫傳云父栖筠，國史有傳，武元衡傳云祖平一，事在逸人傳，王績傳云兄通，自有傳，而舊唐書皆無之。」然則此等事，在舊書中已數見不鮮矣。愚按舊書多本唐國史，至稱唐爲我朝，稱明皇爲今上，殆類於不去葛龔。此必國史本有通傳，劉昫輩以爲通乃隋人，唐書不當有傳，遂删去之，附之勃傳，而於績傳忘削其語耳。孫氏之言，蓋得其實。通雖隋人，唐書不當有傳，然因其卒於隋末，隋書未立傳，故唐國史補之，猶之漢末人入三國志耳。郡齋讀書志卷十云：「通行事於史無考，獨隋唐通録稱其有穢行，爲史臣所削。」

隋唐通錄，不知誰作，其所言亦不知信否，就令有之，自是指隋書。若唐史雖不立傳，而屢稱爲大儒，未嘗以爲有穢行而削其名也。宋沙門契嵩鐔津文集卷十六書文中子傳後云：「讀東皋子王績集，知王氏果有續孔子六經，知房玄齡、杜如晦、李靜、當作靖。董常、即董恒。溫彦博、魏徵、薛收、杜淹等，果文中子之弟子也。讀劉昫唐書王教當作勃傳，知文中子乃勃之祖，果曾作元經矣。績死於貞觀十八載，去其兄之世近，能言其事也。慨房、杜、溫、魏、王勃皆不書一字，以傳文中子之賢，而隋書復失書之，後世故以文中子之事不足信。及韓子文興，天下學士宗韓，以韓愈不稱文中子，李翺又薄其書，比之太公家教，而學者益原作蓋，今改。不取文中子也。」今案東皋子集岱南閣巾箱本卷上遊北山賦云：「白牛谿裏，峰巒四峙，信玆山之奥域，昔吾兄之所止。許由避地，張超成市，察俗删詩，依經正史。康成負笈而相繼，根矩摳衣而未已。組帶青襟，鏘鏘儗儗。堦庭禮樂，生徒杞梓。山似尼丘，泉疑洙泗。」自注云：「吾兄通字仲淹，生於隋末，守道不仕。大業中隱居此溪，續孔氏六經，近百餘卷。門人弟子相趨成市，故谿今號王孔子之谿也。門人常以百數，唯河南董恒、南陽程元、中山賈瓊、河東薛收、太山姚義、太原溫彦博、京兆杜淹等十餘人稱爲俊穎，集作相，爲後來題目從困學紀聞卷十改。而集作以姚義慷慨，同儕集無此二字方之仲由，薛收理識，方之莊周。仲淹以大業十三年卒於鄉，予予字衍，蓋通死時正三十三耳時年三十三，門人謚爲文中子。及皇家受命，門人多至公輔，而文中子道未行於時。」又卷下答馮子華處士書云：「吾家三兄生於隋末，傷世擾亂，有道無位，作汾亭操，蓋孔子龜山之流也。」又答陳道士書云：「昔者吾家三兄，命世特起，先一擇德，續明六經，吾嘗好其遺文，以爲匡扶之要畧盡矣。」此條紀聞未引。又負苓者傳云：「昔者文中子講道於白牛之谿，弟子捧書北面環列。講罷，程生、薛生退省於松下，語及周易，薛收歎曰不及伏羲氏乎！」又仲長先生傳云：「先生諱子光，集誤作先。字不耀，往來河東，傭力自給，彈琴餌藥，以終其世。」文中子比之虞仲、夷逸。」績所稱白牛谿困學紀聞卷十云：「文中子遊馬頰之谷，遂至牛首之溪。龔氏本云子遊黄頰之谷，遂至白牛之溪。愚案負苓者傳文中講道於白牛之谿，當從龔本。」案紀聞所引，見魏相篇。汾亭操，見中説禮樂篇。仲長子光，見天地篇及禮樂篇。今皆見於中説。王應麟困學紀聞卷十嘗引績文，以與文中子互證。然則其書雖多夸飾，而其中人名事蹟，亦非純構虚詞。郡齋讀書志卷十云：「中説往往僭聖人，模擬竄竊，有深可怪笑者。獨貞觀時將相若房、杜、李、魏、二温、王、陳皆其門人，予嘗以此爲疑。」今案績北山賦云：「山似尼邱，泉疑洙泗。」注中又稱爲王孔子，其他文敍作汾亭操及負苓者事，亦儼然模擬聖人，則其僭妄不始於中説。北山賦注所載門人姓名，雖無李靖、魏徵、房玄齡、杜如晦、王珪、陳叔達等，中説誠不免假借。契嵩以爲有房、杜、李、魏者，亦誤。然薛收、温彦博、杜淹實赫然在其中。且舊書王勃傳亦明稱門人薛收等，然則貞觀時將相雖不盡屬通之門人，而通門人中亦未嘗無至公輔者。藉曰王績之言亦屬夸誕，未可深信；而王通之實有其人，則固可確然無疑也。故讀此書者，要當以司馬公云「竊疑唐室既興，凝與福畤輩並依時事，從而附益之」者爲定論。朱子語類卷百三十七云：「中説一書如子弟記他言行，也煞有好處。雖云其書是後人假託，不會假得許多，須真有箇人坯模，如此方裝點得成。」此亦提要所謂福郊、福畤纂述遺言，虚相夸飾之説也。

宋咸必以爲實無其人，洪邁必以爲其書出阮逸僞撰，誠爲過當，講學家或竟以爲接孔、顔之傳，則傎之甚矣。

案經義考卷二百七十九引宋咸曰：「文中子乃後人所假託，實無其人。」未詳所出，俟考。又引洪邁曰：「或者疑爲阮逸所作，如所謂薛收元經傳，亦非也。」見容齋續筆卷一。朱氏因附案語云：「講學諸公，讀書不論其世，專尚言辭，遂據無稽之言以子虚、無是公、烏然配食孔氏之廡，而典禮家未有敢議之者，何與？」夫王通之實有其人，上文考之已詳。焦竑筆乘卷二已引王績負苓者傳、陳叔達答王績書、陸龜蒙送豆盧處士序司空圖、皮日休文中子碑，以爲五子皆唐人，言之鑿鑿，宋咸獨臆斷其無，幾於瞽説。然則咸之言早爲前人所駁，朱氏乃欲嘘已熄之燄，不亦異乎！若謂其書爲阮逸所僞撰，則亦不察之説也。李慈銘荀學齋日記乙集上云：「文中子書，謬妄可笑，前人論之已詳。近人俞理初云中説，短書也。王凝父子，李氏原注云謂凝與福畤等。古稱叔姪，亦曰父子。蔡邕傳等可證。夸誕可憐人也。見癸巳存稿卷十四云文中子王通必有其人，作書者蓋王凝父子云云。二語亦斷定阮逸之注，尤陋。洪容齋謂即逸所僞撰，亦未嘗細觀之言。如事君篇或問湘東王兄弟，子曰貪人也。其文繁，注以湘東王爲南齊世祖之子子建，與兄竟陵王子良、隨郡王子隆皆有集傳世。不知子建被殺時，年僅十三，安得有集？子良雖傳云有内外文筆數十卷，而云雖無文采，多所勸戒。此湘東王自指梁元帝兄弟也。又周公篇太原府君曰，温子昇何人也？子曰險人也，知小謀大，永安之事，同州府君常切齒焉，則有由也。注謂永安切齒事未詳。案温子昇與孝莊帝密謀誅爾朱榮，嘗手抱詔書，遇榮詭對。魏書及北史本傳皆言之甚悉，而逸俱不能知，他可見矣。又如周公篇云，詩、書盛而秦世滅，非仲尼之罪也；虛玄長而晉室亂，非老、莊之罪也；齋戒修而梁國亡，非釋迦之罪也。秦焚詩書，何反云盛？以三句文例推之，秦爲周字之誤，顯然可見，而逸亦不能知，妄加注云，秦不用詩、書致滅，則文義不可通，尚得謂其自譔自注耶？文廷式純常子枝語卷六云：「文中子立命篇子曰和大怨者，必有餘怨，此用老子語也。案見老子任契章第七十九。阮逸注云若舜不怨而慕是也，不獨與文中子本意不合，且謂舜之慕父母爲有餘怨乎？其他文理乖舛者，比比皆是。逸之庸妄如此，或以文中子爲逸所僞撰，必不然也。」今案困學紀聞卷十云：「記註輿而史道誣矣，見中説問易篇。註當作注，記注爲漢、晉以後起居注之類，虚美隱惡，史無直筆，故曰誣。阮逸謂若裴松之注三國志，恐非。張元素問禮，見魏相篇注云史傳未見。元素蒲州人，唐書有傳，注以爲未見，非也。」何焯校云：「注甚疏略，當時隋書、舊唐書，想民間難得耳。」此亦足見非阮逸所能僞造。提要以洪氏之説爲過當，是也。惜其言之不詳，故復著其説於此。至於經義考及提要皆因論中説之妄，從而歸罪於講學家。夫講學莫著於朱子，朱子於通雖頗有所節取，而其譏議之亦甚至，文集卷六十七王氏續經説及語類卷一百三十七，可覆案也，未嘗以爲接孔、顔之傳。以文中子擬孔、孟者，於唐則皮日休、司空圖，於宋則釋契嵩，契嵩集卷十五有文中子碑，謂文中之於仲尼，猶日而月之也。又非講學家也。此皆考據家不喜宋儒之習氣，不足深辨。

儒家類三 總目卷九十三

居業録八卷

明胡居仁撰。居仁有易象鈔，已著録。此本爲弘治甲子余祐所編。祐，字子積，鄱陽人，弘治己未進士，官至吏部右侍郎。年十九，受業於居仁，居仁以女妻之。而卷首序文乃稱門人，蓋用黄榦編朱子集之例，榦又用李漢編韓愈集之例。然考皇甫湜作愈墓誌，稱愈女初適於漢，後乃離婚，嫁樊氏。漢稱門人而不稱壻，蓋緣於此。榦及祐沿襲其稱，殊爲不考。閻若璩潛邱劄記乃以爲重道統而輕私親，曲説甚矣。

嘉錫案：龍洲黄定宜考辨隨筆卷一定宜字半洲，不詳其生平。據書中自言道光中曾官欽州知州。書凡二卷，僅八十四頁，凡雜文三十篇，而考昌黎事者五篇。一女兩壻辨云：「皇甫湜作韓昌黎墓誌有云夫人高平郡君盧氏，孤前進士昶，壻左拾遺李漢，聓集賢校理樊宗懿。次女許嫁陳氏，三女未笄。林西仲有一女兩壻之問，毛西河答書作六不然之説，力辨其非。趙敬襄竹岡筆記引女挐壙銘云女挐，韓愈退之第四女，以元和十四年卒，年十二。至昌黎葬時凡六年，女挐如在，年已十八，三女不得未笄矣。又乳母墓銘作於中年，其時已有二男五女，知神道碑所謂次女者，第三女也。三女未笄者，幼者三人也。特皇甫臨文未檢，有以啓後人之惑云云。余按文公卒於長慶四年十二月。明年三月，歸葬河陽。皇甫持正撰誌銘神道碑，相距才三月餘耳。使長女前此有他故，則此碑不應仍列李漢之名，今李、樊並列，則爲兩女兩壻明矣。李漢序昌黎先生集，無年月，然蜀本列銜屯田員外郎史館修撰，是在文宗初立時，距文公之卒二年矣。序自稱辱知最厚且親，非韓氏之壻而何？文宗太和二年，詔改順宗實録，李宗閔、牛僧孺謂今史官李漢、蔣系，皆愈之子壻，不可參撰；路隋謂其密親，豈害公理；距文公之卒四年矣。武宗朝李德裕惡李漢以蔣系與漢僚壻，連坐貶，距文公之卒又十六七年。見於史傳者曰子壻，曰密親，曰僚壻，漢猶然韓氏壻也。毛西河據唐書及公文爲六不然之説，以辨一女兩壻之非，最爲明快。然因誌文次女三女字，遂謂公只有三女，又因兩壻字複出，遂撰爲他女他壻之説，殊爲臆度。愚謂複出壻字，正可爲長次兩女兩壻之證，或卽爲次字之訛，説皆可通。考唐人誌子女多有疊出次字者，不必定屬第二。顔魯公殷府君夫人碑六女，長適某，次適王元，次適蔡九，次適顔昭粹，次適某，季適我兄闕疑。李習之故歙州長史隴西李府君墓誌銘女子五人，長女壻禮部員外郎鄭錫，次女壻桂州觀察使杜式方，次女壻京兆韋放，次女壻滎陽鄭循禮，小女壻密縣尉鄭公瑜云云。其見於唐人文集及碑刻，指不勝屈。趙竹岡謂三女未笄，幼者三人也，其解最確。惟公卒時尚有未笄之女，故蔣系一壻，不著於碑，蓋結婚在後也。洪慶善作文公世譜云女六人，壻李漢、樊宗懿、蔣系，第四女挐，早卒，次適陳氏，一人闕。宋人所見如此，則陳氏及蔣系之配，其爲第三、第五、第六女，皆不可知。然於長女并無兩壻之疑，豈宋時皇甫文尚未訛耶？又按持正文句奇崛，傳寫易誤，所作公墓神道碑，如十四年平汴州，三十有一而仕等語，朱子皆以爲不可據。又如方鎮反太原，三利取才等語，朱子皆以爲有誤。浦二田起龍謂此次字三字，爲傳寫之誤。又李貺燕喜亭後記稱外王父昌黎文公。旼，漢子也，記作於會昌五年，距文公之卒二十一年矣。旼登進士第，咸通中官諫議大夫，韋保衡坐以于琮黨，貶蘄州刺史，見舊唐書懿宗紀。蔣系子兆曙，新唐書附見系傳，皆文公外孫也。漢少事公，通古學，屬辭雄蔚，爲人剛，略類公。公愛重，以子妻之。公卒後，漢編公集，收拾遺文，無所失墜。李旼侍父南遷，在貶謫中，乃興復外王父遺蹟，取家記本重刻之。父子敦外親之誼如此，安得如後人所疑哉？又西河引李郱墓誌爲證，最爲妙會。按誌云夫人高明，遇子婦有節法，進見侍側，肅如也。七男三女，及公之存，内外孫十有五人。又祭李郱文云子婦諸孫盈於室堂，公姑悦喜，五福具有，士大夫家，孰不榮羡。李漢家閨門雍穆如此，必無棄婦之事，公爲李郱作文，兩及子婦，是兒女親弗閒語。祭文末云愈以守官不獲弔送，婚姻之好，以哀以悲。合墓誌讀之，可以釋然矣。又公與袁滋書云前太子舍人樊宗師，孝友聰明，家故饒財，身居長嫡，悉推與諸弟，諸弟皆優贍有餘。孫汝聽注宗師父澤，山南東道節度使，宗師弟宗懿、宗憲。按宗師爲公門人，故公以女妻其弟，此亦當日情事之可想見者。宗懿之爲集賢校理，僅見此碑。又漢仙人唐公房碑，有聟谷、聟鄉，隸釋云聟卽壻字，今見於金石文字者尚多。華嶽頌碑第五琦題名有子壻虞當，關中金石記云壻作聓者，干禄字書云聟、聓、壻，上俗、中通、下正。壻一變爲埍，再變爲㙛，三變爲聓，四變爲聟。皆由胥變爲肙致誤。又葺，或寫作葺，故月耳相混云云。皇甫文本疊出兩壻字，傳寫偶從俗，作別體耳。今本又脱下壻字，所以兩壻之疑，亦起於近人也。」平步青樵隱昔寱卷十三書皇甫持正韓先生墓誌銘後曰：「誌云壻左拾遺李漢，聟集賢校理樊宗懿，次女許嫁陳氏，三女未笄。壻、聟字雜出，本無漢妻更嫁宗懿之文。梨洲金石要例著之書女變例，殊誤。四庫全書居業録提要云考皇甫湜作愈墓銘，稱愈女初適於漢，後乃離婚，嫁樊氏，漢稱門人而不稱壻，蓋緣於此。不言本之何書，恐爲梨洲、潛邱所誤矣。」

儒家類存目一 總目卷九十五

忠經一卷

舊本題漢馬融撰，鄭元注。其文擬孝經爲十八章，經與注如出一手。考融所述作，具載後漢書本傳，元所訓釋載於鄭志，目録尤詳。孝經注依託於元，劉知幾尚設十二驗以辨之，其文具載唐會要，烏有所謂忠經注哉？隋志、唐志皆不著録，崇文總目始列其名，其爲宋代僞書，殆無疑義。玉海引宋兩朝志載有海鵬忠經，然則此書本有撰人，原非贋造，後人詐題馬、鄭，掩其本名，轉使真本變僞耳。

嘉錫案：丁晏尚書餘論云：「惠松崖云今世所傳馬融忠經一卷，宋藝文志著于録，其書間引梅氏古文。馬季長東漢人，安知晉以後書，此皆不知而妄作者。錢竹汀宋史考異云忠經，隋、唐志皆不著録，爲宋人僞託。晏按此書亦非依託，當別一馬融，與漢馬融同姓名，非東京扶風馬氏也。崇文總目五行類有絳囊經一卷馬融撰。桐鄉金錫鬯云融，唐居士，非漢馬融也。余觀忠經序云臣融巖野之臣。當亦唐居士所撰，後人誤爲南郡太守耳。若果漢之馬氏，乃外戚豪家，不得云巖野之臣矣。又忠經兆人章云此兆人之忠也；冢臣章云正國安人；武備章云王者立武，以威四方，安萬人也；改「民」作「人」，唐人避太宗諱也。天地神明章昔在至理，又國一則萬人理；政理章夫化之以德，理之上也，施之以政理之中也，懲之以刑，理之下也，德者爲理之本也；改「治」爲「理」，唐人避高宗諱也。益信爲唐人所撰。是時梅氏書盛行已久，其五引僞古文書，不足異矣」。提要以爲海鵬撰，丁氏以爲唐馬融撰，二説不同。考宋志儒家類有馬融忠經一卷，小説家類又有海鵬忠經一卷，通志藝文畧諸子類儒術有忠經一卷，注云「海鵬撰，失其姓名。」按既云海鵬又云失其姓名者，蓋海鵬乃作者之字也。而無馬融忠經，則提要謂今書卽海鵬撰者，理自可信。宋志蓋一書兩收，不足據也。丁氏據崇文總目輯釋以絳囊經爲馬融撰，因謂作忠經者卽此馬融，不知崇文總目原無撰人姓名，此馬融撰三字乃金錫鬯輯書時所補。輯釋之例，凡書名下有陰文原釋二字者，乃總目原文，無者皆錢東垣等所補釋。故錢侗序云：「侗家舊藏天一閣鈔本，只載卷數，時或標注撰人，然惟經部十有一二，其餘不過因書名相仿，始加注以別之。此外別無所見，讀者病焉。乃爲博考史志，補釋撰人。」其文甚明，可覆案也。考新唐志五行類有馬雄絳囊經一卷，注云「雄稱居士。」通志略五行家有絳囊經一卷，唐居士馬雄撰。宋志五行類亦有馬雄絳囊經一卷，然則唐居士作絳囊經者是馬雄，非馬融。金錫鬯題爲馬融，且附案語云「宋志作雄誤。」實不知其何所本？丁氏不考全書體例，誤以爲總目原文，遂據之以立說，執不根之言以考古書，不可爲訓。惟其詳徵書中所避唐諱，以證其爲唐人所撰，非漢之馬融，則頗足補提要所不及，故仍録之，資參考焉。朱一新無邪堂答問卷一云：「忠經世以爲僞，丁儉卿論語孔注證僞謂是唐馬融所作，今案忠經廣至理章，有邦國平康之語，漢人諱邦，邦國未有連文者，足見丁氏之言，信而有徵。四庫提要謂玉海引宋兩朝志載有海鵬忠經，疑此書爲鵬所作，然書中諱民字治字，似當以丁説爲正，後人誤題南郡太守耳。」此亦誤信丁氏之説也。

漁樵問對一卷

舊本題宋邵子撰。晁公武讀書志又作張子，劉安上集中亦載之。三人時代相接，未詳孰是也。其書設爲問答，以發明義理，所稱有温泉而無寒火者，楊慎丹鉛録嘗引葛洪抱朴子蕭邱寒焰以駁之。不知儒者論理，論其常耳，其偶異者，即使有之，不足爲據。至「天何依，曰依乎地；地何附，曰附乎天；天地何依何附，曰自相依附」一條，慎亦駁之。然地處天中，大氣包而舉之，所以不墜，卵黄脬豆，厥譬甚明，是即依附之明證。愼不知曆術，所以獻疑，均不足爲是書病。然書中所論，大抵皆習見之談，或後人摭其緒論爲之，如二程遺書，不盡出於口授歟？

嘉錫案：朱子語類卷一百云：「康節漁樵問對無名公序，與一兩篇書次第，將來刊成一集。」又云：「古今曆家，只是推得個陰陽消長界分爾，如何得似康節說得那『天依地，地附天，天地自相依附，天依形，地依氣』幾句，向嘗以數語附於通書之後，欽夫見之殊不以爲然，曰恐說得未是，某曰如此，則試別說幾句來看。」又卷一百十五云：「漁樵問對或者以爲非康節所著，先生曰，其間儘有好處，非康節不能著也。」由朱子之言觀之，則此書眞邵子所作矣。周密齊東野語卷一引「世有溫泉而無寒火」一條，亦稱邵康節並引有昭德晁氏解。密又引抱朴子及劉子從化篇蕭邱寒燄語，以爲世亦有寒火，特以耳目所未及，故以爲無。楊愼攘之以爲己說，提要駁愼而不及密，猶未免爲愼所欺也。

道一編六卷明程敏政

不著撰人名氏。編朱、陸二家往還之書，而各爲之論斷，見其始異而終同。考陳建學蔀通辨曰：程篁墩著道一編，分朱、陸同異爲三節，始焉如冰炭之相反，中焉則疑信之相半，終焉若輔車之相依，朱、陸早異晚同之說，於是乎成矣。王陽明因之，遂有朱子晚年定論之録，與道一編輔車之説正相唱和云云。然則此書乃程敏政作也。

嘉錫案：明史藝文志及黄虞稷千頃堂書目卷十一儒家類均有程敏政道一編五卷，然則此書之爲敏政所作，不待考之學蔀通辨也。楊守敬日本訪書志卷七云：「道一編六卷，明弘治二年刊本，四庫著録在存目中，稱不著撰人名氏。因學蔀通辨知爲程敏政作，今是本明有敏政自序，四庫本缺之耳。」楊氏録其自序全篇，略云：「朱、陸二氏之學，始異而終同，見於書者可考也。不知者往往尊朱而斥陸，以今考之，志同道合之語，著於奠文；反身入德之言，見於義跋；又屢自咎夫支離之失，而盛稱其爲己之功；廓大公無我之心，而未嘗有所芥蔕異同之嫌；兹其爲朱子，而後學所不能測識者與？齋居之暇，過不自揆，取無極七書，鵝湖三詩，鈔爲二卷，用著其異同之始，所謂早年未定之論也。別取朱子書札有及於陸氏者，釐爲三卷，而陸子之説附焉。其初則誠若冰炭之相反，其中則覺失疑信之參半，至於終則有若輔車之相倚，且深取於孟子道性善收放心之兩言，讀至此而後知朱子晚年所以推重陸子之學，殆出於南軒、東萊之右。顧不考者斥之爲異，是固不知陸子，而亦豈知朱子者哉？此予編之不容已也，因總命之曰道一編，序而藏之。弘治二年，新安程敏政書。」讀程氏此序，乃知陳建之所以評道一編者，正程氏之所自道也。

儒家類存目二總目卷九十六

殘本文華大訓箴解明憲宗　吴道南注

明吴道南撰。道南有河渠志，已著録。初憲宗成化十八年十二月，以御製文華大訓二十八卷賜皇太子。嘉靖八年世宗御製序文頒行。道南按其篇章，前爲之序，次爲之解，次爲之箴，以嘉靖十四年正月表上。此本僅存三卷，已非完書。

嘉錫案：黄虞稷千頃堂書目卷十一云：「憲宗御製文華大訓二十八卷，其書爲綱四，目二十有四，明史藝文志同。廖道南文華大訓箴解六卷。」明志無此書。丁丙善本書室藏書志卷十五據明刻六卷本著録，亦作廖道南，與提要作吴道南者不合。總目卷七十五河渠志提要云：「道南字會甫，崇仁人，萬曆己丑進士，官至文淵閣大學士，謚文恪，事蹟具明史本傳。」吴道南以萬曆十七年始成進士，上距嘉靖十四年，凡五十四年。道南其時尚幼，或并未生，道南以天啓二三年卒。安得注釋表上此書？知作廖道南者爲是。提要蓋因所得殘本紙墨斷爛，偶缺其姓，遂傳致之於吴道南耳。丁氏云：「四庫館因係殘本，僅存三卷，列之存目，案憲宗庸主，其書殆無足觀。四庫列之存目，恐不但因殘缺之故也。此本六卷，卷一進學篇，分明典訓、窮義理、資啓益、端習尚四端；卷二養德篇分端心志、謹言動、慎服食、戒逸欲四端；卷三厚倫篇，分隆孝敬、惇孝愛、重內儀、睦親戚四端；卷四明治篇分敬天命、嚴祀典、辨人才、待臣工四端；卷五明治篇分恤民隱、崇教養、正禮樂、審聽納四端；卷六亦明治篇，分公賞罰、制財用、飭兵戎、馭四裔四端。與千頃堂書目所載，卷數悉合。」此書憲宗原本二十八卷，而道南注本僅六卷，然四綱二十四目具全，蓋合併其卷數，四庫所得殘本，猶存全書之半矣。

四庫提要辨證卷十一

子部二

兵家類總目卷九十九

六韜六卷

舊本題周呂望撰。考莊子徐無鬼篇，稱金版六弢。經典釋文曰，司馬彪崔譔云金版六弢皆周書篇名，本又作六韜，謂太公六韜：文、武、虎、豹、龍、犬也。原注云：案今本以文、武、龍、虎、豹犬爲次，與陸德明所注不同，未詳孰是。謹附識於此。則戰國之初，原有是名，然即以爲太公六韜，未知何據。

嘉錫案：唐魏徵羣書治要卷三十一引六韜，其次第爲文韜、武韜、龍韜、虎韜、犬韜，唯未引豹韜耳。後漢書何進傳章懷太子注云：「太公六韜篇：第一霸典，文論；第二文師，武論；第三龍韜，主將；第四虎韜，偏裨；第五豹韜，校尉；第六犬韜，司馬。」案此所言次序，雖與治要及今本合，而篇目不同。然其所編者，實一古本。文心雕龍論説篇曰：「自論語以前，經無論字，六韜二論，後人追題乎。」卽指文論、武論言之也。郡齋讀書志卷十四云：「分文、武、龍、虎、豹、犬六目。」玉海卷百四十兵法門云：「武經七書太公六韜：文韜一、武韜二、龍韜三、虎韜四、豹韜五、犬韜六。」小學紺珠卷四同。是唐宋傳本，均與今本次序相合。魏徵與陸德明同時，章懷去德明亦不遠，不應所見之本懸殊如此，且龍韜爲主將，亦不當列於豹韜之後，當是經典釋文傳寫有譌誤耳。

漢書藝文志兵家不著録，惟儒家有周史六弢六篇。班固自注曰，惠襄之間，或曰顯王時，或曰孔子問焉。則六弢别爲一書，顏師古注以今之六韜當之，毋亦因陸德明之說，而牽合附會歟？三國志先主傳注始稱「閒暇歷觀諸子及六韜、商君書，益人志意。」案三國志作意智。隋志始載太公六韜五卷，注曰梁六卷，周文王師姜望撰。唐宋諸志皆因之。今考其文，大抵詞意淺近，不類古書，中間如避正殿，乃戰國以後之事。將軍二字，始見左傳，周初亦無此名。原注云案路史有虞舜時伯益爲百蟲將軍之語，雜說依託，不足爲據。其依託之迹，灼然可驗。

案淮南子精神訓云：「故通許由之義，而金縢豹韜廢矣。」注云：「金縢豹韜，周公太公陰謀圖王之書也」明指豹韜爲太公作，蓋卽今六韜中之一篇。後漢書何進傳云：「大將軍司馬許涼、假司馬伍宕說進曰：太公六韜，有天子將兵事。」又徐璆傳及左雄傳注並引謝承書曰：「淑字伯進，徐淑，璆之父。善誦太公六韜。」是則六韜之書，已盛行於後漢，不始於三國，且皆以爲太公所作，亦不始於陸德明。三國志呂蒙傳注引江表傳曰：「權謂蒙及蔣欽曰：孤少時，歷詩、書、禮記、左傳、國語，惟不讀易。至統事以來，省三史諸家兵書，自以爲大有所益。如卿二人意性朗悟，學必得之，寧當不爲乎。宜急讀孫子、六韜、左傳、國語及三史。」此亦在先主遺詔之前，提要亦未之引也。孫權言省諸家兵書，大有所益，即指孫子、六韜，與先主言益人意智語意相合。可謂英雄所見畧同，其必有以取之矣。淮南以豹韜與金縢並言，金縢既記周公之事，則豹韜亦必託始周初。高誘以爲太公所作，其言必有所受之，初非曲説。淮南獨舉豹韜，不云六韜者，古書本自單篇別行，以豹韜中多陰謀，故取以與金縢爲對也。再徵之於莊子之金版六弢，則其名之所從來甚遠，更不始於後漢。漢志道家有太公二百三十七篇，謀八十一篇，言七十一篇，兵八十五篇，而無六韜之名。蓋漢志著録之例，只以著書之人題其書，而不別著書名，老子不名道德經，淮南不名鴻烈，蒯子不名雋永，故太公之書不名六韜、陰謀、金匱兵法等也，至隋志乃著之耳。漢志又有一例，則以人類書，不以書類人。太公之二百三十七篇，分爲謀、言、兵，猶之劉向所序六十七篇，分爲新序、説苑、世説、列女傳、頌圖，揚雄所序三十八篇，分爲太玄、法言、樂、箴也。此三人著作，尚爲紀載極詳者，其他則多合爲一家，并不分著。如陸賈之二十三篇，其中有十二篇爲新語，明見於本傳，而志不載其名。況太公之六韜、陰謀、金匱等，皆兵八十五篇中之子目，自更不暇見於著録矣。以六韜不著録，疑其非漢時書，則新語亦不著録，使其不見於本傳，亦將謂陸賈本無此書乎？漢志太公二百三十七篇下班固自注云：「呂望爲周師尚父，本有道者，或有近世又以爲太公術者所增加也。」是太公之書有後人增加之文，班固已明言之。班云近世，則增加之文，或出於西漢。其間有避正殿之語，將軍之號，固不足怪。特是六弢豹韜之名，見於莊子、淮南，則是戰國秦漢之間本有其書，漢人僅有所附益，而非純出於僞造。周秦諸子，類非一人之手筆，此乃古書之通例，又不獨六韜爲然。至於漢志儒家之周史六弢，班固既明著爲惠襄時人，又云孔子問焉，則其人必非太公，其書亦必非兵家之六韜，師古之言，顯爲附會。沈濤銅熨斗齋隨筆卷四云：「案今六韜乃文王武王問太公兵戰之事，而此列之儒家，則非今之六韜也。六乃大字之誤，人表有周史大弢。古字書無弢字，篇、韻始有之，當爲弢字之誤。莊子則陽篇仲尼問於太史大弢，蓋卽其人，此乃其所著書，故班氏有孔子問焉之説。顔以爲太公六韜誤矣。今之六韜，當在太公二百三十七篇之内。」梁玉繩古今人表考，與沈氏之説略同，惟未言儒家之六弢爲大弢之誤耳。其所考證，極爲真確，真不刊之説也。路史以伯益爲百蟲將軍，誠爲怪誕不經，然其言亦有所本。水經卷十五洛水篇注云：「有百蟲將軍顯靈碑云，將軍姓伊氏，諱益，字隤敳，帝高陽之第二子也。」尋其文義，既云顯靈，則百蟲將軍之號，當出自後人追尊。路史遽附會爲虞舜時官名，可謂無稽之甚，提要但斥爲雜説依託，尚未能得其出處也。

又龍韜中有陰符篇云主與將有陰符，凡八等。克敵之符長一尺，破敵之符長九寸，至失利之符長三寸而止。蓋僞撰者不知陰符之義，誤以爲符節之符，遂粉飾以爲此言，尤爲鄙陋，殆未必漢時舊本，故周氏涉筆謂其書並緣吳起，漁獵其詞，而綴輯以近代軍政之浮談，淺駁無可施用。胡應麟筆叢亦謂其文代陰書等篇，爲孫吳、尉繚所不屑道。然晁公武讀書志稱元豐中以六韜、孫子、吳子、司馬法、黄石公三畧、尉繚子、李衛公問對頒武學，號曰七書，則其來已久，談兵之家，恒相稱述，今故仍録存之，而備論其踳駁如右。

案六韜之書，傳之自古，遠有端緒，已具見於前。提要所疑爲非漢時舊本者，實無强有力之證據。此節所言，雖亦未嘗無理，然此乃純駁之説，而非真僞之説也。古人著書，不皆精粹，淺陋之處，固所時有。九流百家，所出既異，故操術不同。宋明人讀書，好以當時理學家言是非古人，尤非通方之論。此書實是漢時舊本，非後世所能依託，特惜其爲後人妄有删削，遂致殘缺不完耳。孫星衍平津館刻本，附孫同元輯佚文一卷。唐人自杜佑通典以下，談兵之書，引用是書者至夥，又不待宋元豐時頒之武學，始知其來已久也。孫星衍作六韜序，見孫刻本卷首深信其爲古書，然必以爲卽儒家之周史六弢，牽强傅會，轉不能自圓其說，故詳考之如此。

孫子一卷周孫武

考史記孫子列傳載武之書十三篇，而漢書藝文志乃載孫子兵法八十二篇，圖九卷。故張守節正義以十三篇爲上卷，又有中下二卷。杜牧亦謂武書本數十萬言，皆曹操削其繁剩，筆其精粹，以成此書。然史記稱十三篇，在漢志之前，不得以後來附益者爲本書，牧之言固未可以爲據也。

嘉錫案：孫詒讓札迻卷十云：「呂氏春秋上德篇高注云：孫武，吳王闔閭之將也，兵法五千言是也。今宋本曹注孫子凡五千九百一十三字，蓋舉成數言之。」此真天然證佐。高誘爲後漢時人，已謂孫子兵法只五千言，可知今本非曹操所削，一語破的，不待繁言而解矣。章學誠校讎通義卷三云：「孫子兵法八十二篇，注圖九卷，此兵書權謀之首條也。按孫武傳闔閭謂孫武曰：子之十三篇吾盡觀之矣。阮孝緒七録孫子兵法三卷十三篇爲上卷，又有中下二卷，按此卽史記正義所引，提要直認爲張守節之言非也。然則杜牧謂魏武削其數十萬言爲十三篇者，非也。蓋十三篇爲經語，故進之於闔閭，其餘當是法度名數，有如形勢、陰陽、技巧之類，不盡通於議論文辭，故編次於中下，而爲後世亡逸者也。十三篇之自爲一書，在闔閭時已然，而漢志僅記八十二篇之總數，此所以益滋後人之惑矣。」又曰：

「大抵漢志之疎，由於以人類書，不能以書類人也。太玄、法言、樂、箴四書，類於揚雄所敍三十八篇；新序、説苑、世説、列女傳四書，類於劉向所敍八十七篇；尤其顯而易見者也。孫子八十二篇，用同而書體有異，則當別而次之。縱欲以人類書，亦當如太公之二百三十七篇，已列總目，其下分析謀八十一篇，言七十一篇，兵八十五篇之例可也。任宏部次不精，案漢志序云：步兵校尉任宏校兵書。遂滋後人之惑，致謂十三篇非武之完書，則校讐不精之咎也。」章氏謂十三篇非魏武所削，是也。謂中下二卷爲法度名數，不盡通於議論，則仍失之臆斷而未詳考也。道藏有宋吉天保所輯孫子十家會注，孫星衍據以刻入岱南閣叢書，末附畢以珣所撰孫子敍録一卷，所考較章氏更爲詳確。今節録之於此，以爲孫子之定論焉。史記孫武傳曰：「孫武以兵法見於吳王闔閭，闔閭曰子之十三篇，吾盡觀之矣。」畢氏按語云：「史記惟言以兵法見闔閭，不言十三篇作於何時。考魏武序云爲吳王闔閭作兵法十三篇，試以婦人，卒以爲將，則是十三篇特作之以干闔閭者也。今考其首篇云將聽吾計，用之必勝，留之；將不聽吾計，用之必敗，去之。言聽從吾計，則必勝，吾將留之；不聽從吾計，則必敗，吾將去之，是其干之之事也。又虚實篇云越人之兵雖多，亦奚益於勝哉？是爲闔閭言之也。九地篇吳人與越人相惡也，當其同舟而濟，遇風，其相救也如左右手。亦對闔閭言也。故魏武云爲吳王闔閭作之，信矣。」吳越春秋曰：

「吳王召孫子問以兵法，每陳一篇，王不知口之稱善。」畢氏按云：「十三篇之外，又有問答之辭，見於諸書徵引者，蓋武未見闔閭，作十三篇以干之。既見闔閭，相與問答。武又定著爲若干篇，皆在漢志八十二篇之內。」嘉錫以爲吳王與孫武問答，未必武所自記。古人之學，大抵口耳相傳，至後世乃著竹帛，此蓋戰國時人所追敍耳，至其後乃合而編之，或即劉向校書時所定著，未可知也。潛夫論、文選注、通典、孫子何延錫注、太平御覽諸書所引孫子遺文，多與吳王問答之語，皆不在今十三篇之內。畢氏敍録，載之甚詳，大抵皆論用兵之道。章氏以爲中下二卷皆法度名數，不盡通於議論，蓋臆斷之説，其實不然。漢書藝文志吳孫子兵法八十二篇，圖九卷，沈欽韓疏證卷二十六云：「隋志孫子兵法二卷，吳孫子八變陣圖二卷，孫子兵法雜占四卷，新唐志吳孫子三十二壘經一卷。案隋志云：「梁有孫子八陣圖一卷，亡。」沈氏未引，似漏略。案周官車僕注孫子八陣有苹車之陳，此即八變陣圖也。案周禮注言孫子八陣，不云八變陣，恐是引梁有之八陣圖耳。日本見在書目尚有孫子兵法八陣圖二卷。御覽三百二十八引孫子占曰：『三軍將行，其旌旗從容以向前，是爲天送，必急擊之，得其大將』云云，此即雜占也。御覽三百五十七引吳孫子三十二壘經靈輔曰：『移軍移旗，以順其意，銜枚而陳，分師而伏，後至先擊，以戰則克，此三十二壘經也。』」畢氏敍録所考略同，惟三十二壘經一條未引。以章氏、畢氏、沈氏三家之説互證，則孫子八十二篇之大略，猶可攷見也。

此書注本極夥，隋書經籍志所載，自曹操外，有王凌，張子尚、賈詡、孟氏、沈友諸家，唐志益以李筌、杜牧、陳皥、賈林、孫鎬諸家，馬端臨經籍考又有紀燮、梅堯臣、王晳、何氏諸家。然至今傳者寥寥，坊刻講章，鄙俚淺陋，無一可取，故今但存其本文，著之於録。

案隋志云：「鈔孫子兵法一卷，魏太尉賈詡鈔。」然則此乃節鈔之本，初非爲之注釋，不可與曹操諸家並論。隋志別有吴起兵法一卷，賈詡注。新唐志有孫鎬注吴子一卷，並無孫子注。通志同。提要所引，蓋涉及上文諸家注孫子而誤。通志藝文略所載，除見於隋唐志者外，又有蕭吉注一卷、吉事蹟見隋書藝術傳，即著五行大義者。隋志兵家有蕭吉金海三十卷，唐志作四十七卷，均無孫子注，不知通志何所本。何延錫注三卷、蓋即通考之何氏注。張預注一卷、鄭友賢孫子遺説一卷。宋志亦有蕭吉注孫子一卷，注云或題蕭曹注。又有宋奇孫子解幷武經簡要二卷。其諸家集解，宋志有五家注孫子三卷，注云魏武帝、杜牧、陳皥、賈隱林、與唐志、通志及本志作賈林者不同。孟氏。又曹杜注孫子三卷，注云曹操、杜牧。又吉天保十家孫子會注十五卷，提要均未引及，蓋止約略言之，不暇詳考也。天禄琳琅書目後編卷五宋版子部云：「十一家注孫子，周孫武撰。曹操、李筌、杜佑、杜牧、王晳、張預、賈林、梅堯臣、陳皥、孟氏、何氏注，書三卷十三篇，附録孫子本傳。又十家注孫子遺説幷序，鄭友賢撰，説三十則。蓋本有十家注，友賢輯且補之爲十一家也。」今按自曹操至何氏，實十一家，鄭友賢謂之十家者，蓋注中引及杜佑，乃通典之說，佑本不注孫子，去佑不數，則只十家耳。書目謂幷友賢爲十一家者，誤也。天禄琳琅所藏宋本，實卽吉天保之十家會注，孫星衍已據道藏本重刻之矣。按十家注本，天一閣書目卷三有明嘉靖乙卯錫山談愷刻本。孫星衍序稱大興朱氏有明刻注解本。楊守敬日本訪書志卷七有明萬曆己丑刻集注本。又有單行本孫子魏武帝注三卷，孫氏亦據宋雕本影寫，刻入平津館叢書，修四庫書時，皆未見也。

司馬法一卷

舊題齊司馬穰苴撰。今考史記穰苴列傳稱齊威王使大夫追論古者兵法，而附穰苴於其中，因號曰司馬穰苴兵法。然則是書乃齊國諸臣所追輯，隋唐諸志，皆以爲穰苴之所自撰者，非也。

嘉錫案：張澍養素堂文集卷三司馬法序云：「按孫子注云司馬法者，周大司馬之法也。周武既平殷亂，封太公於齊，故其法傳於齊。周禮疏云齊景公時大夫穰苴作司馬法，至齊威王，大夫等追論古法，又作司馬法，附於穰苴。太史公曰自古王者而有司馬法，穰苴能申明之。又云司馬法所從來尚矣。太公孫吳王子能紹而明之。穰苴傳云齊威王使大夫追論古者司馬兵法，而附穰苴於其中，因號曰司馬穰苴兵法。是古者卽有司馬法，非穰苴始作，亦威王時附穰苴兵法於司馬法中，非附司馬法於穰苴兵法中也，周禮疏誤矣。晉張華以司馬法爲周公作，當得其實。案張華之説，蓋亦想當然耳。考周官縣師將有軍旅田役會同之戒，則受法於司馬以作其衆庶，小司馬掌事如大司馬之法，司兵授兵，從司馬之法以頒之，此司馬法卽周之政典也。漢藝文志謂之軍禮司馬法者，考大宗伯掌軍禮之別有五，孔叢子有問軍禮之篇，而周禮注引軍禮云無干軍，無自後射，當卽此書所載也。」其所考證，較之提要更爲詳盡。蓋司馬法爲古者軍禮之一，不始於齊威王之大夫，并不始於穰苴。穰苴之兵法，蓋特就司馬法而申明之，而非其所創作，其後因附入司馬法之中。古書隨時增益，不出於一人之手，類皆如此。至於齊威王使大夫追論，疑不過彙輯論次之，如任宏之校兵書而已。後人疑此書者甚多，説既無徵，所宜不論。然漢志稱軍禮司馬法百五十五篇，陳師道以傳記所載司馬法之文，今書皆無之，疑非全書。其言大抵據道依德，本仁祖義，三代軍政之遺規，猶籍存什一於千百。蓋其時去古未遠，先王舊典，未盡無徵，掇拾成編，亦漢文博士追述王制之類也。隋唐志俱作三卷，世所行本以篇頁無多，併爲一卷。

案孫星衍刻司馬法序云：「御覽引古司馬兵法文，與今本多同。又引穰苴兵法，不在此書。」余考之信然。則今本所存之五篇，乃威王諸大夫所追論之軍禮，非其所附之穰苴兵法也。凌廷堪校禮堂文集卷二十四復姚姬傳書曰：「伏讀集中論司馬法，以世所傳本爲僞，故漢書刑法志不載。竊謂漢志所載司馬法，與今所行司馬法，當是兩書，何以知之？考隋書經籍志三禮雜大義下注云梁有司馬法三卷，亡。此卽漢書藝文志禮類所載軍禮司馬法百五十五篇也。原注云：「此書亡於江陵之難，隋志據七録存其目耳。」又隋志子類載司馬兵法三卷下注云齊將穰苴撰，此卽今所行本也。汪容甫明經因此書無傳記所引者，遂謂是宋人删本，金輔之脩撰又謂闕佚不全，皆不知爲兩書故耳。」凌氏謂司馬法當有兩書，是矣。然謂已亡者爲軍禮，今世所行乃穰苴所撰，則所考適得其反。其意不過以爲隋志既稱其已亡，自不容復存於後世。不知隋志凡稱梁有某書亡者，非亡於江陵之難，乃謂武德五年所運煬帝東都之書，行經底柱多被湮没而亡者耳。然其書雖一時暫亡，而他處所藏者仍存，故凡所云亡者，兩唐往往復著於録，不獨此一書爲然。至於隋志所謂梁有某書者，清儒輒謂其是根據七録，此亦想當然之詞，其實毫無所本，余謂當指梁時國家藏書有無言之，疑是據文德殿書目耳。隋志四卷，劉孝標撰。

黄石公三略三卷

案黄石公事見史記，三略之名，始見於隋書經籍志，云下邳神人撰，成氏注。唐宋藝文志所載並同。

嘉錫案：困學紀聞卷十云：「魏李蕭遠運命論張良受黄石之符，誦三略之説，言三略者，始見於此。」自注云：「漢光武詔引黃石公記，未有三略之名。」是則三略名之源起，困學紀聞已明言之，其名初不始於隋經籍志，紀聞非僻書，提要乃略不一考，何也？

相傳其源出於太公，圯上老人以一編書授張良者，卽此。蓋自漢以來言兵法者，往往以黃石公爲名。史志所載，有黃石公記三卷、黃石公略注三卷、黃石公陰謀乘斗魁剛行軍祕一卷、黃石公神光輔星秘訣一卷。又兵法一卷、三鑑圖一卷、兵書統要一卷。今雖多亡佚，然大抵出於附會。是書文義不古，當亦後人所依託。鄭瑗井觀瑣言稱其剽竊老氏遺意，迂緩支離，不適於用，其知足戒貪等語。蓋因子房之明哲而爲之辭，非子房反有得於此。其非圯橋授受之書，明甚。然後漢光武帝詔書引黃石公「柔能制剛，弱能制强」之語，實出書中所載軍讖之文，其爲漢詔援據此書，或爲此書剽竊漢詔，雖均無可考，疑以傳疑，亦姑過而存之焉。

案史志所載之書以黃石公爲名者，隋書經籍志兵家有黃石公內記敵法一卷、黃石公三略三卷、原注云下邳神人撰，成氏注。梁又有黃石公記三卷，黃石公略注三卷。黃石公三奇法一卷、原注云梁有兵書一卷。張良經與三略，往往同，亡。黃石公五壘圖一卷、黃石公陰謀行軍祕法一卷、原注云梁有黃石公秘經二卷。黃石公兵書三卷。五行家有黃石公北斗三奇法一卷。舊新唐志兵家除黃石公三略、成氏三略訓舊志無成氏二字各三卷外，有黃石公陰謀乘斗魁剛行軍祕一卷。疑卽隋志之陰謀行軍祕法，而名不同。宋史藝文志兵家除成氏注三略三卷外，有黃石公神光輔星祕訣一卷，又兵法一卷、三鑑圖一卷、兵書統要三卷、三略祕要三卷。五行家有黃石公備氣三元經一卷、黃石公地鏡訣一卷、黃石公公宅一卷。提要隨手拾掇，不完不備，觀其去取，漫無義例，不知其何說也。至於其書之眞僞，則史記留侯世家明云：「父出一編書曰，讀此則爲王者師矣。旦日，觀其書，乃太公兵法也。」使張良果有受書之事，則其書當卽在太公兵法八十五篇之中。蓋良既親受之於老父，知其爲太公書，則其後與韓信序次兵法，定著爲三十五家，事見漢志兵書略自當次入太公一家之内，不應別有所謂黃石公記與三略也。使良並無其事也，則卽因太公兵法而附會，蓋流俗人震於留侯之籌策如神，因轉相傳言，以爲是嘗受太公之書於下邳神人云爾，尤不當別有此書也。此其出於僞作，可據史記一言而決，何必更較量其文義耶？

三略直解三卷

明劉寅撰。寅始末未詳。自題前辛亥科進士。考太學進士題名，洪武辛亥有劉寅，崞縣人，蓋卽其人。張綸林泉隨筆稱太原劉寅作六書直解，謹據經史，辨析舛謬。然則寅所注者凡六書，此其一種也。

嘉錫案：阮元揅經室外集卷五有尉繚子直解五卷、司馬法直解一卷。其尉繚子條下云：

「尉繚子，四庫全書已著録，直解，明劉寅撰。寅所撰書皆名直解，凡六種，見林泉筆記，此則六書中之一耳。」司馬法條下略同。蓋亦根據提要此條爲説。然考千頃堂書目卷十三兵家有劉寅孫子直解三卷、吴子直解三卷、尉繚子直解五卷、司馬法直解三卷、六韜直解六卷、三略直解三卷、李衛公問對直解三卷。明高儒百川書志卷七先已著録，卷數皆同。明史藝文志因之，於兵家類著録劉寅七書直解二十六卷。不分子目。然則寅所著直解，實不止六種。林泉筆記中六書直解之六字，非傳訛，卽誤記也。紀氏阮氏失不詳考，遂皆承其誤。莫友芝郘亭知見傳本書目卷七有武經直解二十五卷，附録一卷，注云：「明劉寅撰，洪武戊寅自序，謂高皇有旨，俾軍官子孫講讀武書而作。其目孫子三卷、吴子二卷、此書較千頃堂少一卷，故全書止二十五卷。司馬法三卷、李衛公問對三卷、尉繚子五卷、三略三卷、六韜六卷。有成化丙午孟冬知保定府金城趙英刊本。其書詮解暢達，爲明代七書善本，蓋卽用以課士。四庫僅著録三略一種。阮文達進呈遺書，又得司馬法、尉繚子二種，其四種罕有言及者。同治改元，祥芝弟獲直解七書成化印完本于祁門，亦郘亭祕笈之一也。寅字拱辰，太原學人，署前辛亥科進士，趙序按謂趙英序謂其累歷顯任，並著能聲。」丁丙善本書室藏書志卷十四有武經直解二十五卷，明萬曆時刻本。楊守敬日本訪書志卷七有武經直解十二卷，亦萬曆刊本。其書於吴子、司馬法、三略，皆併爲一卷。問對、尉繚子、六韜皆併爲二卷，與莫氏所得本又不同。楊氏謂日本有重刊本。然莫氏、楊氏皆不知明志已著録，亦其疏也。

太白陰經八卷

唐李筌撰。筌里籍未詳，惟集仙傳稱其仕至荆南節度副使、仙州刺史，著太白陰經。又神仙感遇傳曰筌有將略，作太白陰符十卷，入山訪道，不知所終。太白陰符，當卽此書，傳寫譌一字也。

嘉錫案：集仙傳爲宋曾慥所撰，見書録解題卷十二。四庫著録者非原本。見總目道家類存目。提要此條，蓋從太平廣記卷六十三轉引也。至所引神仙感遇傳，五代杜光庭撰。亦見廣記卷十四，不載筌所歷官位。考雲笈七籤卷一百十二引感遇傳「筌有將略」上多「開元中爲江陵節度副使、御史中丞」十四字。陰符作陰經，與廣記小異。羅振玉敦煌本閫外春秋存卷四、卷五跋云：「李筌閫外春秋十卷，直齋書録解題云唐少室山布衣李筌撰。四庫全書録筌所撰太白陰經，總目云筌里籍未詳，集仙傳、神仙感遇傳云云。今傳本太白陰經則前有自序及進書表文，後并有結銜。序末作唐永泰四年秋河東節度使都虞候，表末作乾元二年四月二十八日正議大夫持節幽州諸軍事、幽州刺史並本州防禦使上柱國，與集仙傳不同。序表文辭鄙拙，當是僞託。序署永泰四年。考永泰無四年，二年十一月卽改元大曆，作僞之迹顯然。至進表，前有「臣少室書生，才非武職」，而後又有「臣自風塵悖亂，牧□邊陲，兵行天機，戰伐常勝，雖坐偏裨之職，未展縱横之謀」云云，前恭後倨。又自謂牧□邊陲，戰伐常勝，幽州去兩京密邇，並非荒裔，何以史家絶不一及其功伐，且并其名氏而遺之，揆是情實，誣僞可知。仙家紀傳，例多難信，序表所署，亦復相類。而此卷署題作少室山布衣，按巴黎圖書館所藏敦煌本閫外春秋殘卷，北平圖書館有影片存卷一及卷二之上半，卷首進書表末署天寶二年六月十三日少室山布衣臣李筌上表。與陳氏所云正合，筌或竟以布衣終耳。」嘉錫考之唐范攄雲溪友議卷上云：「李筌郎中爲荆南節度判官，集閫外春秋十卷。既成，自鄙之曰，常文也。乃注黄帝陰符經。」其敍筌之官職與集仙傳小異，與此書自序及進表署銜全不同。友議又云：「筌後爲鄧州刺史，一夕三更，東南隅忽見異氣。明旦呼吏於郊市如産男女者，不以貧富，悉取至焉。得牧羊胡婦一子，李君慘容曰此假天子也。座客勸殺之，筌以爲不可，曰此胡雛必爲國盜，古亦如然，殺假恐生真矣。則知安禄山生於南陽，異人先知之矣。」宋人所輯分門古今類事卷九亦載此事。雲溪友議敍事固多里巷傳聞，即此所載安禄山事亦涉荒誕。且筌天寶初尚是布衣，安得當禄山生時已官刺史。然范攄究爲唐時人，其敍李筌官爵，應不至大誤。豈筌撰閫外春秋時尚爲布衣，後乃出仕，由節度判官歷任州郡，入爲郎中，而攄特誤記其著書之時歟？要之，筌之初仕荆南，後官刺史，唐人固有紀載，不僅見於集仙傳也。觀郡齋讀書志卷七記筌撰中台志，以唐相李林甫、陳希烈附皇道，筌上元中自表天寶初迫以綴名云，夫以布衣著書，紀載失實，縱觸刑網，亦止宜辯之有司。今亟亟上表自明，亦似非布衣之事矣。筌本儒者，官至省郎，不當任偏裨作都虞候。此書自序及表文，固出後人僞造無疑。新唐志道家類李筌驪山母傳陰符玄義一卷，注云：「筌號少室山達觀子。」通考卷二百十一引崇文總目作陰符玄機，其解題與唐志注略同。不著官閥，與題少室山布衣者合。筌所著書，見於唐志者，自陰符太白陰經、閫外春秋、中台志外，尚有注孫子二卷、青囊括一卷、六壬大玉帳歌十卷。

考唐書藝文志、宋史藝文志皆云太白陰經十卷，而此本止八卷，疑非完帙。然核其篇目，始於天地陰陽險阻，終於雜占，首尾完具，又似無所闕佚。殆後人傳寫有所合併，故卷數不同歟？

案此書唐宋志皆十卷，玉海卷一百四十一太白陰經條下引中興書目云：「記出師用兵之事，凡一百篇。」今四庫本只八卷，八十八篇，安得謂之無所闕佚歟？孫星衍平津館文稿卷下太白陰經跋云：「此本太白陰經十卷，前有序，題唐永泰四年秋河東節度使都虞候臣李筌撰。卷數與中興書目、唐宋藝文志符合，是前明人手録本。予在翰林時，與校秘閣書，録出一本八卷，前缺天無陰陽險阻二篇，後失卷八分野風角鳥情之文，及卷九遁甲等篇，卷十元女式等篇，曾以茅元儀武備志所引校增，僅補卷一所缺二篇及諸陳圖并闕文數處。及得此本十卷，乃爲完備。然此本亦有不及内本者，卷八雜占之文，較省十之四五，恐爲鈔録節删，或當時軍中各有簡鍊本不同耶？」愚考錢曾讀書敏求記卷三著録本亦十卷，錢氏因其有宋人題名，疑是宋朝内府鈔本。張海鵬據一影宋鈔本刻入墨海金壺。有宋人結銜，與錢本合。錢熙祚又得一舊鈔殘本只前六卷，乃合文瀾閣本及張刻本校之，刻入守山閣叢書，皆較四庫本多二卷。

兵家類存目總目卷一百

左氏兵畧三十二卷

明陳禹謨撰。禹謨有經籍異同，已著録。是編乃其任兵部司務時所撰，嘗疏進於朝。其例取左傳之敍及兵事者，以次排纂，仍從十二公之序。其事相類者，則不拘時代，類附於前。又雜引子史證明之，而斷以己意，謂之捫蝨談，非惟無關於春秋，併無關於左傳，特借以談兵而已。考五代史敬翔傳曰：「梁太祖問翔曰聞子讀春秋，春秋所紀何等事？翔曰諸侯戰爭之事耳。太祖曰其用兵之法，可以爲吾用乎？翔曰兵者應變出奇以取勝，春秋古法，不可用於今」云云。是左氏兵法至五代已不可用，而禹謨進疏，乃請敕下該部將副本梓行，俾九邊將領，人手一編，是與北向誦孝經何異？明季士大夫之迂謬，至於如是，欲不亡也得乎！

嘉錫案：禹謨欲將是書俾九邊將領，人手一編，誠不免迂謬，提要駁之是也。但因敬翔之言，遂謂左氏兵法在五代已不可用，則其說亦不充於理矣。夫敬翔從朱溫起於羣盜之中，不過頗能識字讀書，粗有智謀，不失爲庸中佼佼而已，何足以言學問？又況平生未嘗爲大將，烏從知古今兵法？今乃執彼片言，以爲定論，甚矣其惑也！梁章鉅退菴隨筆卷十三引提要此條論之曰：「按古來名將，實多精左氏傳者，江表傳稱關公好左氏傳，諷誦畧能上口。權德輿作渾瑊神道碑，謂雅好左氏春秋。宋史狄青傳云范仲淹以左氏春秋授之曰：『將不知古今，匹夫勇耳。』范傳云：熟此可以斷大事。青折節讀書，通秦漢以來將相兵法。儒林何涉傳涉在軍中，亦嘗爲諸將講左氏春秋，狄青之徒，皆橫經以聽。岳忠武傳家貧力學，尤好左氏春秋。然則左傳誠可通於兵法，特須平時講習，而復能神明其意耳。」章鉅爲紀昀主會試時所取士，故此節直稱紀文達師嘗言云云。其意以其師說爲不然，而欲有以箴規其失焉。余謂紀氏之爲人，雖以學問顯，而於經史無專著，詩文亦匪大家，特長於考證。平生精力，盡於四庫提要，亦以此致重名，至有南錢北紀之譽。良由其天才素高，於各種學問，皆具有根底，而又得窺石室金匱之藏，得見所未見。所撰提要，繁稱博引，使人不能不服其淹貫。實則其考證皆有所本。如經義考、文獻通考、宋詩紀事、元詩選，以及清初通儒如顧炎武、黄宗羲、朱彝尊、閻若璩、王士禎諸家之著述議論，皆其所取裁，其是者亦是之，非者亦非，兢兢焉不敢出前人之範圍。又或窺當宁之好惡，以爲翕張。其疏謬之處，至於糾之不勝其糾。當時朝廷之用之也，無非使之作應制詩文，或編纂書籍。高宗、仁宗久亦厭薄之，雖驟歷臺省，除畫諾之外，未嘗入直樞庭，與聞國家之大政。是真大史公所謂人主之所戲弄，倡優所畜也。不聞有體國經野之心，濟世安民之畧。故凡古今得失之林，如漕運極言海運之害。用人備邊諸事，輒以明末爲戒，懲羹而吹齏，不出書生之見，其言兵法，亦猶是也，何暇論古名將之事乎？

法家類總目卷一百一

管子二十四卷

舊本題管仲撰。劉恕通鑑外紀引傅子曰，管仲之書，過半是後之好事者所加，乃説管仲死後事，輕重篇尤復鄙俗。葉適水心集亦曰，管子非一人之筆，亦非一時之書，以其言毛嬙、西施、吳王好劍推之，當是春秋末年。今考其文，大抵後人附會，多於仲之本書。其他姑無論，卽仲卒於桓公之前，而篇中處處稱桓公，其不出仲手，已無疑義矣。書中稱經言者九篇，稱外言者八篇，稱内言者九篇，稱短語者十九篇，稱區言者五篇，稱雜篇者十一篇，稱管子解者五篇，稱管子輕重者十九篇。意其中孰爲手撰，孰爲記其緒言如語録之類，孰爲述其逸事如家傳之類，孰爲推其義旨如箋疏之類，當時必有分別。觀其五篇明題管子解者，可以類推，必由後人混而一之，致滋疑竇耳。

嘉錫案：向歆班固條别諸子，分爲九流十家。而其間一人之書，又自爲一家。合若干家之書，而爲某家者流，明乎其所謂家者，不必是一人之著述也。家者合父子師弟言之，管子乘馬篇云："三夫爲一家。"古今訓詁之書，無以家字作一人解者。父傳之子，師傳之弟，則謂之家法。六藝諸子皆同，故學有家法，稱述師説者，卽附之一家之中。如公穀傳中，有後師之説是也。其學雖出於前人，而更張義例别有發明者，則自名爲一家之學。如儒林傳中某以某經授某，某又授某，繇是有某某之學是也。其間有成家者，有不能成家者。學不足以名家，則言必稱師，述而不作。雖筆之於書，仍爲先師之説，而已原不必於一家之中分别其孰爲手撰，孰爲記述也。況周、秦、西漢之書，其先多口耳相傳，至後世始著竹帛。如公羊穀梁之春秋傳、伏生之尚書大傳。張生歐陽生撰。故有名爲某家之學，而其書並非某人自著者。惟其授受不明，學無家法，而妄相附會，稱述古人，則謂之依託。如藝文志文子九篇，注爲依託，以其與孔子並時，而稱周平王問，時代不合，必不出於文子也。雜黄帝五十八篇，明知爲六國時賢者所作，而不注爲依託，以後人可以稱述前人之説也。使管子而稱齊太公問，疑之可也。管子而稱毛嬙、西施、吴王、齊桓公，此明是爲管氏學者之言，何足疑乎？若謂管子不當記仲之死，則論語不嘗記曾子之死乎？故讀先秦之書，但當問其是否依託，而不必問其爲何人所著。然而依託與否，亦正難言。惟漢人多見古書，知其授受源流，或能加以别白，猶不能必其無誤。至於後世，去古已遠，有必不可得而詳者矣。自漢武帝罷黜百家，而諸子之學浸失其傳，學者自以其意著書，無所授受。於是書必出於手著，而無追紀竹帛之事。況至東漢以後，油素代以幡帋，書寫甚易，雖所學不足名家，亦復自成著述，標舉名氏，不顧附驥尾以行。傅休奕狃於當時體裁，因以追議管子，是不明古人之情事，猶執大輅而譏椎輪也。宋明人之辨諸子，大率類是，其言有得有失，然多辯乎其所不必辯者。提要之論管子，可謂明白矣。然謂手撰、記述，當時必有分别，後人混而一之，不知古人本不甚分别也。章學誠文史通義詩教上篇云：「春秋之時，管子嘗有書矣，然載一時之典章政教，則猶周公之有官禮也。蓋言管子所記之典章，卽是當時之則例檔案。記管子之言行，則習管氏法者所綴輯，而非管仲所著述。或謂管仲之書不當稱桓公之謚，閻氏若璩又謂後人所加，非管子之本文，皆不知古人並無私自著書之事，皆是後人綴緝。」嚴可均鐵橋漫稿卷八書管子後云：「近人編書目者，謂此書多言管子後事，蓋後人附益者多。余不謂然，先秦諸子，皆門弟子或賓客或子孫撰定，不必手著。」其言皆爲提要此篇而發。余謂提要之言，苦心分别，未爲大失。惜乎其於古書之體，未達一間耳。若夫嚴氏之論鬻子，漫稿卷五鬻子序。孫星衍之論晏子、問字堂集卷三晏子春秋序。燕丹子，平津館刻本卷首。孫詒讓之論墨子，墨子閒詁後附墨子傳略。皆謂古書不必自著，是皆好學深思，通知古今著作體例者，其言可以互考也。提要之於周秦諸子，往往好以後世之見議論古人，其言似是而實非，今亦不欲以空言多所争辯，姑發其凡於此。

舊有房玄齡注，晁公武以爲尹知章所託。然考唐書藝文志，玄齡注管子不著録，而所載有尹知章注管子三十卷，則知章本未託名。殆後人以知章人微，玄齡名重，改題以炫俗耳。其文淺陋不足採，然蔡絛鐵圍山叢談載蘇軾、蘇轍同入省試，有一題軾不得出處，轍以筆一卓而以口吹之，軾因悟出管子注，則宋時亦採以命題試士矣。

案尹知章絳州翼城人，官至國子博士，事蹟具唐書儒學傳。宋岳珂愧郯録卷十一云：「紹興元年首詔復置賢良一科，且令講求典故。於是儀曹之奏曰：其閣試舊制一場論六首，每篇限五百字以上，題目於九經、十七史、國語、吹劍録外集國語下有論孟。荀子、揚子、管子、文中子及注疏内出題，竊詳舊制兼注疏内出題。今復科之初，欲權罷疏義，餘如舊制。詔疏義出題，臨時取旨。珂嘗考所謂舊制，蓋祖宗之制也。所出題之詳略，因乎元祐，而臨時取旨之詔，高宗猶意其更祖宗之已行，益有以啓上心之疑，而未之亟許焉。」宋史選舉志、通考卷三十三選舉考、宋俞文豹吹劍録外集，均載紹興之制，但其文較略。　是管子注之命題試士，乃北宋時舊制，岳珂載之甚明，不因蔡條所記蘇軾事而始知之。　特因條之言益可證明所謂注疏者，兼子史之注言之，不獨經注及正義耳。　然條所記東坡不記管子注，實無其事。葉紹翁四朝聞見録丙集云：「世俗謂無真賢良，且謂東坡猶不記六題出管子，子由同試，至以筆管敲試案方悟，此又齊東之語。　按東坡所試題，一曰王者不治夷狄，二曰信禮義以成德，三曰劉愷丁鴻孰賢，四曰禮以養人爲本，五曰既醉備五福，六曰形勢莫如德。五題皆精貫，惟形勢莫如德，東坡誤認以爲出於諸侯王表，子由知其出於吳起傳，而特不記其出於傳贊之末句。」是蔡條所記，出於傳聞之誤，審矣。　至其所以致誤之由，亦有可考者。　説郛本瑞桂堂暇録不著撰人名氏云：「老泉携東坡、潁濱謁張文定公，時方習制科業，將應詔。　文定公與語，奇之，館于齋舍。　翌日，文定公忽出六題，令人持與坡、潁云請學士擬試。　文定密于壁間窺之，兩公得題，各就坐致思。　潁濱于一題有疑，指以示坡，坡不言，但舉筆倒敲几上云管子注。」然則兩蘇之事，是私試而非省試，且不知題出管子注者是子由，而非東坡，牽連附及之，備考核焉。

鄧析子一卷周鄧析

列子力命篇曰鄧析操兩可之說，設無窮之詞。子產執政作竹刑，鄭國用之，數難子產之治，子產屈之，子產執而戮之，俄而誅之。劉歆奏上其書，原注云，案高似孫子略誤以此奏爲劉向，今據書録解題改正。則曰於春秋左氏傳昭公二十年而子產卒，子太叔嗣爲政。定公八年太叔卒，駟歂嗣爲政。明年，乃殺鄧析，而用其竹刑。然則列子爲誤矣。其書漢志作二篇，今本仍分無厚、轉辭二篇，而併爲一卷，然其文節次不相屬，似亦掇拾之本也。

嘉錫案：荀子宥坐篇云：「子產誅鄧析史付。」呂氏春秋離謂篇云：「子產治鄭，鄧析務難之，與民之有獄者約，大獄一衣，小獄襦袴。民之獻衣襦袴而學訟者，不可勝數，以非爲是，以是爲非，是非無度，而可與不可日變。所欲勝因勝，所欲罪因罪，鄭國大亂，民口讙譁。子產患之，於是殺鄧析而戮之，民心乃服，是非乃定，法律乃行。」說苑指武篇云：「子產殺鄧析以威侈。」是則周秦諸子多言子產殺鄧析，而其事則呂覽敍之最詳，不僅見於列子。列子乃晉人僞作，非古書，其說恐不足據也。劉向上鄧析子奏云：「鄧析者，鄭人也，好刑名，操兩可之說，設無窮之辭。當子產之世，數難子產爲政，記或云子產執而戮之。」其文與列子合，故提要引列子爲證。其實所謂操兩可之說者，卽出於呂氏春秋。可與不可日變。所謂設無窮之辭者，出於荀子不苟篇。荀子云：「山淵平，天地比，齊秦襲。入乎耳，出乎口，鉤有須，卵有毛，是說之難持者也，而惠施、鄧析能之。」莊子天下篇云：「辯者與惠施相應，終身無窮。」鄧析與惠施同術，故曰設無窮之辭。劉向之言未必出自列子，疑後之撰列子者，轉襲劉向耳。今鄧析子前有奏一篇，實劉向之文，提要以高似孫稱劉向者爲誤，謂據書録解題改正爲劉歆，然考書録解題卷十有此書。其解題中實無一字及於劉向、劉歆者，嚴可均全漢文卷三十七録劉向鄧析書録一篇，自注云案此敍意林、荀子楊倞注、高似孫子略，皆作劉向。或據書録解題改屬劉歆，檢書録解題無此説。惟通考卷二百十二引崇文總目云：「初析著書四篇，劉歆有目一篇，凡五，歆復校爲二篇。」提要蓋卽據此條而誤記爲書録解題，實則通考此條下未引陳氏説也。嚴可均曾校此書，鐵橋漫稿卷五載其敍云：「漢志名家鄧析二篇，鄭人與子産並時，隋志、舊新唐志皆一卷，意林一卷二篇，崇文總目言劉歆校爲二篇。今本二篇，卽歆所分，而前有劉向奏，稱除復重爲一篇者。蓋歆書冠以向奏，唐本相承如此也。或言此奏當爲歆作，知不然者，意林及楊倞注荀子，皆云向不云歆也。案意林卷一采此書，其首條卽引劉向云「非子産殺鄧析，推春秋驗之。」荀子不苟篇注，亦引劉向辨子産無殺鄧析事。先秦古書，佚失者多，鄧析幸而僅存，卽言不盡醇，要各有所見，自成一家，流傳久遠，轉寫多訛。因據各書引見，改補五十餘事，疑者闕之。舊三十三章，今合并爲三十一章，節次或不相屬，而詞旨完具，各書徵用尟出此外。唯御覽八十苻子引鄧析言曰：古詩云『堯舜至聖，身如脯腊。桀紂無道，肌膚二尺。』今本無之，當是佚脱。或如呂氏春秋、淮南所載，元不在二篇中，亦未可知也。」愚謂嚴氏之説誠足訂提要之失，其謂上鄧析子奏非劉歆作及節次或不相屬而詞旨完具云云，皆隱與提要相詰難。然其信崇文總目之説，謂歆書而冠以向奏，及疑苻子所引爲今本佚文，則皆非也。余始讀崇文總目之説，疑其既不言何所本，亦不見於他書，及考劉向奏云：「中鄧析書四篇臣敍書一篇，凡中外書五篇，㠯相校，除復重爲一篇。」乃知總目所言，全出於此。漢志鄧析只二篇，而向云中書四篇者，中祕所藏，合之臣敍書雖共有五篇，而其中有三篇爲復重之本，除去復重，則仍止二篇也。向奏除復重爲一篇，一字當作二，乃後來刻本之誤，崇文目可證也。崇文目乃云鄧析著書四篇，是不解除復重爲何等語矣。臣敍書者，敍乃人名，猶之臣向書、臣參書也。劉向、杜參 而崇文目云劉歆有目一篇，以臣爲劉歆自稱，以敍爲書序，遂指爲目録，殆幾於不通文義。荒謬至此，則其誤認劉向爲劉歆，固不足怪。所謂歆復校爲二篇者，何足置信，而嚴氏乃爲調停之説，以爲歆書而冠以向奏，是仍不免爲崇文目所誤也。苻朗著書十篇，晉書本傳謂爲老莊之流，故其文亦全學莊子之寓言，所記古人言行，多假設之辭，諸書所引苻子佚文可證也。如所載燕昭王以舟量大豕，即是影射魏志鄧哀王沖以大船量巨象事，他可類推。則其引鄧析之言，未必果出於本書，況其詩絶不類先秦人語，嚴氏乃以爲今本佚脱，亦未免於輕信矣。

疑獄集四卷 五代和凝宋和㠓 補疑獄集六卷明張景

疑獄集四卷，五代和凝與其子㠓同撰。凝事蹟具五代史雜傳。㠓據此書題其官曰中允，其始末則不可詳矣。

嘉錫案：周壽昌思益堂日札卷五云：「紀文達所校書爲世所推，姚姬傳先生極詆之，然亦實有疏略處。如引疑獄集爲和㠓著，云㠓爲和凝之子，本末無可考。案疑獄集爲凝所著，㠓上之，非㠓著也。又宋史㠓自有傳，爲凝第三子，其表上疑獄集，亦有年代，乃云本末無可考，何也？」愚考宋史文苑傳㠓附其兄峴傳後，云：「凝第四子，字顯仁。」周云第三子者，亦誤。傳云：「太平興國八年擢進士第，釋褐霍邱主簿。雍熙初，知崇仁縣，就拜大理評事，遷光禄寺丞。先是凝嘗取古今史傳聽訟、斷獄、辨雪冤枉等事，著爲疑獄集，㠓因增益事類，分三卷表上之。俄獻所著文賦五十軸，召試中書，擢爲太子中允。淳化初，以本官直集賢院，賜緋魚。三年春遷右正言，以本官知制誥，加水部員外郎，知理檢院。至道元年賜金紫，與王旦同判吏部銓，是秋風眩暴作而卒，年四十五。」其敍㠓始末頗詳。宋釋文瑩玉壺清話卷五云：「㠓，凝之幼子，知制誥，南郊贊導乘輿，俯仰如畫，神彩照物。太宗愛之，謂宰臣曰：朕深欲詔㠓入翰林，但恐其眸子眊然，視物不正，不可爲近侍。」宋程俱麟臺故事卷一云：「淳化元年始以太子中允和㠓直集賢院。」所記均與宋史合。宋洪邁容齋三筆卷四外制之難一條云：「和㠓閉户精思，徧討羣籍。」亦正言㠓知制誥時事，提要未及檢核，遽謂始末不可詳，誠不免於疏略。然疑獄集爲凝、㠓父子相續而成，本傳具有明文，提要題爲凝㠓同撰，本無可議，惟失在不引宋史耳。周氏乃謂非㠓所著，且以駁提要，是亦未讀宋史也。疏略之譏，尤而效之矣。

書前有㠓序及至正十六年杜震序，陳振孫書録解題稱疑獄三卷，上一卷爲凝書，中下二卷爲㠓所續。今本四卷，疑後人所分也。補疑獄集六卷，明張景所增，共一百八十二條。

案：偏檢書録解題，並無疑獄集，惟卷七傳記類有折獄龜鑑，解題云：「初五代宰相和凝有疑獄集，其子水部郎和㠓續爲三卷，六十七條。」與提要所引亦不合。蓋此乃郡齋讀書志之文，見彼書卷八刑法類中。提要未檢閱原書，僅就通考卷二百三疑獄集條下轉引，而又誤鼂氏爲陳氏耳。此書見鼂陳書目及玉海，引見後。宋史藝文志，作和凝撰，不云㠓續。皆作三卷，四庫所收四卷者，乃別本。朱緒曾開有益齋讀書志卷四云：「余所見疑獄集凡三本，有前二卷和凝編，後一卷子㠓續，分上中下三卷。有㠓及杜震序，吳太初長元跋云顯仁中允繼父志，彙成百條，勒四軸，今存六十六條。蓋佚去四分之一，案吳氏原跋全文，見拜經樓藏書題跋記卷四。此竹垞曝書亭傳鈔本也。有前集二卷四十七條，和凝編。後集二卷三十三條，和㠓編。續集六卷，明張景編，附許襄敏異政。此天一閣范氏録入四庫本也。案天一閣書目法家類著録本作十卷，有元至元十年陳柏序，不言有續集，不知與其進呈四庫者是否一本也。有前集一卷四十七條，和凝集；後集一卷三十二條，和㠓續；無韓億乳醫條。續集上下二卷，明張景編，附許襄敏異政。此錢塘陳鴻壽重刻遲鳳翔本也。三本俱不及百條。晁氏郡齋讀書志刑法類疑獄三卷，石晉和凝撰，纂史傳決疑獄事。其上卷凝書，中下卷凝子㠓所續。是分上中下爲古本，然竹垞藏本，凝多㠓寡，亦與晁志不同。晁志三卷，亦與㠓序四軸不合。鄭克折獄龜鑑云和凝疑獄原二十九條，以時代爲次，張擧事在吳人之末，晉人之前。案此是折獄龜鑑卷六張擧條自注。明刻本以唐御史伴失狀爲首，案據此則明本不依時代，非原本次序矣。張擧事在苻融之後。張允濟聽葱、揚牧笞巫、崔黯搜孥三事，鄭克皆引舊文，案折獄龜鑑之例，凡采自疑獄集者，皆注舊出某書，或舊不著出處。明和氏本俱無之。笞巫、搜孥，在張景所續，聽葱竟不載。金世宗大定元年，卽宋高宗紹興三十二年。金章宗明昌元年，爲宋光宗紹熙元年。和㠓乃五代末宋初時人，忽云大定唐公爲冠氏令，明昌間景州一婦畜二姦夫，則年代相去甚遠，知和氏父子之書，爲後人刪削及竄入者多也。」據朱氏之說，則四庫所收之疑獄集，乃明人竄亂之本，不止分三卷爲四卷，爲非和氏之舊已也。考玉海卷六十七紹興折獄龜鑑條下云：「和凝集古今明於聽斷者二十九條，爲上一卷；子㠓續三十八條，爲下二卷；表上之。」其言和凝書只二十九條，與折獄龜鑑合；再加和㠓所續三十八條併數之，得六十七條，與書録解題合。又言凝書爲上卷，㠓書爲下二卷，與郡齋讀書志合。今考折獄龜鑑，每條注明舊有者凡六十八條，較書録解題及玉海所言僅多一條耳。以此參互考之，則和氏原本之真面目，約略可見矣。四庫本及陳鴻壽刻本皆非也。曝書亭本存六十六條，視原本僅闕一條，吳長元不知和㠓序所謂百條四軸爲後人所妄改，以爲佚去四分之一者，亦非也。由此推之，曝書亭本雖非原書，而其遭竄亂，或不如他本之甚，惜不得而見之矣。朱氏所考，比之提要加詳，而猶誤信原本當有百條，則未考玉海之故也。邵懿辰四庫簡明目録標注卷十於疑獄集下注云：「袁漱六嘗證此書，並非和氏原本。」今未見其文，不知視余説何如也。

折獄龜鑑八卷

宋鄭克撰。是書宋志作二十卷，晁公武讀書志、陳振孫書録解題，俱題作決獄龜鑑，蓋一書而異名者也。

嘉錫案：提要不著鄭克始末，與全書體例不類。考克登宣和六年沈誨榜進士，見宋彭百川太平治迹統類卷二十八。至其里貫仕履，則朱緒曾考之甚詳，開有益齋讀書志卷四棠陰比事跋云：「客問撰折獄龜鑑之鄭克，余應之曰：元劉壎隱居通議云高宗紹興三年降詔恤刑，戒飭中外，俾務哀矜。時有承直郎鄭克明爲湖州提刑司幹官，因閱和凝疑獄集，易舊名曰折獄龜鑑。案見隱居通議卷三十一，原文「因閱和凝疑獄集」句下作「嘉其用心，乃分類其事，自釋冤、辨誣、至嚴明、矜謹凡十二門，易舊名曰折獄龜鑑，所載皆古事，亦多有不切可删者。」十二門當是二十門之誤。劉起潛壎字稱爲鄭克明，知克字克明。呂成公方元恪墓誌女孫壻迪功郎建康府上元縣尉鄭克，是曾由縣尉而爲幹官，其本貫開封人，南渡因徙家焉。客喜而退。」朱氏之意，蓋欲以補提要之闕也，故直録之。書録解題卷七著録此書，實作折獄龜鑑。提要亦因自通考轉引，未檢原書而誤。惟郡齋讀書志卷八及通考卷二百三作決獄龜鑑耳。玉海卷六十七則二名並用，知實一書異名也。

大旨以五代和凝疑獄集及其子嶸所續均未詳盡，因摭拾舊文，補苴其闕，分二十門。其間論斷，雖意主尚德緩刑，而時或偏主於寬，未能悉協中道。

案郡齋讀書志云：「五代和凝有疑獄集，近時趙仝有疑獄事類，皆未詳盡，克因增廣之。」據此則克書中所採，當兼有和氏父子及趙仝二家之書。然和氏書共六十七條，而克書明引疑獄集或和嶸及言舊出某書、舊不著出處者，凡六十八條，較原數僅溢其一。其他則直注出某書見某書，或聞之士林，皆不言爲舊本所有，唐以前事，則注曰舊集不載。又似其中無趙仝全書者，豈仝但取和氏書分類隸事，而無所增益耶？提要謂克之論斷偏主於寬，余初閲此書卷首釋冤、辨誣及卷末矜慎門頗以提要之言爲然，及觀議罪門深有取於王尊之造獄，又賈黯條益州推官乘澤不知父死，黯言澤與父不通問者三年，借非匿喪，亦爲不孝，卒坐廢田里。克論以爲是春秋誅意之義。又懲惡門有小兒偷刈鄰家稻，孔琇之付獄案罪，克以爲可以懲惡。又張詠因責決一吏，吏曰決不得，喫劍，詠令牽出斬之。克亦稱其能以威信折猾吏姦。又吳中復條，論以懲惡者法不應死以便宜誅之，爲誅於法外，其他論斷多類此。使不與釋冤數門參看，不又將疑爲偏於嚴乎？乃知提要之説，特粗閲其書首尾二三卷，因而立論，未嘗細覈全書也。

法家類存目總目卷一百一

洗冤録二卷

宋宋慈撰。慈字惠父，始末未詳。是書自序題淳祐丁未，結銜題朝散大夫新除直祕閣湖南提刑充大使行府參議官。

嘉錫案：明凌迪知萬姓統譜卷九十二云：「宋慈字惠父，建陽人。歷湖襄提刑，以朝請大夫直焕章閣，帥廣東。慈居官，所在有聲，嘗作洗冤録。及卒，理宗以其爲中外分憂之臣，有密贊閫畫之計，贈朝議大夫，御書墓門旌之。」是慈之始末，非無可考也。勞格讀書雜識第十一卷多考宋人仕履，其宋慈一條引重修昆陵志卷八載嘉熙四年十一月以朝奉郎知常州事，淳祐二年四月，改知贛州，未離任，罷。又引庸齋集卷六提刑鄭吏部墓誌銘敍江西常平使者鄭伯昌與宋刑使慈發兵破盱寇事，且云宋旋爲臺臣劾去。」然不能具慈之始末。陸心源宋史翼卷二十二循吏傳中有宋慈傳，略云：「慈字惠父，福建建陽人。少受業於同邑吳雉。雉，朱子弟子，暨入太學，真德秀衡其文，謂其源流出肺腑，慈復師事焉。嘉定十年中進士乙科，補贛州信豐主簿，薦知長汀縣。尋通判邵武軍，改南劍州。累遷提點廣東刑獄，移任江西，兼知贛州。除直祕閣，提點湖南刑獄。進直煥章閣，知廣州，爲廣東經略安撫使。淳祐六年卒，按洗冤録序題淳祐丁未，乃淳祐七年，時慈尚在湖南，則其卒必非六年，此誤。年六十四，贈朝議大夫。」其敍慈之事蹟頗詳，然不記其知常州及在江西平寇事，蓋陸氏此傳，僅據劉後村大全集宋公墓志修入，不及參考他書也。

農家類 總目卷一百二

齊民要術十卷

後魏賈思勰撰。思勰始末未詳，惟知其官爲高平太守而已。

嘉錫案：宋刻殘本上虞羅氏吉石盦叢書影印及明清各本齊民要術，均題後魏高陽太守賈思勰撰。提要作高平者，誤也。亡友吳檢齋承仕經籍舊音敍録曰：「賈思勰，四庫全書總目不詳其人始末。承仕按：思勰東魏北齊間人，其著書宜在武定天保之際，尋要術第四十五注曰：『杜葛亂後，饑饉荐臻，唯仰乾椹，以全軀命。』杜洛周葛榮之役，當孝昌永安年間，其事蓋思勰所親見，一也。要術第六十四引元僕射家法，北齊書，元斌歷官尚書左僕射，天保二年賜死。第六十五引皇甫吏部家法，魏書，皇甫瑒歷官吏部郎，太昌初卒。斌、瑒蓋與思勰同時，二也。要術第三注昔兗州刺史劉仁之老成懿德，謂余言曰昔在洛陽云云，按魏書仁之武定二年卒，官西兗州刺史。思勰稱其卒官，則撰要術時，必在武定二年以後，三也。要術引書，自東晉以下，有戴凱之竹譜、何承天纂文、劉敬叔異苑、鄭緝之永嘉記等，訖陶隱居本草止矣。按弘景卒於梁大同初，思勰著書，疑在梁武之末，當東魏武定末，四也。唐書宰相世系表有賈思勰，北齊青兗二州刺史。嘉錫按：表作青兗等州刺史河東公。隋唐間人於人二名每偁一字，舊唐志齊人要術十卷，賈勰撰。則勰即思勰，殆無可疑，五也。據此五證，知思勰卒年，必當天保後矣。」愚謂吴氏所考思勰著書時代，固詳密可信，若其以思勰爲即世系表之賈思勰，則尚有可疑者。案表勰爲梁太府卿賈執之曾孫。執，梁書、南史並無傳，唯文苑英華卷六百四十九有劉孝儀彈賈執傅湛文，原注云，「梁大同中。」其文云：「長兼御史中丞劉孝儀稽首言，南康嗣王府行參軍知譜事賈執與前中書舍人傅湛，在王座飲酒忿争。」考梁書劉潛傳云：「潛字孝儀，大同三年兼散騎常侍使魏，還，累遷尚書左丞兼御史中丞，在職彈糾無所顧望。十年，出爲臨海太守。」孝儀之彈賈執，雖不知確在何年，然南史梁武帝紀云：「大同四年七月戊辰，使兼散騎常侍劉孝儀聘于東魏。」北史東魏孝静帝紀云：「元象元年冬十月，梁人來聘。」後魏書亦於是年冬十月書蕭衍遣使朝貢。即孝儀也。其使魏還朝，當在大同五年之春。其後累經遷轉，始兼御史中丞。據梁書武帝紀，大同五年正月御史中丞尚是賀琛。則執之被彈，大約不出大同六年以至十年之間矣。執於此時僅爲南康嗣王府行參軍，梁書武帝紀大同七年，以侍中南康王會理兼領軍，案會理，南康簡王績之子，見高祖三王傳。其官太府卿又當在後。而思勰齊民要術自言嘗見兗州刺史劉仁之。據魏書仁之本傳，仁之以武定二年卒，即梁武之大同十年也。度其時賈執猶當健在，思勰之見仁之，或尚在是年以前。仁之告以區田之利，思勰便誌之不忘，是已留心經濟，計其年齡，必非幼稚。至武定八年而高洋篡位，此書署銜爲魏高陽太守，則猶非作於東魏未亡之時。觀其學識通博如此，縱令早成，亦當年逾弱冠矣。假設大同之末，賈執年在七十左右，未必便有弱冠之曾孫，況執官至列卿，而其孫忽爲降虜，祖孫四世，分事兩朝，已爲可異。且江陵千樹橘與千户侯等，既見於思勰自序，而甘蔗之汁迮之爲糖，見本書卷十引異物志。於資生之用尤廣，乃其書中專紀中原風物，至以蜀中之橙，淮南之橘，吳楚之柚及枇杷甘蔗之屬，並謂之非中國物，竟不知其種植之法，此豈復似南人而入北者乎？賈勰之父宏爲後梁中軍長史，見世系表及古今姓氏書辨證卷二十六。至勰始由梁入齊，若撰齊民要術之賈思勰，吳氏謂其親見杜洛周、葛榮之亂，案魏書肅宗明帝紀，洛周反在孝昌元年，榮反在二年，下距後梁主蕭詧之大定元年即北齊高洋天保六年。凡三十年，豈有子先顯於北魏，父方仕於後梁，相距如是之久者乎？然則作此書之魏高陽太守賈思勰與彼北齊青兗等州刺史之賈勰，必非一人，吳氏之言，不免牽合矣。姚振宗隋書經籍志考證卷三十一曰：「案魏書有賈思伯，字士休，齊郡益都人。弟思同，字士明，孝明帝時並爲侍講，授靜帝杜氏春秋，案以魏書北史思伯本傳考之，思伯以春秋授明帝，思同授靜帝，並不同時。已在魏之季世，當梁武天監普通大同之時，思勰或與之同時同族，爲郡守以後，不仕而農者歟？」姚氏以思勰爲思伯之族，較之吳氏以爲賈執之曾孫者，猶爲近之。惟謂其爲郡守以後不仕而農，則臆度之詞，無以見其必然也。

自序稱起自耕農，終於醯醢，資生之業，靡不畢書，凡九十二篇。今本乃終於五穀果蓏非中國物者。自序又稱商賈之事闕而不録，今本貨殖一篇，乃列於第六十二，莫知其義。

案思勰自序曰：「今採捃經傳，爰及歌謠，詢之老成，驗之行事。起自耕農，終於醯醢，資生之業，靡不畢書，號曰齊民要術，凡九十二篇。其有五穀果蓏非中國所植者，存其名目而已，種植之法，蓋無聞焉。」然則所謂起自耕農，終於醯醢，資生之業者，特包舉全書之大旨言之耳。其有果蓏雖非中國所植，然皆可供人食用，卽何莫非資生之業，第只能存其名目而不知種植之法，與所記中原諸植物不同，故置之於編末，並於自序之中明著其說，以曉觀者。而提要誤以爲當終於醯醢，遂疑今本與自序不同。是不解古人文義，不可謂之善讀書也。至於自序言：「捨本逐末，賢哲所非，日富歲貧，饑寒之漸，故商賈之事，闕而不録。」而書中乃有貨殖一篇，此其故亦有可得而言者焉。蓋古賢哲之所以牧民者，不獨教之稼穡而已。凡蠶織樹蓺畜牧之事，莫不盡心焉督率勸導之，務令家給人足而後已。自序中所引陶朱公以至杜畿諸人之事皆是也。故其書自耕田第一至胡麻第十三，皆五穀之屬。自種諸色瓜第十四至苜蓿第二十九，皆菜茹之屬。而以雜説一篇明十二月之氣候宜忌者爲第三十，自園籬第三十一至種茱萸第四十四，皆果蓏之屬。自種桑柘第四十五至伐木第五十五，皆蠶織樹藝之屬。自養牛馬驢騾第五十六，至養魚第六十一，皆畜牧之屬。若是，則地無曠土，人無失業，而治生計之事備矣。然必待工而成之，商而通之，俾民以其所有，易其所無，而後生計足。孟子曰：「子不通工易事，以羡補不足，則男有餘粟，女有餘布。」故神農氏既作耒耜以教天下，而又日中爲市，致天下之民，聚天下之貨，使之交易而退，各得其所。農之與商，如是之相須也。故思勰以貨殖爲第六十二，篇中節録漢書貨殖傳所言馬二百蹄，牛蹏角千，千足羊，千足彘，千石魚陂，以及棗栗橘楸各千樹，漆桑麻竹梔茜各千畝，畝鍾之田，薑韭千畦，此其人與千户侯等者，皆以前六十一篇中所有也。惟橘以非中原之物，列於末篇。其意蓋以此勸農，使知種植畜牧之利，非爲商賈而作也。提要以辭害意，遂意其與自序不合矣。古人所譏刻舟而求劍，其是之謂乎？

思勰序不言作注，亦不云有音，今本句下之注，有似自注，然多引及顏師古者。考文獻通考載李燾孫氏齊民要術音義解釋序曰，賈思勰著此書，專主民事，又旁摭異聞，多可觀。在農家最嶢然出其類，奇字錯見，往往艱讀。今運使秘丞孫公爲之音義解釋，略備其正名小物，蓋與揚雄、郭璞相上下，不但借助於思勰也。則今本之注，蓋孫氏之書，特宋藝文志不著録，其名不可考耳。董穀碧里雜存以注中一石當今二斗七升之文，疑其與魏時長安童謠「百升飛上天」句不合，蓋未知注非思勰作也。

案宋陸游老學菴筆記卷八云：「沈存中辨雞舌香爲丁香，亹亹數百言，竟是以意度之。惟元魏賈思勰作齊民要術第五卷有合香澤法，注云俗人以其似丁子，故謂之丁子香。此據涵芬樓校正舊鈔本，注云以下，毛本無。此最的確可引之證，而存中反不及之，以此知博洽之難也。」陸游與李燾皆南宋初人，燾作音義序，稱今運使祕丞孫公，是亦同時之人也。而沈括則北宋時人，卒於紹聖二三年間，見拙著疑年録稽疑卷二。陸游乃責以不引後數十年人所注之書，寧非異事。然則今本句下之注不出於孫氏，亦明矣。且四庫著録，卽用明胡震亨祕册彙函本。其板後併入津逮秘書。有葛祐之後序云：「紹興甲子，龍舒張使君專使貽書曰比因暇日，以齊民要術刊板成，求余爲序。」又云「此書乃天聖中崇文院板本，非朝廷要人不可得，使君得之，刊于州治。」又有嘉靖甲申王廷相爲馬直卿所作刻書序，然則彙函本及嘉靖本，其源皆出於紹興本，而紹興本則用天聖本重刻。今天聖刻本，全書雖不可得見，而日本有宋刊殘本，存卷五、卷八兩卷，楊守敬據其書中通字闕筆，謂卽天聖時官刻本。見日本訪書志卷七。羅振玉取而影印入吉石盦叢書，其跋云：「通字避真宗劉皇父諱，在仁宗初年明道間卽不復諱，則此本之刻，在明道之前。」案明道之前卽是天聖，是亦以爲天聖刻本也。今取以校彙函本，雖頗足補正其脱誤，而實彼此相應，無大異同。安有北宋天聖之時豫刻南宋人書之理乎？書中每篇之後所附諸法，如收瓜子法、治瓜籠法之類，又卷十菜茹篇中所録諸菜名，如韭葱䪥蒜之類，率以大字標題，而正文皆作雙行夾注。此斷是賈氏自注，必非出自後人者，然猶可曰刻本之誤也。至於卷五種竹篇首注云：「中國所生不過淡苦二種，其名目奇異者，列之於後條也。」卷十五穀果蓏菜茹非中國物産者篇首注云：「聊以存其名目，記其怪異耳。爰及山澤草木任食非人力所種者，悉附於此。」此乃思勰著書發凡起例之語，明篇首注解，皆思勰自注也。卷二種芋篇注云：「芋可以救饑饉，度凶年，今中國多不以此爲意。」卷三種蘭香篇注云：「蘭香，羅勒也。中國爲石勒諱，故改,今人因以名焉。」他篇注中亦多言中國者,蓋思勰北人,故自名其國爲中國,以別於南朝島夷也。若宋人無緣作此語矣。且南宋之人,豈猶爲石勒避諱乎?至於所稱兗州刺史劉仁之、元僕射、皇甫吏部,以及所言杜葛之亂,皆有史傳可憑,確乎出於思勰之手者,吳氏考之已詳矣。吳氏又曰:「按賈書本文注文,詞意實相次比,意有未盡,以注足之。第三篇引劉仁之言,尤其明證。注爲賈作,灼然無疑。且賈書每引當時諺語,方土異名,不自音釋,後人殆無從妄測,則反語亦賈所自爲也。胡震亨序曰:『宋孫祕丞音義解釋,今已失傳。』孫注久佚,昔人已言之矣。至注引顏師古説,僅卷二賈引食貨志卷七引貨殖傳兩處,其注文大抵轉録漢書顏注,別無發正,與他篇子注,體勢不類,此自後人竄入,不獨不出自思勰,亦非孫祕丞所爲明矣。四庫書目之説,良爲疏失。」愚案:通考卷二百十八所載李燾敍曰:「本朝天禧四年詔並刻二書,案謂要術及四時纂要。以賜勸農使者。按事見續通鑑長編卷九十五。然其書與律令俱藏,衆弗得習,市人輒抄要術之淺近者,摹印相師,用才一二,此有志於民者所當惜也。今公幸以稽古餘力,悉發其藴,盍並刻焉。豈惟決疑糾繆,有益學者,抑使斯民日用,知所本末,更被天禧遺澤,不亦可乎!」據其所言,則此書雖有天聖紹興刻本,燾似未之見,當時所通行者,皆刪節之本。孫氏之書,蓋摘字爲注,不載本文,故燾勸其併刻原書,以嘉惠斯民。然則孫氏音義即幸而尚存,亦與今本體裁迥異,足見不獨原注非孫氏所作，即其中竄入顏師古注，亦決不出於孫氏之手矣。提要之言，殆全無是處也。

農書三卷宋陳旉附蠶書一卷宋秦湛

末有蠶書一卷，宋秦湛撰。湛字處度，高郵人，秦觀之子也。所言蠶事頗詳，宋志與旉書各著録，不知何人綴旉書後，合爲一編。

嘉錫案：邵懿辰簡明目録標注卷十云：「諸家書目俱以蠶書爲秦觀作，附刻淮海集内，此目以爲秦湛字處度，乃秦觀之子，未知孰是。」考宋志農家類有秦處度蠶書一卷，此提要所本。困學紀聞卷二十云：「館閣書目蠶書一卷，南唐秦處度撰。按蠶書見秦少游淮海後集。少游子湛字處度，以爲南唐人，誤矣。」知宋志作秦處度者，本於館閣書目，四庫本作秦湛，蓋所得刻本如是，非提要之誤。然天禄琳琅書目卷二宋版子部内云：「宋陳旉農書三卷，秦觀蠶書一卷，附樓璹耕織圖詩。按陳振孫書録解題云秦少游蠶書，見少游淮海集第六卷云云，此本二書合刻，係宋汪綱守高郵時所編。孫鏞蠶書跋云高沙之俗，耕而不蠶，郡太守汪公取秦淮海蠶書示余曰：子謂高沙不可以蠶，此書何爲而作乎？乃命鋟木，與農書並傳焉。跋爲嘉定甲戌，按甲戌爲宋寧宗嘉定七年。」陳振孫、王應麟、在宋時所見淮海集，已將蠶書編入，則館閣書目之作秦處度者，蓋與以處度爲南唐人同一謬誤，不足爲據。汪綱刻本亦題作秦觀，孫鏞跋直指爲秦淮海，不云處度，則此書之不出於湛，居然可知。提要曾不考之書録解題，又汪綱合刻本，藏在中祕，而提要云不知何人合爲一編，皆疏略也。

四庫提要辨證卷十二

子部三

醫家類一 總目卷一百三

黄帝素問二十四卷唐王冰注

漢書藝文志載黄帝内經十八篇，無素問之名，後漢張機傷寒論引之，始稱素問。晉皇甫謐甲乙經序稱鍼經九卷，素問九卷，皆爲内經，與漢志十八篇之數合，則素問之名起於漢、晉間矣，故隋書經籍志始著録焉。

嘉錫案：書録解題卷十三云：「漢志但有黄帝内外經，至隋志乃有素問之名。」提要推本其説，因謂傷寒論始稱素問，其名當起於漢、晉之間。愚謂秦、漢古書，亡者多矣，僅存於今者，不過千百中之十一，而又書缺簡脱，鮮有完篇，凡今人所言某事始見某書者，特就今日僅存之書言之耳，安知不早見於亡書之中乎？以此論古，最不可據。即以醫書言之，漢志方技略醫經七家二百一十六卷，經方十一家二百七十四卷，今其存者，黄帝内經十八卷而已。素問九卷，靈樞九卷。此外隋志著録古醫書可見者，亦僅本草經三卷，黄帝八十一難二卷耳，安所得兩漢以上之書而偏檢之，而知其無素問之名乎？使内經本不名素問，而張機忽爲之杜撰此名，漢人篤實之風，恐不如此。提要不過因漢志只有内經十八卷並不名素問，故謂其名當起於劉、班以後，不知向、歆校書，合中外之本以相補，除復重定著爲若干篇，其事無異爲古人編次叢書全集。著之七略、别録，其篇卷之多寡，次序之先後，皆出重定，已與通行之本不同，故不可以原書之名名之。如戰國策三十三篇，初非一書，其本號或曰國策，或曰國事，或曰短長，或曰事語，或曰長書，或曰修書，而劉向名之曰戰國策。見向戰國策敍。使短長諸書今日尚存，固不可曰漢書藝文志只有戰國策三十三篇，無「短長」之名，必起於漢、晉以後也。内經十八卷，其九卷名素問，其餘九卷則本無書名，故張仲景、王叔和引後九卷之文無以名之，直名之曰九卷。詳見靈樞經條下。然則素問之名，其必出於仲景之前亦明矣。劉向於素問之外，復得黄帝醫經若干篇，於是别其純駁，以其純者合素問編之爲内經十八卷，其餘則爲外經三十七卷，以存一家之言。不問其爲黄帝所作與否。蓋必嘗著其説於别録，而今不可見矣。此如陸賈著新語十二篇，劉向校書之時又得賈平生論述十一篇，合而編之，爲陸賈二十三篇，不復用新語之名，正同一例。今既不得以新語之名爲後起，則亦安見素問之名必起於漢、晉以後也乎？

冰名見新唐書宰相世系表，稱爲京兆府參軍。林億等引人物志，謂冰爲太僕令，未知孰是。然醫家皆稱王太僕，習讀億書也。

案爲京兆府參軍之王冰，見於世系表者，乃王播之子。播爲唐文宗相。文苑英華卷八百八十八、唐文粹卷五十六均有故丞相尚書左僕射贈太尉王公神道碑，乃李宗閔太和五年所作，碑云「上即位五年正月，丞相、左僕射、太原王公薨於位」。末云：「嗣子鎮，文粹作式。前祕書丞；次曰冰，始參文粹作授京兆府參軍事。」與表正合。此書冰自序，末題寶應元年。由太和五年上溯寶應元年，已六十九年，必非一人，蓋偶同姓名者耳，提要混而一之，非也。金石録目卷六有太原尹王冰墓誌，注云「開元二十七年十月」，則開元之末，其人已卒，亦非撰此書者。唐會要卷七十五云：「景雲二年，御史中丞韋抗加京畿按察使，舉奏金城縣尉王冰，後著名位。」景雲二年下距寶應元年，凡五十一年，未知即一人否。又卷八十五，開元九年監察御史宇文融奏勸農判官數人，有長安尉王冰。又新唐書列女傳云：「王琳妻韋，訓子堅、冰有法，後皆名聞。」唐郎官石柱題名，金部員外中有王冰。此皆不著時代，不可考也。此條所引書多見勞格郎官石柱題名考卷十六。

靈樞經十二卷舊題黃帝

案晁公武讀書志曰：「王冰謂靈樞即漢志内經十八卷之九，或謂好事者於皇甫謐所集内經倉公論中鈔出之，名爲古書，未知孰是。」又李濂醫史載呂復羣經古方論曰：「内經靈樞，漢、隋、唐志皆不録，隋有鍼經九卷，唐有靈寶注黄帝九靈經十二卷而已。或謂王冰以九靈更名爲靈樞，又謂九靈尤詳於鍼，故皇甫謐名之爲鍼經。苟一經而二名，不應唐志别出鍼經十二卷。」是靈樞不及素問之古，宋、元人已言之矣。

嘉錫案：陸心源儀顧堂題跋卷七靈樞經跋云：「皇甫謐甲乙經序曰：七畧、藝文志黄帝内經十八篇，今有鍼經九卷，素問九卷，二九十八卷，即内經也。今檢甲乙經稱素問者，即今之素問，稱黄帝者，驗其文即今靈樞，别無所謂鍼經者。則鍼經即靈樞可知。王砅云靈樞即黄帝内經十八卷之九，與皇甫謐同，當是漢以來相傳之舊説。」陸氏之言甚核。王冰内經素問序云：「内經十八卷，素問即其經之九卷也，兼靈樞九卷，迺其數焉。」夫皇甫謐以鍼經、素問爲内經，王冰以素問、靈樞爲内經，鍼經、靈樞，卷數相合，蓋一書而二名耳。謐去古未遠，其言當有所受之。冰邃於醫學，唐時鍼經具在，必不舍流傳有緒之古書，而别指一書以當内經，斷可識矣。陸氏能以二人之序互證，故曰其言甚核。然而不僅此也，玉海卷六十三引書目按即中興館閣書目。云：「黄帝靈樞九卷，黄帝、岐伯、雷公、少俞、伯高問答之語，隋楊上善序，凡八十一篇。鍼經九卷，大氐同，亦八十一篇。鍼經以九鍼十二原爲首，靈樞以精氣爲首，按今本靈樞實以九鍼十二原爲第一篇，而無精氣篇，與中興書目不同，蓋書目據楊上善本，今所傳爲史崧所上，乃別一本也。精氣篇疑卽今之決氣篇，篇中首論精氣。又間有詳略。王冰以鍼經爲靈樞，故席延賞云靈樞之名，時最後出。」漢藝文志考證卷十引較略，宋史藝文志有席延賞黃帝鍼經音義一卷。案延賞，神宗時人，續通鑑長編卷三百五十一云：「元豐八年正月，上寢疾。二月乙丑朔，詔朝散大夫致仕孫奇、知太醫局潘璟、席延賞、教授邵化及赴御藥院祗候，從執政請也。」是靈樞卽鍼經，宋人書目具有明文，其時鍼經尚存，以之兩相對勘，見其文字相同，實一書而二名，故能言之確切如此。晁公武言或爲好事者於皇甫謐所集内經倉公論内鈔出之，亦爲臆説。靈樞卽鍼經，鍼經南宋尚存，何用別行鈔出乎？素問離合真邪篇云：「黃帝曰，夫九鍼九篇，夫子乃因而九之，九九八十一篇，以起黃鍾數。」靈樞經九鍼十二原篇云：「黃帝問於岐伯曰：余子萬民，養百姓，而收租税，哀其不給，而屬其疾病，余欲勿使被毒藥，無用砭石，欲以微鍼通其經脈，調其血氣，營其逆順出入之會，令可傳於後世，必明爲之法令，先立鍼經，願聞其情。」陸氏亦引「先立鍼經」一句，嫌其太略，故復詳引。是則此書之名鍼經，明見經文，其爲一書，固無疑義。然劉向校書之時，則以此九卷與素問九卷同編爲黃帝内經十八卷，並無鍼經之名，其後素問九卷別自單行，於是張仲景、王叔和之徒著書，稱引内經、素問以外之文，無以名之，直名之曰九卷，仲景傷寒論序云：「勤求古訓，博采衆方，撰用素問、九卷、八十一難、陰陽大論、胎臚藥録，幷平脈辨證，爲傷寒雜病論十六卷」仲景於八十一難、陰陽大論皆不著卷數，則九卷二字是書名可知。是也。至皇甫謐作甲乙經序，始謂之鍼經，蓋卽取九鍼十二原篇之文以名之，非杜撰也。而其書中引用，仍稱之爲九卷，故林億素問校語在素問大題下。云：「皇甫士安甲乙經序云，七畧藝文志黄帝内經十八卷，今有鍼經九卷、素問九卷，并十八卷，卽内經也。又素問外九卷，漢張仲景及西京王叔和脈經，只謂之九卷，皇甫士安名爲鍼經，亦專名九卷。楊玄操云黄帝内經二帙，帙各九卷，此玄操難經序中之語，見明王九思難經集注卷首。按隋志謂之九靈，王冰名爲靈樞。」尋億之意，蓋謂九靈卽鍼經，其更名靈樞則自王冰始。考隋志幷無九靈經，新舊唐志始著於録，億説不免謬誤。呂復云：「九靈及鍼經，苟一書而二名，不應唐志別出鍼經。」考唐志雖有靈寶注九靈經十二卷，然只録注本而別無單行之九靈經，蓋九靈亦卽鍼經，靈寶作注時，分其卷帙，因其書詳言九鍼，因題之爲九靈，唐志卽因以著録，其別出之黄帝鍼經十卷，則本書也。林億謂王冰以九靈爲靈樞，則靈樞之名，或爲王冰所改。夫靈樞卽鍼經，中興書目具有明文，林億亦無異説，惡得詆爲僞撰乎？呂氏謂唐志別出鍼經十二卷，不知新舊唐志鍼經均只十卷，隋志九卷其十二卷者，黄帝鍼灸經也。近時杭世駿道古堂集亦有靈樞跋曰：「七畧漢藝文志黄帝内經十八篇，皇甫謐以鍼經九卷、素問九卷合十八篇當之。隋書經籍志鍼經九卷，黄帝九靈十二卷，是九靈自九靈，鍼經自鍼經，不可合而爲一也。王冰以九靈爲靈樞，不知其何所本。余觀其文義淺短，與素問之言不類，又似竊取素問而鋪張之，其爲王冰所僞託可知。後人莫有傳其書者，至宋紹興中錦官史崧乃云家藏舊本靈樞九卷，除已具狀經所屬申明外，准使府指揮依條申轉運司，選官詳定，具書送祕書省國子監。是此書至宋中世而始出，未經高保衡、林億等校定也。其中十二經水一篇，黄帝時無此名，冰特據身所見而妄臆度之」云云，其考證尤爲明晰。然李杲精究醫理，而使羅天益作類經，兼採素問、靈樞，呂復亦稱善學者，當與素問並觀，其旨意互相發明。蓋其書雖僞，而其言則綴合古經，具有源本，不可廢也。

案杭氏謂隋志有黄帝九靈，其實隋志無此書，此乃爲林億所誤。杭氏又謂書爲王冰所僞託，後人莫有傳其書者，至宋中世而始出，未經高保衡林億等校定。夫以出自宋之中世而疑之，則卽指爲宋人僞撰可矣。若謂爲王冰所僞託，則王冰以後，史崧以前，惡得無傳其書者？豈王冰撰成以後，不傳一人，而獨密授之史氏，家藏至數百年之久，至崧而始出乎？此不通之説也。陸心源云：「甲乙經林億等序曰國家詔儒臣校正醫書，令取素問、九虛、靈樞、太素經、千金方及翼、外臺祕要諸家善書，校對玉成，將備親覽。蘇魏公集本草後序曰：嘉祐三年按當作二年。差掌禹錫林億張洞蘇頌同共校正神農本草、靈樞、太素、甲乙經、素問及廣濟、千金、外臺等方，是靈樞爲宋仁宗時奉詔校正醫書八種之一，非林億所未校，特未通行耳。」今案陸氏所引證尚未備。證類本草卷三十云：「嘉祐二年八月三日詔所有神農本草、靈樞、太素、甲乙經、素問之類及廣濟、千金、外臺祕要等方，仍差太常少卿直集賢院掌禹錫、職方員外郎祕閣校理林億、殿中丞祕閣校理張洞、殿中丞館閣校勘蘇頌，同共校正聞奏。臣禹錫等尋奏置局刊校，并乞差醫官三兩人共同詳定。其年十月，差醫學秦宗古朱有章赴局祗應。」玉海卷六十三云：「嘉祐二年八月辛酉，置校正醫書局于編修院，命掌禹錫等五人，從韓琦之言也。琦言靈樞、太素、甲乙經、廣濟、千金、外臺祕要方之類多訛舛，本草編載尚有所亡，於是選官校正。」書録解題卷十三引會要云：「嘉祐二年置校正醫書局於編修院，以直集賢院掌禹錫林億校理，張洞校勘，蘇頌等並爲校正。後又命孫奇、高保衡、孫兆同校正，每一書卽奏上，億等皆爲之序，下國子監板行。」韓琦之請校正醫書，首舉靈樞爲言，且會要言每書奏上卽板行，則靈樞必已校正板行可知。林億高保衡等作校正甲乙經、脈經、備急千金要方序，均見本書卷首。均稱取素問、九墟、靈樞校勘，其素問諸書校正語內，引用靈樞，多至指不勝屈，是保衡等曾見是書之明證。黄庭堅豫章集卷十六龐安常傷寒論後序云：「閉門讀書，自神農黄帝經方、扁鵲八十一難經、靈樞、甲乙，葛洪所綜緝百家之言，無不貫穿。」張耒右史集卷五十九龐安常墓誌亦云：「乃益讀靈樞、太素、甲乙諸祕書。」宋史方技龐安常傳同。考宋時醫學方脈科，以素問、難經、脈經爲大經，病源、千金翼方爲小經，見通考卷四十二。凡靈樞、太素、甲乙皆不在内，蓋其流傳不如素問等書之廣，故謂之祕書，然不可謂無人傳其書也。丁德用虞庶注難經，見王九思集注。均引及靈樞，虞所引尤夥。丁書成於嘉祐，虞書成於治平，均見讀書志卷十五。是北宋醫學家無不傳習此書者。杭氏之説不然，明矣。靖康之難，經籍散失，故楊上善内經太素遂至亡佚，近始自日本得其殘本。靈樞之傳本浸微，亦固其所。紹興中錦官史崧始以家藏舊本上之於官，謂之舊本，蓋醫書局校正之本已亡，此乃未校以前之本，故不如他醫書有高保衡校上序及銜名也。此正如孫思邈千金方，亦經林億校正板行，而黄丕烈得一北宋殘本，尚是林億未校正以前之書，詳見千金要方條下。事同一例。南宋之初，屢求闕書，史氏以此本送官，猶之開四庫館時，民間多以所藏祕本進呈，往往有明人未見之書。四庫得宋元本復著於録者，若後出之本，便爲僞託，則四庫所得皆僞書乎？考定古書真僞，要當視其書何若，旁徵博引，以證明之，不當爲此魯莽滅裂之語，以厚誣古人也。續通鑑長編卷四百八十云：「元祐八年正月，工部侍郎權祕書監王欽臣言，高麗獻到書内有黄帝鍼經，篇帙具存，不可不宣布海内誦習，乞依例摹印，詔令校對訖依所請。」其後不知已校對刊行與否，疑史崧所獻卽是高麗本鍼經之未經校對者，故以九鍼十二原爲首也。杭氏又謂十二經水之名爲黄帝時所無，夫上古學術皆由口耳相傳，後人推本先師，著之竹帛，至周時管晏諸子猶然，故不能無後世之語。必如杭氏之言，則素問果爲黄帝所著之書乎？杭氏謂堯時作禹貢，九州之水始有名，湖水不見於禹貢，唐時荆湘文物最盛，洞庭一湖，屢詠歌於詩篇，徵引於雜記，冰特據身所見而妄臆度之。此杭氏跋中語見道古堂集卷二十六，提要略去此數句未引。不知靈樞十二經水之名，甲乙經第七篇具載之，次序雖有移易，而無一字之不合。「足，太陰，外合于湖水」，皇甫謐所見本已然，乃謂爲王冰據身所見而妄臆度之，不肯旁加考證，而遂輕於立說，臆度之譏，躬自蹈之矣。此書歷爲難經、甲乙經、脈經、外臺祕要所採，流傳自古，遠有端緒，而杭氏以爲文義淺短詆之，過矣。提要惑於吕氏杭氏之言，不復深考，遽以其書爲僞，又過矣。近人爲目録書者，惟提要之是從，並爲一談，牢不可破。惟陸氏能知靈樞卽鍼經，立五證以明之。今採其説，復增益所未備著於篇。

難經本義二卷周秦越人　元滑壽注

難經八十一篇，漢藝文志不載，隋唐志始載難經二卷，秦越人著，吳太史令吕廣嘗注之，則其文當出三國前，廣書今不傳，未審卽此本否。然唐張守節注史記扁鵲列傳，所引難經，悉與今合，則今書猶古本矣。

嘉錫案：書録解題卷十三云：「漢志但有扁鵲内外經而已，隋志始有難經，唐志遂題云秦越人，皆不可考。」提要卽本此立說而小變之，不知漢書藝文志雖無八十一難經，而有扁鵲內經九卷，外經十二卷，今黃帝素問，卽漢志黃帝內經十八卷中之九卷，安知難經非卽扁鵲內外經中別本單行者乎？漢張仲景傷寒論序云：「撰用素問九卷，八十一難、陰陽大論、胎臚藥録、平脈辨證，爲傷寒雜病論，合十六卷。」是此書與素問靈樞（仲景所言九卷，卽指靈樞，詳見本卷靈樞經條下。）同爲張仲景撰傷寒論時所采用，其爲醫家古書，了無疑義，不始於呂廣作注，更不始見於隋志也。史記倉公傳云：「高后八年，得見師臨淄元里公乘陽慶。慶年七十餘，意得見事之。謂意曰：『盡去而方書，非是也。慶有古先道遺傳黃帝、扁鵲之脈書，五色診病，知人生死，決嫌疑，定可治，及藥論書，甚精。我家給富，心愛公，欲盡以我禁方書悉教公。』臣意卽曰：『幸甚，非意之所敢望也。』臣意卽避席再拜謁，受其脈書上下經。」所謂黃帝扁鵲脈書，疑卽指難經言之，以其書爲扁鵲所著，發明黃帝明堂經脈之理，（素問、鍼經，兩唐志均著録於明堂經脈類，鍼經卽靈樞也。）故謂之黃帝扁鵲脈書。隋唐志著録作黃帝八十一難經二卷，（隋志不著撰人，舊唐志作一卷，新唐志作二卷，均題秦越人撰。）扁鵲書而冠以黃帝之名，亦以此也。史記稱脈書上下經，則其書實只二卷，猶之老子列傳言著書上下篇，而道德經亦只二卷也。扁鵲書二卷而有八十一難，猶之老子二篇而分八十一章耳。張守節史記正義於五色胗病句下引八十一難云：「五藏有色，皆見於面，亦當與寸口尺內相應也。」按其所引，乃難經中之第十三難，益足證所謂黄帝扁鵲之脈書，五色胗病，知人生死者，即難經也。由是言之，則此書在秦漢之際已爲陽慶所傳，又不始於張仲景矣。八十一難之名，始見傷寒論序，亦猶素問之名，始見於此序也。凡史記所記古書篇數，漢志著録往往溢出數篇以至數十篇，如孫子吳起列傳言孫子十三篇，而漢志吳孫子兵法八十二篇，孟子荀卿列傳言孟軻與萬章之徒作孟子七篇，而漢志孟子十一篇是也。其例甚多，不可枚舉。及隋唐志著録，乃反與史記合，其故由於漢志本之七畧，劉向父子校書在成帝求書於天下之後，向乃合中外之本，如所謂中書、太常書、太史書、臣向書、民間書者，删除復重，校讐定著爲若干篇，故其數往往溢出於司馬遷所見本之外。史記老子傳言申子著書二篇，集解引劉向别録云：「今民間所有，上書二篇，中書六篇，皆合二篇，已過太史公所記也。」漢志申子六篇。則劉向已自言之矣。然向所校書，藏之中祕，王莽之末，多致散亡。自魏晉已後，傳至今日，仍是漢時民間通行之本。倉公所受扁鵲脈書只上下經，而漢志乃有扁鵲内經九卷、外經十二卷，是亦劉向之所定著也。其書不知何時散佚，故張仲景之所見、吕廣之所注、隋、唐志之所著録，乃只有八十一難經耳。仲景古今醫聖，以此書與素問靈樞並論，其必有以取之矣。吕廣所注，郡齋讀書志尚著於録，今雖不傳，而明王九思嘗集吕廣及唐楊玄操、宋丁德用、虞庶、楊廣侯之説爲難經集注，廣注猶可考見，知其所見之本，與今書無大異也。九思書，四庫未收。阮元嘗取以進呈，揅經室外集卷三有提要一首，今有借月山房、守山閣兩叢書本。其曰難經者，謂經文有疑，各設問難以明之。其中有此稱經云，而素問靈樞無之者，則今本内經傳寫脱簡也。

案今本素問本闕第七卷，爲王冰所補。又亡刺法論、本病論二篇。難經所引，當有此諸篇佚文，不止脱簡也。且漢志黄帝内經之外，尚有外經三十九卷。晉皇甫謐黄帝甲乙經序曰：「今有鍼經九卷、素問九卷，卽内經也。又有明堂孔穴、鍼灸治要，皆黄帝岐伯選事也。三部同歸，文多重複」云云，則明堂孔穴、鍼灸治要皆黄帝之書，疑難經亦嘗引用其文，當更詳考。

金匱要略論注二十四卷

漢張機撰。國朝徐彬注。機字仲景，南陽人，嘗舉孝廉。建安中，官至長沙太守。是書亦名金匱玉函經，乃晉王叔和所編次。陳振孫書録解題曰：「此書乃王洙於館閣蠹簡中得之，曰金匱玉函要略，上卷論傷寒，中論雜病，下載其方，併療婦人，乃録而傳之。今書以逐方次於證候之下，以便檢用。其論傷寒，文多簡略，故但取雜病以下止服食禁忌二十五篇，二百六十二方，而仍其舊名」云云，則此書叔和所編，本爲三卷，洙鈔存其後二卷，後又以方一卷，散附於二十五篇之内，蓋已非叔和之舊。

嘉錫案：王叔和所編次者，爲張仲景藥方十五卷，又傷寒論十卷，本無金匱玉函之名，此不知何人取其藥方删節之，爲要略八卷，因尊重其書，名之爲金匱玉函經，詳見後傷寒論條下。亡友吳承仕字檢齋，歙縣人，與余同歲。葪漢微言述其師章炳麟之説云：「張仲景、王叔和事，最先見皇甫謐甲乙經序，謐作釋勸論。」又云：「華佗存精於獨識，仲景垂妙於定方。」抱朴子至理篇亦云：「文摯衍期以瘳危困，仲景穿胸以納赤餅。」此皆舉仲景事最先者也。御覽七百二十二引何顒别傳：「同郡張仲景總角造顒，謂曰君用思精，而韻不高，後將爲良醫。卒如其言。顒先識獨覺，言無虚發。王仲宣年十七，嘗遇仲景，仲景曰君有病，宜服五石散，不治且成，後年三十當眉落。仲宣以其貫長也，遠不治也。後至三十，病果成，竟眉落。其精如此。仲景之方術，今傳於世。」何顒見後漢書黨錮傳，與荀爽同輩，自爲仲景先進。顒爲南陽襄鄉人，仲景與之同郡。與林億所引名醫録稱仲景，正相契合。其遇王仲宣，與名醫録所稱官長沙太守亦相契，蓋仲宣處荆州，南陽、長沙，皆荆州所部也。」嘉錫案：甲乙經序云：「仲景見侍中王仲宣時年二十餘，謂曰君有病，四十當眉落，半年而死，令服五石湯可免。仲宣嫌其言忤，受湯而勿服。居三日，見仲宣，謂曰服湯否？仲宣曰已服，仲景曰色候固非服湯之胗也，君何輕命也！仲宣猶不信，元誤作言。後二十年，果眉落，後一百八十日而死，終如其言。」與何顒別傳不同，當從甲乙經爲是，且其時仲宣已爲侍中，則仲景勸之服湯，必是曹公克荆州以後，二人復相見於許昌，不在荆州也。菿漢微言又曰：「張仲景名機，見林億所引名醫録，而王叔和之名，則世不知。」余案御覽七百二十引高湛養生論曰：「王叔和，高平人也，博好經方，洞識攝生之道，嘗謂人曰食不欲雜，雜則或有所犯，當時或無災患，積久爲人作疾。尋常食飲，每令得所，多飡令人彭亨短氣，或至暴疾。夏至、秋分，少食肥膩餅臛之屬，此物與酒食瓜果相妨，當時不必卽病，入秋節變，陽消陰息，寒氣總至，多至暴卒。良由涉夏取冷太過，飲食不節故也。」千金方二十六食治篇録河東衛汎記：「高平王熙稱食不欲雜，雜則或有所犯。有所犯者，或有所傷，或當時雖無災苦，積久爲人作患。又食噉鮭肴，務令簡少。魚肉果實，取益人者而食之，每令節儉，若貪味多餐，臨盤大飽。食訖，覺腹中彭亨短氣，或致暴疾，仍爲霍亂。又夏至以後，訖至秋分，必須慎肥膩餅臛酥油之屬，此物與酒漿瓜果，理極相妨，夫在身所以多疾者，皆由春夏取冷太過，飲食不節故也。」此與高湛所引王叔和説，文義大同，辭有詳略。則知高平王熙，高平王叔和也。叔和名熙，乃賴此一見耳。其衛汎者，御覽七百二十二引張仲景方序曰：「衛汎好醫術，少師仲景，撰四部三逆厥經及婦人胎藏經、小兒顱顖方三卷，皆行於世。」汎得引叔和語，則叔和與汎同時。甲乙經序云：「近代太醫令王叔和撰次仲景撰論甚精，指事施用。叔和與士安同時，晉初已老，疑其親見仲景也。」案：醫心方卷二十九合檢禁篇引高平王熙叔和曰：「食不欲雜，雜則或有犯者，當時或無災患，積久令人生疾。」與御覽引養生論及千金方所引同，既明出王熙叔和名字，則叔和之爲王熙，不待言矣。御覽引爲高湛養生論，醫心方引爲養生要集。又案隋志有養生要集十卷，張湛撰。湛卽注列子者，姓名見晉書范寧傳。然則御覽與醫心方所引，正是一書，御覽誤張湛爲高湛耳。隋志有王叔和論病六卷，衛汎張湛所引，蓋出於此書。叔和之生平不見於史，而其里貫爲高平。考後漢太尉王龔，山陽高平人。子暢，官至司空，暢子謙，大將軍何進長史，以上並見王龔傳。謙子粲，卽仲宣也。粲與族兄凱，避地荊州，劉表以女妻凱，生業，業生宏及弼，見鍾會傳引博物志。宏字正宗，見晉書良吏傳。弼卽輔嗣，粲二子被誅，後絕。鍾會傳注引魏氏春秋，謂文帝既誅粲二子，以業嗣粲。然魏志及注引何劭所爲王弼傳，均不云弼爲粲孫，卽晉書王宏傳亦不云魏侍中粲之孫，或其從孫也，與魏氏春秋皆不合，未詳其故。輔嗣亦無子，晉書文苑傳又有王沈字彥伯，史言其少有俊才，出於寒素，疑非仲宣疏族。又張湛列子注謂其祖爲王氏之甥，舅始周，始周從兄正宗輔嗣，始周不知何名。漢晉之間高平王氏見於史傳具是矣。叔和既籍高平，又與仲宣爲同時人，疑是其羣從子弟。皇甫謐以晉太康三年卒，年六十八，則當生於漢建安二十年。其甲乙經序云：「甘露中，吾方病風，加苦耳聾，百日方治，多皆淺近，乃撰集三部，使事類相從。」則其書撰於魏末，而稱近代太醫令王叔和，是叔和之官太醫令，當在魏時，其年或較長於謐。仲宣以建安二十二年卒，年四十一。其見張仲景時年二十餘，正是仲宣與其族兄凱入荊州依劉表之後，粲本傳言年十七，司徒辟詔，除黄門侍郎，以西京擾亂，皆不就，乃之荊州依劉表，蓋正當初平三年李傕郭汜殺王允之後也。當是舉族同行。使叔和果與仲宣同族，又與仲景弟子衛汎交游，當可親見仲景。章氏之言，不爲誣也。又案劉表爲山陽高平人，受學於王暢，見魏志表傳注引謝承後漢書。仲宣之於表，爲通家子弟，故舉族依之。表初欲以女妻仲宣，既嫌其形陋，乃以妻凱，見鍾會傳注蓋所以報師門之恩也。疑叔和亦嘗至荊州依表，因得受學於仲景，故撰次其書。其後劉琮以荊州降，乃與仲宣同歸曹操，遂仕於魏，爲其太醫令。此雖無明文可考，然可以意想而得之者。

傷寒論注十卷附傷寒明理論三卷論方一卷

傷寒論十卷，漢張機撰，晉王叔和編，金成無己注。明理論三卷，論方一卷，則無己所自撰，以發明機説者也。叔和，高平人，官太醫令。無己，聊攝人。傷寒論前有宋高保衡、孫奇林億校上序稱自仲景於今八百餘年，惟王叔和能學之云云。而明方有執作傷寒論條辨，則詆叔和所編與無己所注，多所改易竄亂，併以序例一篇爲叔和僞託而删之。國朝喻昌作尚論篇，於叔和編次之舛，序例之謬，及無己所注、林億所校之失，攻擊尤詳，皆重爲考定。自謂復長沙之舊本，其書盛行於世，而王氏、成氏之書遂微。

嘉錫案：以余考之，王叔和似是仲景親受業弟子，故編定其師之書，皇甫謐甲乙經序曰：「近代王叔和撰次仲景選論甚精，指事施用。」謐之言如此，則叔和之所撰次者，豈可輕詆乎？方有執、喻昌，其學未必高於謐，而乃紛紛重行考定傷寒論，竟似宋儒之考定大學者，雖其自謂復長沙之舊，亦見其妄而已矣。但事有出於意外者，清之末葉，仲景之原本傷寒論忽出於世，而又爲人所祕，不可得見，遂在若存若亡之間，甚可惜也！丁國鈞荷香館瑣言在丙子叢編內。卷上云：「江寧濮部郎雲依精醫，爲余言旗人邴味清得傷寒論真本，邴行醫，祕之不示人，濮與熟習，始得見之。其編次首太陽，次陽明，次太陰，次厥陰，次少陰，自注云濮言甚多，余以下不能記。金匱要略則附在內，非别爲書也。篇中與今本不同者甚多，皆今本所脱奪訛誤。大活絡丹中藥，亦差二味，自注云已不記藥名。邴蓋得之於長沙醫生蔡三先生某者。蔡所居鄰古廟，光緒某年，當事新廟，蔡爲經理。廟中舊有磚几一，蔡識爲古物，置新几易得之。細察知係石函，開之，得書十五軸，則仲景傷寒論也，蓋仲景所手書者。自注云：余按此殆唐以前卷子本，謂爲仲景手書，恐非實事。録副祕之，由是醫術益神。�時在長沙，有人中風請治，郉爲處方。病家言，尚延有蔡三先生參證。郉聞之，不平而出。蔡至，略改數味，一服病愈。郉至病家，索方閱之，大驚。蔡適至，郉再三求教。蔡乃言得書事，謂君有緣，可授吾道，惟吾自脈不久人世，君可速來吾家取書云云。郉嗜洋煙，懶未卽去，後憶及，訪之，則蔡已没。向蔡子求書，惟得副本，真本匿不肯出。後託有力者再索之，則蔡子亦死，仲景手書真本，不知存亡矣。濮云仲景有小品三卷，最要藥味，每方只二三味，極神效云。」國鈞之敍此事，僅載濮某之言，而未嘗傳其書，自異乎作僞以欺世者。然吾以爲蔡某所得者蓋卽王叔和所撰次之傳寫本，不獨非仲景手書，亦無所謂仲景真本也。何者？隋書經籍志僅云：「梁有張仲景辨傷寒十卷，亡。張仲景評病要方一卷，亡。」又云：「張仲景療婦人方二卷。」至唐書藝文志始有王叔和張仲景藥方十五卷，又傷寒卒病論十卷。今蔡某所得之傷寒論十五軸，明係王叔和所撰次之張仲景藥方十五卷也。至於金匱要略所以附在其内者，蓋仲景著書，本無金匱要略之名，其中諸方，王燾外臺祕要引之，皆作傷寒論，蓋卽傷寒卒病論，故得附於其中。卒者，雜字之訛。仲景序云作傷寒雜病論合十六卷，其爲誤寫可知矣。以上用日人丹波元胤醫籍考卷二十三引其父說。蓋叔和既撰仲景平生著述以爲藥方十五卷，又取傷寒雜病別行以爲十卷。其後別行者，爲後人所嗇亂，林億等校之，卽今之傷寒論，其本已失叔和之真。其後宋王洙得之於館閣，除其上卷之論傷寒者，而傳其中卷之論雜病，下卷之方藥，併療婦人者，卽今之金匱要略。見書錄解題卷十三。蓋王洙所得，實叔和所編張仲景之殘本，今蔡某所得，既係叔和之真本，固宜有金匱要略附在其內矣。濮云仲景有小品三卷，蓋卽隋志所錄仲景之評病要方一卷及療婦人方二卷也。凡隋志所謂梁有某書亡者，特謂武德五年宋遵貴所運煬帝東都之書，遭水漂没而亡耳。其民間所藏，固無恙也。故隋志所亡者，往往新唐志復著於錄。其後經唐末五代之亂至宋，或無人刻行，或刻行而妄有竄亂，然後古書乃真亡耳。故張仲景方之失真，則林億等之罪也。傷寒論古本，既與今不同者甚多，其今本脱奪訛誤之處，惜濮某言之不詳，丁國鈞亦不能也。然則方有執喻昌所以歸罪王叔和者，古本原不如此也，豈不冤哉！

肘後備急方八卷晉葛洪

是書初名肘後卒救方，梁陶弘景補其闕漏，得一百一首，爲肘後百一方。金楊用道又取唐慎微證類本草諸方附於肘後隨證之下，爲附廣肘後方。元世祖至元間有烏某者，得其本於平鄉郭氏，始刻而傳之。段成己爲之序，稱葛陶二君共成此編，而不及楊用道。此本爲明嘉靖中襄陽知府吕容所刊，始並列葛、陶、楊三序於卷首。書中凡楊氏所增，皆別題「附方」二字，列之於後，而葛陶二家之方，則不加分析，無可辨別。案隋書經籍志葛洪肘後方六卷，梁二卷。陶弘景補闕肘後百一方九卷，亡。宋史藝文志只有葛書而無陶書，是陶書在隋已亡，不應元時復出。又陶書原目九卷，而此本合楊用道所附，祇有八卷，篇帙多寡，亦不相合。疑此書本無百一方在內，特後人取弘景原序冠之耳。

嘉錫案：提要引隋志謂陶書已亡，似矣。然考舊唐書經籍志云：「肘後救卒方四卷，提要謂本名卒救方，是救卒二字之誤倒。葛洪撰。晉書本傳作肘後要急方四卷。補肘後救卒備急方六卷，陶弘景撰。」新唐書藝文志亦云：「葛洪肘後救卒方六卷，陶弘景補肘後救卒備急方六卷。」皆兩書並列，是陶書未嘗終亡也。唐人之修隋書，第就武德中所得東都圖書目錄之見存者，編爲經籍志，見經籍志序，余別有說。並非有隋一代藏書之總目。故志注中所謂梁有某書亡者，不必是亡於隋時。且東都所藏者雖亡，而天下之書必不與之俱亡，武德、貞觀累詔購求，羣書大備。見令狐德棻傳及舊新唐志序。故隋志已亡之書，往往著録於舊新唐志，且有古書爲隋志所無，僅見於兩唐志者。則馬懷素所謂隋志所書亦未詳悉，或古書近出，前志闕而未編者也。見舊唐書懷素本傳。提要因陶弘景肘後百一方隋志注爲已亡，遂以爲唐時必無其書，竟不考之兩唐志，此大誤也。至謂宋志只有葛書而無陶書，不應元時復出，亦復非是。書録解題卷十三云：「肘後百一方三卷，晉葛洪撰。梁陶隱居增補，本名肘後救卒方，率多易得之藥，凡八十六首。陶併七首，加二十二首，共爲一百一首，取佛書人有四大，一大輒有一百一病之義名之。」是陶書在南宋時具存，陳振孫言之甚悉，何嘗至元始復出乎？提要何以不據書録解題而獨據宋志乎？且宋志云：「葛洪肘後備急百一方三卷。」夫肘後救卒方者，葛洪之書也，肘後百一方或肘後救卒備急方者，陶弘景之書也。今宋志題爲肘後備急百一方，是其書已經弘景增補矣。宋志荒陋，誤去弘景之名耳，安得據爲陶書已亡之證乎？提要謂書中葛、陶二家之方，不加分析，無可辨别。按陶弘景自序云：「抱朴此製，實爲深益，然尚闕漏未盡，輒更採集補闕，凡一百一首，以朱書甄别，爲肘後百一方。」是弘景書爲朱墨本，與葛氏原方本有區别。自宋時刻板，概印以墨，又不能如本草之作黑白文，遂致無可分辨耳。然今本卷一卒救中惡死方第一云：「後吹耳條中，葛嘗言此云吹鼻，故别爲一法。」又云：「按此前救卒死四方，并後尸蹶事，并是魏大夫傳中正一真人所説扁鵲受長桑公子法。尋此傳出世在葛後二十許年，無容知見，當是此法，久已在世」又治尸注鬼注方第七云：「尸注鬼注病者，葛云即是五尸之中尸注，又挾諸鬼邪爲害也」云云，皆明出於陶氏之手。又卷四治卒胃反嘔啘方第三十，有葛氏治卒乾嘔不息方，同卷治卒患腰脅痛諸方，有葛氏方云云，隱居效方云云。以後五六七八各卷，皆有葛氏方、隱居效驗方之别，但全書不能一律耳。提要乃謂二家之方，無可辨别，蓋僅粗加繙閲，於本書未嘗卒讀也。提要又謂陶書原目九卷，而今本合楊用道所附祇八卷，篇帙不合，因疑此書本無百一方在内，又非也。葛陶兩書卷數，隋唐宋志，互有不同，其分合本自不定。按葛洪自序云：「余今採其要約，以爲肘後救卒三卷。」陶弘景自序云：「今以内疾爲上卷，外發爲中卷，他犯爲下卷。」是葛陶兩書，本皆三卷，隋志葛書作六卷，陶書作九卷者，已爲後人之所分析，非其原帙。然書録解題及宋志仍作三卷，今本又作八卷。考今本卷六治面皰髮秃身臭心惛鄙醜方第五十二云：「孔子大聖智枕方，已出，在第九卷。」是今本原用九卷之本，不知何時，佚其一卷，然其中有明題隱居效驗方者，不得謂本無百一方在内也。且陶氏序云：「尋葛氏舊方，至今已二百許年，播於海内，余今重以該要，庶亦傳之千祀。舊方都有八十六首，檢其四蛇兩犬，不假殊題；喉舌之間，亦非異處；入塚御氣，不足專名；雜治一條，猶是諸病部類；强致殊分，復成失例。今乃配合爲七十九首，於本文究具，都無忖減。復添二十二首，或因葛一事，增構成篇；或補葛所遺，準文更撰；具如後録，詳悉自究。先次比諸病，又不從類，遂具復勞在傷寒前，霍亂置耳目後；陰易之事，乃出雜治中；兼題與篇名，不盡相符；卒急之時，難於尋檢。今亦次其銓次，庶歷然易曉。」序後又有目録三行云：「上卷三十五首，治内病；中卷三十五首，治外發病；下卷三十一首，治爲物所苦病。」是弘景於葛氏原方，有合併，有增添，葛書只八十六首，陶書則一百一首，且於前後次序，亦復有所移易。欲知今本有無百一方在內，只須覈其數目，按其次序，則其爲葛書陶書，較然自明，不必以卷數之多寡爲此臆斷之詞也。今細審今書，其目録凡八卷，共七十首。然本書卷八，終于治牛馬六畜水穀疫癘諸病方第七十三，與目録不符。檢其卷六治目赤痛暗昧刺第四十三後，卽繼以治卒耳聾諸病方第四十七，蓋傳寫脱去三首。道藏陞字號本，與六醴齋本皆同。總之，尚未滿葛氏八十六首之數，況陶氏之一百一首乎？是就今本覈其數目，與葛陶二書皆不合也。然按其次序，則治傷寒時疫瘟病方爲第十三，治時氣病起諸勞復方爲第十四，是復勞不在傷寒前。又治卒霍亂諸急方第十二，而治耳目諸方爲第四十三四十七四十八，則霍亂並未置耳目後，與陶序所言葛氏原書次第不合，其爲陶氏之所銓次，固已甚明。又其治蛇瘡敗蛇骨刺人入口繞身諸方第五十七，在今本卷七。內，凡分蛇螫人九竅皆血出方、蛇骨刺人毒痛方、蛇螫人瘡已合而餘毒在內中淫淫痛痒方、蛇入人口中不出方四條，所謂四蛇也。其治卒有猘犬凡所咬毒方第五十四亦在卷七。內，分療猘犬咬人方，得犬齧者難療凡犬食馬肉生狂方二條，療猘犬咬人方後，尚有若重發療方，當合爲一條。所謂兩犬也。葛書蓋每條自爲一題，陶氏乃合之，故陶序云四蛇兩犬，不假殊題也。又考本書多言此本在雜治中，姑以一二兩卷言之。如卒中五尸方第六、治卒腹痛方第九、治卒心腹煩滿方第十一、治傷寒時氣温病方第十三，皆有此語，他卷尚多，不具載。葛書蓋有雜治一類，陶氏除去之，分附各類中。故陶序云，雜治一條，猶是諸病部類，强致殊分，復成失例也。然則今本之是陶書非葛書，較然甚明，安得如提要所云本無百一方在内乎？經籍訪古志補遺。有此書跋云：「按是書校之外臺、醫心方、證類本草等所引，甚非隱居之真面，恨今世所傳唯有此本。訪古志所收之本，爲明岳州知府劉自化刻本，首有萬曆二年李栻序，蓋卽據萬曆本翻刻。楊用道序曰，得乾統間所刊肘後方善本，又得唐愼微證類本草摘録其附方，分以類例，而附於肘後隨證之下，目之曰附廣肘後方，下監俾更加次讎，且爲之序而刊行。明陳繼儒序亦曰，外附以趙原陽外科方益之。蓋原陽於洪武間曾請此書入道藏，而胡孟晉又慮此書罕流於世，特嚴加校核，而廣其傳。原注云：「陳序，延享本有之。」按延享本者日本櫻町院天皇延享丙寅浪華沼晉據萬曆中胡孟晉本重刊，附見訪古志本條之末。延享丙寅，當中國乾隆十一年。繇是考之，用道附廣本，原陽收之道藏，而明代更摘出刊行，此本是也。然朝鮮國所輯醫方類聚所引，亦係用道附廣本，而今本所無凡十四門。原注云：治手足諸病，治卒吐血唾血大小便血，治患消渴小便利數，治卒患諸淋不得小便，治夢交接洩精及溺白濁，治大便祕澀不通，治卒關格大小便並不通，治患寸白蚘蟲諸九蟲病，治患五痔及脱肛，治婦人漏下月水不通，治妊娠諸病，治產難橫生逆生胎死胞不出，治產後諸色諸患，治小兒諸病方是也。此則附廣本亦已被人刪汰，甚矣哉是書之厄也！小島春沂有補輯本，考訂極精。」余嘗取此書行世諸本，與道藏陛字號本校之，首尾全同。然則今本楊用道附方之内，又有趙原陽外科方羼入其間，不特非陶隱居百一方之真面，且並非楊用道附廣肘後方之舊矣。趙原陽者，明洪武初道士趙宜真之號也。陳銘珪長春道教源流卷七曰：「道藏目録載有靈寶歸空訣一卷，云崇文廣道純德法師教門高士原陽子趙宜真述。又仙傳外科祕方十二卷，原陽子法語二卷，並云浚儀趙宜真撰。蓋宜真河南人，明初封法師者。江西通志云，宜真洪武初寓雩都紫陽觀，壬戌，沐浴更衣，書榻上倏然而逝。」今本僅存七十首，醫方類聚所引，多於今本者十四首，合之凡得八十四首，較之百一方尚闕十七首。此書既已屢經後人竄亂增益，又復殘闕不完，至足惜也。

褚氏遺書一卷

舊本題南齊褚澄撰。澄字彦適，當作道。陽翟人，褚淵弟也。尚宋文帝女廬江公主，拜駙馬都尉。入齊爲吴郡太守，官至左民尚書，事蹟具南齊書本傳。是書分受形、本氣、平脈、津潤、分體、精血、除疾、審微、辨書、問子十篇，宋史始著於録。前有後唐清泰二年蕭淵序，云黄巢時，羣盜發冢，得石刻棄之，先人偶見載歸，後遺命卽以褚石爲椁。又有釋義堪序云石刻得之蕭氏冢中，凡十有九片，其一卽蕭淵序也。又有嘉泰元年丁介跋稱此書初得蕭氏父子護其石而始全，繼得僧義堪筆之紙而始存，今得劉義先鋟之木而始傳云云。考周密癸辛雜識引其「非男非女之身」一條，則宋代已有此本，所謂刻於嘉泰中者，殆非虚語。其書於靈樞素問之理，頗有發明，李時珍，王肎堂俱採用之。其論寡婦僧尼必有異乎妻妾之療，發前人所未發，而論吐血便血飲寒涼百不一生，尤千古之龜鑑。疑宋時精醫理者所著，而僞託澄以傳，然其言可採，雖贋本不可廢也。

嘉錫案：南齊書澄附褚淵傳云：「善醫術，建元中爲吳郡太守，豫章王感疾，太祖召澄爲治，立愈。尋遷左民尚書，永明元年爲御史中丞袁彖所奏，免官禁錮，見原，遷侍中領右軍將軍，其年卒。」今本亦題齊侍中領右軍將軍追贈金紫光禄大夫褚澄編，宋丁介跋云：「澄仕齊至侍中領右軍將軍，永明元年卒。東昏侯立其女爲皇后，追贈金紫光禄大夫，實永元元年，去其卒時已七十年矣。遺書題其贈官，豈蕭廣案蕭淵之父名廣，見淵序得其槨石，考之史傳，而附題於前乎？」其所考證甚明，提要以爲終於左民尚書者，非也。南史澄附褚裕之傳，澄，裕之孫。與南齊書略同，惟於爲吳郡太守下增「百姓李道念有冷疾，澄爲診脈曰，當是食白瀹雞子過多，令取蘇一升煮服之，吐得雞十三頭而病都差」一事而已，都不載其所著書。隋書經籍志云：「梁有褚澄雜藥方二十卷，齊吳郡太守褚澄撰，亡。」然舊新唐志皆有褚澄雜藥方十二卷，蓋至唐復出。至宋崇文總目、祕書省闕書目、通志藝文略、晁陳書目并不著於録，則其亡已久。宋史藝文志亦無雜藥方，而有褚澄褚氏遺書一卷，即據此本著録。釋義堪序云：「靖康初四方多事，羣盗乘間，在處有之，去楊城北三十里陳源橋，有蕭家世居于其間，守一家甚勤，盗疑其起家者富而厚葬，日夕窺之，二家因會鄉人啓視之，漆棺如新，刻石十有九片，其一蓋蕭淵敍。有告蕭得埋寶者，遂納石於官。予時持鉢將爲南嶽之遊，過蕭門結葬，適見其事，漫録諸策，以俟能者。」是其書至靖康初始出，故北宋人皆未之見。觀蕭淵、義堪二序，敍得書始末，至爲奇詭。其初得石刻者，自名爲蕭淵，蕭卽南齊之姓，淵卽澄兄之名，明是從褚澄二字落想得之，其人蓋亡是公也。提要謂爲宋時精醫者所僞託，其説確不可易，疑書與序，皆僧義堪一手之所作耳。

提要謂其「論寡婦僧尼必有異乎妻妾之療，發前人所未發。」案今六醴齋刻本十篇之中，並無論寡婦尼僧之語。余嘗假文津閣四庫全書本觀之，亦無此二語。考陶弘景本草集注序録云：「按藥性，一物兼主十餘病者，取其偏長爲本，復應觀人之虛實補瀉，男女老少，苦樂榮悴，鄉壤風俗，並各不同。褚澄治療寡婦尼僧，（療，唐寫本誤作寘，從大觀本草改。）異乎妻妾，此是達其性懷之所致也。」（據吉石盦叢書影印唐寫本，亦見大觀本草卷一序例上。）弘景之説，疑出於褚澄雜藥方，彼僞作褚氏遺書者，實未嘗知有此説也。宋許叔微普濟本事方卷十云：「昔宋褚澄（按澄卒於南齊時，不當稱宋。）療師尼寡婦，別製方，蓋有謂也。此二種鰥居，獨陰無陽，欲心萌而多不遂，是以陰陽交争，乍寒乍熱，全類温瘧，久則爲勞。」此亦依據本草序録而推闡言之，斷非取之褚氏遺書。宋張杲醫説卷一云：「褚澄齊尚書，吳郡太守，字彦通，（通當作道。）雅有才量，博好經方，善醫術。診處上候，究盡其疾病療之，無貴賤，皆先審其苦樂、榮悴、鄉壤、風俗、水土所宜、氣血强弱，然後裁方用藥。至於寡婦僧尼，必有異乎妻妾之療。」提要之説，蓋出於此，誤以爲張杲必是據褚氏遺書而不知遺書之中固未嘗有也。醫説於此條末不注出處，而於次條鄧宣文後注云「並北齊書。」澄南齊人，不應入北齊書，其誤顯然，鄧宣文見北齊書徐之才傳，作北齊不誤。其文與南齊書南史亦皆不合。語意大抵本於陶弘景，必是别引他書，而誤注書名也。宋周守忠名醫蒙求卷下引齊書云：「褚澄者，齊尚書，吴郡太守，字彦道，後魏吏部侍郎彦同子。」餘與醫説所引同，案淵澄皆宋驃騎將軍湛之子，今乃謂爲後魏褚彦同子，尤誤。蓋皆輾轉販稗，不足爲據。宋儲泳袪疑説辨脈篇云：「褚澄尚主，爲宋駙馬都尉，察脈如神，著書十篇，曰尊生祕經。」且引尊生經之語甚詳，其文即遺書之平脈篇，然則此書又有尊生祕經之名矣。泳詩選入江湖後集，詞選入絶妙好詞，蓋南宋末人，在僧義堪之後，故得見此書也。

巢氏諸病源候論五十卷

隋大業中太醫博士巢元方等奉詔撰。考隋書經籍志有諸病源候論五卷，目一卷，吴景賢撰；舊唐書經籍志有諸病源候論五十卷，吴景撰；皆不言巢氏書。宋史藝文志有巢元方巢氏諸病源候論五十卷，又無吴氏書。惟新唐書藝文志二書並載，書名卷數並同，不應如是之相複。疑當時本屬官書，元方與景一爲監修，一爲編撰，故或題景名，或題元方名，實止一書。新唐書偶然重出，觀晁公武讀書志稱隋巢元方等撰，足證舊本所列，不止一名。然則隋志吳景作吳景賢，賢或監字之誤。其作五卷，亦當脱一十字，如止五卷，不應目録有一卷矣。

嘉錫案：楊守敬日本訪書志卷九云：「影南宋本巢氏諸病源候論五十卷，首題諸病源候論卷一，不冠以巢氏二字，次題大業六年太醫博士巢元方等奉勅撰，次題風諸病，爲小島學古從宋本影摹者。按提要云隋志五卷，五下脱十字，至確。又稱吳與巢同撰此書，今以宋本照之，題爲元方等撰，與讀書志合，足見此書非一人之力，惟吳景賢之名，已見隋書麥鐵杖傳，提要疑賢爲監之誤，未免失之。」考隋書卷六十四麥鐵杖傳云：「鐵杖自以荷恩深重，每懷竭命，遼東之役，請爲前鋒，顧謂醫者吳景賢曰丈夫姓命，自有所在，豈能艾炷灸頞，瓜蔕歕鼻，治黄不差，而卧死兒女手中乎？」是景賢正大業中醫者，必即作此書之人無疑。

第六卷解散病諸候，爲服寒食散者而作，惟六朝人有此證。第二十六卷猫鬼病候見於北史及太平廣記者，亦惟周齊時有之，皆非唐以後語，其爲舊本無疑。

案隋書外戚傳敍獨孤陁畜猫鬼事甚詳，北史陁附見獨孤信傳後，陁，信之子。廣記卷三百六十一據北史載入。其事在隋文帝即位以後，不在周齊之時，提要蓋未檢原書，遂爾誤記。孫思邈千金方卷二十四有解五石毒一篇，極論寒食原作石誤五石更生散方之害，略云：「自皇甫士安已降有進餌者，無不發背解體而取顛覆，余自有識性已來，親見朝野士人，遭者不一，所以寧食野葛，不服五石，有識者遇此方卽須焚之，勿久留也。」思邈雖痛惡寒食散，而其千金翼方卷二十二載有五石更生散、五石護命散二方，卽六朝人所服也。唐王燾外臺祕要著于天寶十一載，其卷十七尚有更生散方，卷三十七有餌寒食五石解散論，是唐之中葉，寒食散仍復盛行，不惟六朝人有此證矣。又千金方卷二十四蠱毒篇曰：「出門常須帶雄麝香神丹諸大辟惡藥，則百蠱猫鬼狐狸老物精魅，永不敢著。人初中蠱，於心下捺，便大炷灸一百壯，并主猫鬼亦灸得愈。」卷二十五蛇毒篇又有治猫鬼二方，外臺祕要卷二十八有猫鬼方三首，唐律疏議卷十八賊盜律曰：「諸造畜蠱毒原注云謂造合成蠱，堪以害人者。及教令者絞。」疏議曰：「造謂自造，畜謂傳畜，可以毒害於人。故注云謂造合成蠱，堪以害人者。若自造，若傳畜猫鬼之類，及教令人，並合絞罪。」是則畜養猫鬼之俗，至唐猶盛，故治之以醫方，懲之以法律，不可謂唐以後無此病也。宋會要第一百六十八册刑法第四云：「太宗太平興國五年二月四日，温州言捕獲養猫鬼呪詛殺人賊鄧翁，并其親族，械繫送闕下，腰斬鄧翁，親族悉配隸遠惡處。」然則北宋初年猶有此俗矣，提要未能博考爾。宋會要，四庫未收，今本爲徐松所輯。此書之爲隋人所作，固無疑義，不必執此爲證也。

千金要方九十三卷

唐孫思邈撰。思邈，華原人。唐書隱逸傳稱其：「少時，周洛州刺史獨孤信稱爲聖童，及長，隱居太白山。隋文帝輔政，以國子博士徵，不起。」則思邈生於周朝，入隋已長。然盧照鄰病梨樹賦序稱：「癸酉歲於長安見思邈，自云開皇辛酉歲生，今年九十二。」則思邈生於隋朝，照鄰乃思邈之弟子，記其師言必不妄。惟以隋書考之，開皇紀號凡二十年，止於庚申，次年辛酉，已改元仁壽，與史殊不相符。又由唐高宗咸亨四年癸酉上推九十二年，爲開皇二年壬寅，實非辛酉，干支亦不相應。然自癸酉上推九十三年，正得開皇元年辛丑，蓋照鄰集傳寫譌異，以辛丑爲辛酉，以九十三爲九十二也。史又稱思邈卒於永淳元年，年百餘歲。自是年上推至開皇辛丑，正一百二年，數亦相合。則生於後周，隱居不仕之說，爲史誤，審矣。

嘉錫案：文苑英華卷一百四十三載照鄰病梨樹賦序云：「自云開皇辛酉歲生，今年九十二矣。」明刻幽憂子集同，提要駁之，是也。然考舊唐書方伎傳思邈本傳、太平廣記卷二十一孫思邈條，並載病梨賦序，皆作：「自云開皇辛酉歲生，年九十三矣。」舊唐書自云上有「思邈」二字，年九十三上有「至今」二字。册府元龜卷七百八十四亦同，然則「九十三」本不誤，但誤以辛丑爲辛酉耳。既三書同作辛酉，當是照鄰記憶偶疏，未必由於傳寫譌異也。乾隆間項家達刻本盧昇之集，正作辛丑歲生，年九十三，疑出後人校改。舊書及廣記敘思邈事，廣記本之仙傳拾遺，惟中間孫處約盧齊卿兩事出前定録。與新書隱逸傳略同，並言洛州總管獨孤信見而歎曰，此聖童也，但恨其器大，難爲用也。廣記器大下有「識小」二字，新書作周洛州總管獨孤信見其少，異之曰聖童也，顧器大難爲用爾。提要引作洛州刺史，誤矣。考周書及北史獨孤信本傳，惟云：「大統三年起爲大都督，率衆與馮翊王元季海入洛陽。」不云爲洛州總管，是兩唐書紀事已不免有誤，則其謂思邈及見獨孤信，及隋文帝輔政，以國子博士召不拜者，恐皆不足信也。自大統三年至永淳元年思邈卒時，凡一百四十七年。而獨孤信當大統時已稱思邈爲聖童，則思邈至少當百五六十歲，與新書言年百餘歲之説不合。提要駁之是矣。然病梨賦序云：「自云開皇辛酉歲生，年九十三矣，詢之鄉里，咸云數百歲。又共話周齊間事，歷歷如眼見，以此參之，不啻百歲人矣。册府元龜作不啻數百人矣。然猶視聽不衰，神彩甚茂，可謂古之聰明博達不死者也。」夫照鄰既親聞其自言生於開皇辛酉，年九十三，而又兼載鄉里數百歲之言，且證之以言周齊間事如目見，則固不敢確定其年歲，故曰以此參之，不啻百歲人矣。蓋以方外之士，或自隱其年齒，或虛增其壽算。世俗之人，無以測之故也。故舊書云：「初魏徵等受詔修齊、梁、陳、周、隋、五代史，恐有遺漏，屢訪之思邈，口以傳授，有如目覩。」新書云初魏徵等修齊、梁、周、隋五家史，屢咨所遺，其傳最詳。所以證照鄰之言之非虛，若夫新書所謂永淳初卒，年百餘歲者，特就開皇辛丑歲生約略數之，而不悟其與見獨孤信之年歲不合也。新書似亦覺之，故於照鄰賦序删去其言年歲一節，若并改百餘歲爲百數十歲，則無語病矣。舊書第云永淳元年卒，無百餘歲之語。然則思邈究生於何時，盧照鄰且不敢質言之，後人亦惟有付之存疑，無庸考辨矣。

思邈嘗謂：「人命至重，貴於千金，一方濟之，德踰於此。」故所著方書，以千金名，凡診治之訣，鍼灸之法，以至導引養生之術，無不周悉。猶慮有闕遺，更撰翼方輔之。考晁陳諸家著録，載千金方、千金翼方各三十卷，錢曾讀書敏求記所載，卷數亦同。又謂宋仁宗命高保衡林億等校正刊行，後列禁經二卷。合二書計之，止六十二卷。此本增多三十一卷，疑後人併爲一書，而離析其卷帙。

案新唐書藝文志、崇文總目卷三十五、錢東垣等輯釋本卷三。通志藝文略、宋史藝文志，均有孫思邈千金方三十卷、千金髓方二十卷、千金翼方三十卷。至郡齋讀書志卷十五、直齋書録解題卷十三，則止著録千金方及翼方各三十卷，而無髓方。提要不引唐志以下諸書，似此書自晁陳始著於録者，又不知有髓方，皆爲失考。又考晁氏之論千金翼方云：「林億等謂首之以藥録，次之以婦人、小兒、養性、辟穀、退居、補益、雜病、瘡癰、色脈、鍼灸，而禁經終焉者，皆有指意云。」陳氏亦云：「其末兼及禁術，用之亦多驗。」是則自宋以來，其禁經二卷卽在翼方之中，卽錢曾雖云「後列禁經二卷」，而其所著録者，仍是三十卷之本，見敏求記卷三。未嘗别此二卷於翼方之外也。提要乃合計千金方、翼方及禁經爲六十二卷，亦誤矣。今翼方具在，可考而知也。此二書刻本傳世者，千金方有北宋本，不著年月，只存二十卷，每葉二十八行，行二十四字。題曰新雕孫真人千金方，其書爲孫思邈原本，未經林億等校正者。皕宋樓藏書志卷四十四載黄丕烈跋云：「書友邵鍾琳謂余曰酉山堂中有元板千金方，中配明板者曾送閲乎？余曰未也，因到彼取歸，共十四册，内配第六至第十，第十六至十九，仍缺第二十卷。其餘皆宋印，非元板也。余家舊藏錢述古抄本，云是從宋閣本出者，已自侈爲善本。今得宋刻勘之，鮮有一處符合者。初不解其故，後檢通考，知晁所見者爲千金方三十卷，陳所見者爲千金備急要方三十卷本，其前類例數條，林億等新纂，則知抄本即從宋閣本出，已是經後人增損原書，故與宋刻原本多有不同也。二本非特文義增減，即藥名分兩法製，殊有不合。前人之方，忽經後人以意改削，可信不可信乎？」黄氏所藏宋刻本，後爲陸心源所得，儀顧堂題跋卷七有跋，略云：「校以日本覆宋治平本，不但編次先後迥然不同，即字句方藥，幾于篇鮮同章，章尠同句，惟與治平本校勘記所稱唐本多合，洵爲孫真人之真本，非林億既校以後刊本所可同日語也。」又有日本人舊鈔本一卷，據稱爲遣唐使人所賚回者，只存第一卷，彼國天保三年壬辰，松本幸彦據以影摹刻行。經籍訪古志補遺云：「千金方第一卷，舊鈔本首行題千金方第一并序，下記處士孫思邈撰。序後一卷子目及本文，俱接書卷末，有和氣嗣成以下奕世題跋，是永正以後、天正以前人所鈔也。其體式文字，與宋人校本不同，而與醫心方所引合，即古時遣唐之使所齎歸者。恨所存僅一卷，然亦足窺真人之真面，可稱希世之寶籙矣。天保壬辰江户松本幸彦影模刻行。」日本訪書志卷九云：「千金方一卷，日本天保三年摹刻，蓋據舊鈔本入木。據丹波元堅序稱爲遣唐使人所齎回，定爲真人原本，未經林億校定者。惜只此一卷。按黄氏士禮居有此書殘本，共存二十卷，據其所跋，亦是真人原本，未經林億改纂者。蓋孫氏原書名千金方，林億等校本名千金備急要方，固自不同也。」是皆殘本僅存，其全書不可得見矣。其林億等所校正者，名千金備急要方，見書録解題卷十三。或作備急千金要方，宋元刻本皆如此題。或簡稱千金要方，見讀書敏求記卷三。凡三十卷，目録一卷。有宋治平三年刻本。見經籍訪古志。有元刻本，不題年月，見訪古志及鐵琴銅劍樓書目卷十四、皕宋樓藏書志卷四十四。即從宋閣本出。見黄丕烈跋。有明正德辛巳慎獨齋劉氏刊本，見訪古志及四庫簡明目録標注卷十。至日本嘉永元年，以宋治平本刊之江户醫學，見訪古志及各家目録。而其書乃易得矣。其千金翼方三十卷，目録一卷，亦林億等校正者，有元大德丁未梅溪書院刻本，見訪古志。明萬曆間王肯堂刻本，見訪古志及四庫簡明目録標注、邵亭知見傳本書目，今故宫所藏觀海堂書及北平圖書館並有之。又有乾隆癸未金匱華希閎校刻本。見訪古志，行款字數與王刻同，孫祠書目及邵莫兩家均作明華氏刻本，疑誤也。至日本文政己丑據元大德本覆刻，見訪古志、訪書志及各家書目。而書亦易得矣。又考錢曾述古堂書目卷三於要方、翼方皆注宋闔本鈔，則疑翼方宋本，清初尚有存者，而朱學勤結一廬書目卷三兩書皆有明初刊小字本，不知是何時所刻。明周弘祖古今書刻載明各直省所刻書，袁州府有孫真人方，建寧府書坊有千金方，亦不知所據何本，是皆不可得而詳也。夫宋元本固不易得，日本覆刻又出在後，皆不可以責提要，然如慎獨齋所刻之要方，王肯堂、華希閔所刻之翼方，在乾隆時當不難得，華氏即刻於乾隆二十八年。而竟不獲著於録，豈非失之眉睫之前也歟！

銀海精微二卷

舊本題唐孫思邈撰。唐宋藝文志皆不著録，思邈本傳亦不言有是書。其曰銀海者，蓋取目爲銀海之義。考蘇軾雪詩有「凍合玉樓寒起粟，光摇銀海眩生花」句，瀛奎律髓引王安石之説，謂道書以肩爲玉樓，目爲銀海。銀海爲目，僅見於此，然迄今無人能舉安石所引出何道書者。則安石以前絶無此説，其爲宋以後書明矣。前有齊一經序，稱管河北道時，得於同僚李氏，亦不著時代年月，莫知何許人也。其辨析諸證，頗爲明晰，其法補瀉兼施，寒温互用，亦無偏主一格之弊。方技之家，率多依託，但求其術之可用，無庸核其書之必真。本草稱神農，素問言黄帝，固不能一一確也。此書療目之方，較爲可取，則亦就書論書而已。

嘉錫案：此書不惟不見於唐宋藝文志，亦絶不見於明以前藏書家目録。考千頃堂書目卷十四醫家類有銀海精微二卷，在明代不知撰人之内，書名卷數，皆與四庫著録本同。然則此書乃明人所作，本不題撰人，亦未嘗依託古書，不知何人忽題爲孫思邈？蓋方技家輾轉傳鈔，因其書不著姓名，恐其術不足以取重，遂妄取古人之名以實之耳。丁丙善本書志卷十六云：「銀海精微二卷，明刊本，舊題唐孫思邈撰。四庫總目所收謂前有齊一經序，世傳坊刻，皆出齊本，卽東瀛翻者亦然，此猶明時舊刊。考一經，山東萊州府平度州濰縣人，中隆慶五年辛未進士，管河北道當在萬曆間也。」考邵懿辰簡明目録標注卷十此書下注萬曆十五年陳氏刊本，不知卽齊本否？丁氏自謂所藏爲明時舊刻，則又當在齊氏本之前，然亦題孫思邈撰，不知爲舊刻本所有，抑係丁氏依四庫總目題之也。

外臺秘要四十卷

唐王燾撰。燾，郿人王珪孫也，唐書附見珪傳，稱其性至孝，爲徐州司馬，母有疾，彌年不廢帶，視絮湯劑，原注云案視絮二字未詳，然玉海所引亦同，是宋本已然，姑仍其舊。數從高醫游，遂窮其術，因以所學作外臺秘要。燾居館閣二十餘年，多見弘文館圖籍方書，其作是編，則成於守鄴時，其結銜稱持節鄴郡諸軍事兼守刺史，故曰外臺。原注云案猗覺寮雜記曰外臺見唐高元裕傳。故事，三司監院官帶御史者，號外臺。

嘉錫案：困學紀聞卷二十引王燾事，亦作視絮湯劑。日本訪書志卷十云：「唐書王燾傳有視絮湯劑語，提要謂視絮二字未詳。按曲禮毋絮羹鄭注，絮猶調也；釋文絮，勑慮反，謂加以鹽梅也；則視絮卽調劑之義，非誤字。又提要稱燾作是書，成於守鄴時，故曰外臺，引高元裕傳爲證。余按玉海引中興書目云以其出守於外，故號曰外臺，與提要說合。然高元裕傳故事三司監院官帶御史者，號外臺。王燾自序，結銜不帶御史，則謂出守于外郎稱外臺者，未確。據魏志王肅傳注薛夏曰蘭臺爲外臺，祕閣爲内閣云云。燾自序云：『兩拜東掖，便繫臺閣二十餘歲，久知弘文館圖籍方書等，由是覩奥升堂，皆探其祕要。』據此，則取魏志蘭臺爲外臺甚明，非出守於外之謂也。」嘉錫案：宋孫兆序云：「夫外臺者，刺史之任也；祕要者，祕密樞要之謂也。以出守於外，故號曰外臺祕要方。」然則誤始於孫兆，中興書目及提要皆從之耳。

每條下必詳注原書在某卷，世傳引書注卷第，有李涪刊誤及程大昌演繁露，而不知例創於燾，可以見其詳確。

案總目卷一百十八演繁露提要曰：「所引諸書，用李匡乂資暇集引通典例，多注出某書某卷。倘有譌舛，易於尋檢，亦可爲援據之法。」是以爲引書注卷第之例創始於李匡乂也，此條則以爲例創於燾，前後自相矛盾，是亦官書雜成衆手之通弊也。燾時代雖在李匡乂、李涪之前，然遂謂此例爲燾所創，亦殊未確。錢大昕十駕齋養新録卷十九曰：「余蕭客仲林云引書注某卷，向以爲始於遼僧行均龍龕手鑑、宋程大昌演繁露兩書，然亦偶有一二條耳。後讀江少虞事實類苑，竟體注卷，在程大昌前。頃閲道藏，見王懸河三洞珠囊，每卷稱某書每卷。懸河唐人，又在江少虞之前矣。」案三洞珠囊在道藏懷字號，題大唐陸海羽客王懸河修，不著年月。考寶刻類編卷八有懸河所書四碑，其紀年爲乾封咸亨宏道，則高宗時人也，固已在王璿之前矣。璿書著於天寶時。汪遠孫借閒隨筆曰：「頃閱梁皇侃論語疏卷七『子謂衛公子荆』節云事在春秋第十九卷，襄公十二年傳也。是卷引春秋傳凡七處，皆記卷數。卷十『雖有周親』節云尚書第六泰誓中文，則六朝已有之矣。」據其所考，又遠在王懸河之前，而謂此例創始於王璿可乎？古書之亡者多矣，凡此等事，祇能就所見者約略言之，不能斷然確定其時代也。

三十七卷三十八卷皆乳石論，世說載何晏稱服五石散令人神情開朗，玉臺新詠有姬人怨服散詩。蓋江左以來，用爲服食之術，今無所用。又二十八卷載猫鬼野道方，與巢氏病源同，亦南北朝時鬼病，唐以後絶不復聞，然存之亦足資考訂也。

案乳石與五石散似是一事，而實有别。乳者，石鍾乳；石者，白石英、紫石英、赤石脂之類也；而鍾乳亦可稱爲乳石，因其形似乳而質則石也。五石散乃紫石英、白石英、赤石脂、鍾乳石、硫黄五種合他藥爲散，其方以乳與石爲主，故亦統於乳石之中，不可謂乳石卽五石散也。此書第三十七卷自薛侍郎服乳石體性論以下凡十首，乃服鍾乳之法。自周處温鍊白石英法首有殘闕以下，乃服諸石之法。惟餌寒食五石諸雜石等解散論并法四十九條，始兼及五石散耳。此後自癰疽、發背、證候等論，以至盡三十八卷，乃統治服五石後所發諸病，不專爲五石散言也。提要於本書未能細閲，故所言不免含混。五石散之源流，余别有寒石散考詳言之，兹不具論。姬人怨服散詩，乃陳江總所作，見藝文類聚卷三十二及文苑英華卷三百四十六。玉臺新詠乃梁簡文帝爲太子時令徐陵所撰集，安得預録江總之詩？明代刻本妄有增益，故馮舒疑庾信有入北之作，江總濫擘箋之什。總目卷一百八十六玉臺新詠下提要考之甚詳，乃於此篇仍據俗本引用，四庫著録者爲寒山趙氏景宋刻本，實無此詩。斯亦前後矛盾之一端也。養猫鬼之俗，至宋初猶存，已見前巢氏諸病源候論條下。

顱顖經二卷

不著撰人名氏，世亦别無傳本，獨永樂大典内載有其書。考歷代史志，自唐藝文志以上，皆無此名。至宋史藝文志，始有師巫顱顖經二卷。今檢此書，前有序文一篇，稱「王母金文，黄帝得之昇天，祕藏金匱，名曰内經，百姓莫可見之。後穆王賢士師巫於崆峒山得而釋之」云云，其所謂師巫，與宋志相合，當卽此本。疑爲唐末宋初人所爲，以王冰素問注第七卷内有「師氏藏之」一語，遂託名師巫，以自神其説耳。其名顱顖者，案首骨曰顱，腦蓋曰顖，殆因小兒初生顱顖未合，證治各别，故取以名其書。

嘉錫案：此書序文有「師巫得而釋之」之語，而宋志所著録者，卽名師巫顱顖經，其爲一書，固無疑義。然考原序云：「夫顱顖者，謂天地陰陽，化感顱顖，故受名也。嘗覽黃帝內傳王母金文始演四序二儀陰陽之術，三才一元之道，採御靈機，黃帝得之昇天，祕藏金匱，名曰內經，百姓莫可見之。後穆王賢士師巫於崆峒山得而釋之，敍天地大德，陰陽化工，父母交和，中成胎質。爰自精凝血室，兒感陽興；血入精宮，女隨陰住；故以清氣降而陽谷生，濁氣升而陰井盛也。甚者二儀互換，五氣相參，目覩元機，非賢莫達。謂真陰錯雜，使精血聚而成殃；陽發異端，感榮衛合而有疾；遂使嬰兒纔養，驚候多生。庸愚不測始末，亂施攻療，便致枉損嬰兒，吁哉吁哉！遂究古言，尋察端由，敍成疾目，曰顱顖經焉。」詳審文義，則所謂黃帝祕藏金匱，師巫得而釋之者，指黃帝內經言之也。其後言師巫所釋內經雖能敍陰陽化生之妙，而自非賢智莫達其理，故使世之庸醫於嬰兒之疾亂施攻療，致多枉死，用爲歎息，遂究古人之言，察致疾之端由，敍成顱顖經云云，乃自敍其著書之意。然則作者固未嘗自神其說，以此書爲黃帝之所藏，師巫之所得也。宋志著錄之本，署名師巫，殆庸醫不識文義者之所爲，提要又從而斷章取義，未免厚誣古人矣。此書爲何時何人所作，誠不可知，觀其自敍，文辭不能高古，似非唐以前人手筆，然遂謂顱顖之名，自此書始，則又非也。太平御覽卷七百二十二引張仲景方序曰：「衛汎宋周守忠名醫蒙求卷下引作衛沈。好醫術，少師仲景，有才識，撰四逆三部厥經及婦人胎藏經、小兒顱顖方三卷，皆行於世。」據此則顱顖爲小兒方，後漢時已有之。考張仲景傷寒論序云：「感往昔之淪喪，傷橫夭之莫救，乃勤求古訓，博采衆方，撰用素問九卷，八十一難陰陽大論、胎臚藥録，平脈辨證，爲傷寒雜病論，合十六卷。」胎臚藥録者，婦人嬰兒方書也。胎謂婦人胎藏，臚與顱皆從盧得聲，古字通用，卽臚顖也。仲景所擧素問九卷、卽靈樞經八十一難陰陽大論，此書不見著録，唐王冰嘗取以補素問亡篇。皆周秦以前書，則胎臚藥録當亦其類。漢志有婦人嬰兒方十九卷，此或其別名歟？是顱顖之名，其源甚古，又不始於仲景師弟矣。隋巢元方諸病源候論卷四十五云：「經説年六歲以上爲小兒，十八以上爲少年，三十以上爲壯年，五十以上爲老年也。其六歲已還者，經所不載。是以乳下嬰兒病難治者，皆無所承按故也。中古有巫方方字屬下讀，千金方作中古有巫妨者，則以巫妨爲人名矣，未詳孰是。立顱顖經，以占夭壽，判疾病死生，世所相傳，有小兒方焉。逮乎晉宋，千金方此下有江左二字。推諸蘇家傳襲千金方作習。有驗，流於人間。」唐孫思邈千金要方卷五上序例篇引小品方，其文並同。隋志有小品方十二卷，陳延之撰。據稱中古有巫方立顱顖經，然則此書序謂穆王賢士師巫得而釋之者，其言固有所本，初非因王冰注中「師氏藏之」之語而憑虛附託也。蓋晉宋以前，自有顱顖經，此本則後人所作，以其述古人之言，遂以其名名之云爾。提要謂唐末宋初人始取以名其書，失於不考。

宋史方技傳載錢乙始以顱顖經著名，召至京師，視長公主女疾，授翰林醫學。錢乙幼科，冠絶一代，而其源實出於此書，亦可知其術之精矣。

案宋史錢乙本傳，實作乙始以顱顖方著名，不作顱顖經也。顱顖方之名，既已甚古，凡以小兒科著書者，皆可名爲顱顖方。錢乙之時，古書未亡，其所見之顱顖方，是否即今之顱顖經，正未可知。提要遽改宋史之文以實之，未免近於傅會矣。

脚氣治法總要二卷

宋董汲撰。汲字及之，東平人，始末未詳。錢乙嘗序其癍疹論，則其著書在元豐元祐之間。

嘉錫案：書録解題卷十三云：「小兒癍疹論一卷，東平董汲及之撰，錢乙元祐癸酉題其末。」提要之説，全出於此。儀顧堂續跋卷九曰：「晁補之有董汲秀才真贊云：『鵲實非脈，假脈而言；太子可起，和實以脈。遺脈而知良臣將死，故鵲不能死生，而和不能生死，既有制之者矣，亦有知之者矣。術兼於道，是謂醫理，誰其知之，惟汶陽董子。』見雞肋集卷三十二。與著此書者里貫時代皆合，當即其人也。」余案葉夢得避暑録話卷上云：「本朝公卿能醫者，高文莊一人而已，尤長於傷寒。文莊，鄆州人，至今鄆多醫，尤工傷寒，皆本高氏。余崇寧大觀間在京師，見董汲劉寅輩，皆精曉張仲景方術，試之數驗，非江淮以來俗工可比也。」文莊者，高若訥也。汲蓋嘗舉進士，不第，故晁補之呼爲秀才。少小多病，因習醫藥，見旅舍備要方自序。傳高氏之學，有名於哲徽之世，其始末可考者如此。隆平集卷十一云高若訥，并州人。東都事略卷六十三亦云：「高若訥，字敏之，并州榆次人也，寓家衛州，苦學善記，亦習醫書，雖國醫無以過也。」宋史卷二百八十八本傳，略同，且云：「名醫多出衛州，皆本高氏學焉。」似卽本之避暑録話。然二史皆言家於衛州，而夢得乃云鄆州人，殊爲牴牾不合。考宋祁景文集卷六十高觀文墓誌銘云：「公諱若訥，字敏之，生十歲而孤，侍母夫人客汲郡。」又云：「高氏自渤海徙占河東，爲榆次人。」其言並與史合，汲郡者，衛州也，而董汲實鄆州東平府人，與若訥并非同郡。然則汲之學，是否出自高氏不可知。而夢得所謂文莊鄆州人，至今鄆醫皆本高氏者，其爲傳聞之誤，審矣。宋史既知若訥非鄆州人，因改夢得「至今鄆多醫」之語爲「衛州多出名醫」。不知夢得此語，本爲鄆醫董汲劉寅輩而發，衛州出名醫，與汲輩奚與焉，是所謂郢書而燕説之也。

素問入式運氣論奥三卷附黄帝内經素問遺篇一卷

宋劉温舒撰。前有元符已卯自序，卷末別附刺法論一卷，題曰黄帝内經素問遺篇。案刺法論之亡，在王冰作注之前，温舒生北宋之末，何從得此。其注亦不知出自何人，殆不免有所依託，未可盡信。

嘉錫案：此書所附素問遺篇，實刺法論、本病論，凡二篇。提要只舉刺法論，蓋讀之未能終卷也。考素問卷二十一目録云：「六元正紀大論篇第七十一，刺法論篇第七十二，亡。本病論篇第七十三，亡。」林億等新校正云：「詳此二篇，亡在王注之前。按病能論篇末王冰注云世本既闕第七二篇，謂此二篇也。按素問原書九卷，此二篇在第七卷。而今世有素問亡篇及昭明遺旨論，以謂此三篇仍託名王冰爲注，辭理鄙陋，無足取者。」夫此二篇既爲唐本所闕，後來何自得之，且王冰未見其文，焉得有注？其爲依託，固不待言。但億等之校素問，在仁宗嘉祐時，下距元符已卯三十餘年，其時已有所謂素問亡篇，則此二篇，蓋出於北宋以前，初非温舒之所僞託，其注託名於王冰，提要亦未之知也。據林億等言，則此二篇之外，尚有昭明遺旨論一篇，温舒本無之。殆温舒以王冰本素問只亡刺法、本病二篇，昭明遺旨論原非素問所有，故削而不載歟？

證類本草三十卷

宋唐慎微撰。案陳振孫書録解題載此書三十卷，名大觀本草。晁公武讀書志則作證類本草三十二卷，亦題唐慎微撰，是宋時已有兩本矣。玉海載紹興二十七年八月十五日王繼先上校定大觀本草三十二卷，釋音一卷，詔祕書省修潤，付胄監鏤版行之，則南宋且有官本，然皆未見其原刊。今行於世者，亦有兩本。一爲明萬曆丁丑翻刻元大德壬寅宗文書院本，前有大觀二年仁和縣尉艾晟序，稱其書三十一卷，目録一卷，集賢孫公得其本而善之，命官校正鏤板以傳。陳氏所見蓋此本，故題曰大觀本草。一爲明成化戊子翻刻金泰和甲子晦明軒本，前有宋政和六年提舉醫學曹孝忠序，稱欽奉玉音使臣楊戩總工刊寫，繼又命孝忠校正潤色之，其改稱政和本草，蓋由於此，實一書也。大德中所刻大觀本，作三十一卷，與艾晟所言合。泰和中所刻政和本，則以第三十一卷移於三十卷之前，合爲一卷，已非大觀之舊。又有大定己酉麻革序及劉祁跋，並稱平陽張存惠增入寇宗奭本草衍義，則益非慎微之舊。然考大德所刻大觀本，亦增入宗奭衍義，與泰和本同。蓋元代重刻，又從金本録入也。

嘉錫案：錢大昕養新録卷十四云：「今所傳政和本乃元初平陽張存惠重刻。」案張存惠字魏卿，精于星曆之學，州里以好學見稱，見元好問遺山文集卷三十六集諸家通鑑節要序。題記云泰和甲子下己酉冬，實元定宗后稱制之年，距金亡已有十六載矣。而存惠猶以泰和甲子下統之，隱寓不忘故國之思，或以爲金泰和刻，則誤矣。楊守敬日本訪書志卷九云：「經史證類大觀本草三十一卷，元大德壬寅刊本，不附寇宗奭本草衍義，避孝宗嫌名，蓋原于宋刻，爲慎微原書。按此書有兩本，一名大觀本草三十一卷，艾晟所序，刻于大觀二年者，即此本也。一名政和本草三十卷，自注云以第三十一卷移於三十卷之前，合爲一卷，而删其所引十六家本草，義例最謬。政和六年曹孝忠奉敕校刊者。二本皆不附入寇氏衍義。至元初，平陽張存惠重刻政和本，始增入衍義及藥有異名者，注于目録之下。自注云：首有本記，稱泰和甲子下己酉冬南至晦明軒記。錢竹汀考爲元定宗稱制之年，其説至確，提要以爲金泰和刻本，誤。至明萬曆丁丑，宣城王大獻始以成化重刻政和之本，依其家所藏宗文書院大觀本之篇題，合二本爲一書。卷末有王大獻後序，自記甚明，並去政和本諸序跋，獨留大觀艾晟序及宗文書院本記。按其名則大觀，考其書則政和，無知妄作，莫此爲甚。自注云：又有萬曆庚子巡按兩淮鹽課御史彭端吾據王本重刊，并去艾晟序、宗文本記。提要所稱大德本，及錢竹汀所録，皆是此種。提要見此本亦增衍義，遂謂元代重刻，又從金本録入，而不知大德原本並無衍義也。大觀政和兩本，糅雜不清，前人未見古本，多不能分別，故爲之詳疏如此。」

類證普濟本事方十卷

宋許叔微撰。叔微字知可，或曰揚州人，或曰毘陵人。惟曾敏行獨醒雜志作真州人，二人同時，當不誤也。紹興二年進士，醫家謂以許學士。宋代詞臣，率以學士爲通稱，不知所歷何官也。

嘉錫案：夷堅甲志卷五云：「許叔微字知可，真州人。」輿地紀勝卷三十八真州人物內有許叔微。經籍訪古志補遺及皕宋樓藏書志卷四十五著録宋刻本普濟本事方，訪古志爲寶祐癸丑刻本，陸志爲宋刻宋印本。均題儀真許叔微述。敏求記卷三有傷寒百證歌發微論，題翰林學士白沙許叔微知可述。考輿地紀勝真州州治有白沙洲，則作真州人者是也。獨醒雜志卷七許知可條云：「紹興二年策進士，第六升作五。」夷堅志亦云：「紹興壬子第六人登科，用升甲恩，如第五得職官。」書録解題卷十三「本事方」條下。乃云：「維揚許叔微，紹興三年進士第六人。」誤矣。紀勝及萬姓統譜卷七十六均不載叔微所歷官。陸心源儀顧堂續跋卷九元槧傷寒百證歌發微論跋云：「題曰翰林學士許叔微知可述。案叔微仕至徽州杭州教官，遷京秩，見影宋本乾道庚寅張剡序，而不言京秩爲何官。提要云宋代詞臣率以學士爲通稱，觀於此本結銜，叔微曾官翰林，故醫家謂之許學士也。」

是書載經驗諸方，兼記醫案，故以本事爲名。朱國禎湧幢小品載「叔微嘗獲鄉薦，春闈不利而歸。舟次平望，夢白衣人勸學醫，遂得盧、扁之妙。凡有病者，診候與藥，不取其直。晚歲取平生已試之方，併記其事實，以爲本事方，取本事詩之例以名之」云云，即指此書。然考獨醒雜志叔微雖有夢見神人事，而學醫則在其前，不知國楨何本也。

案獨醒雜志云：「許知可嘗夢有客來謁，問知可曰亦有功於人乎？知可曰某幼失怙恃，以鄉無良醫，某既長立，因刻意方書，期以活人。建炎初真州城中疾疫大作，某家至户到，給藥付之。其間有無歸者，某輿致於家，親爲療治，似有微功。其人曰天政以此將命汝官，及與若子，因復取書一通示之。」夷堅甲志則曰：「許叔微家素貧，夢人告之曰汝欲登科，須積陰德。許自度力不足，惟從事於醫乃可，遂留意方書。久之，所活不可勝計，復夢前人來，持一詩贈之。」宋張杲醫説卷十亦曰：「許叔微少嘗以登科爲禱，一夕夢神告曰汝欲登科，須憑陰德」云云，兩説不同。朱國禎所記，則與後説合。然夷堅志及醫説均無春闈不利舟次平望之事，亦不言所夢爲白衣人，國禎或別有所本歟？考宋刻本事方，載叔微自序曰：「余年十一，連遭家禍，父以時疫，母以氣中，百日之間，併失怙恃。痛念里無良醫，束手待盡。及長成人，刻意方書，誓欲以救物爲心。杳冥之中，似有所警，年運而往，今逼桑榆，漫集已試之方，及所得新意，録以傳遠，題爲普濟本事方。」序載皕宋樓藏書志。觀其自序，學醫經過，與獨醒雜志合，無所謂神人勸積陰德之事。知夷堅志諸書，皆傳聞之誤也。

國楨又記叔微所著尚有擬傷寒歌三卷，凡百篇。又有治法八十一篇，及仲景脈法三十六圖、翼傷寒論二卷、辨類五卷，今皆未見傳本，疑其散佚矣。

案書録解題卷十三云：「傷寒歌三卷，許叔微撰，凡百篇，皆本仲景法。又有治法八十一篇及仲景脈法三十六圖、翼傷寒論二卷、辨類五卷，皆未見。」國禎所記，全本於此。提要不引書録解題何也？皕宋樓藏有元刊本新編張仲景注解傷寒百證歌五卷、新編張仲景注解傷寒發微論二卷，陸心源跋謂書録解題之傷寒歌三卷，卽百證歌，三與五字形相近而謁。翼傷寒論卽發微論。見儀顧堂續跋卷九。鐵琴銅劍樓亦藏有元刊本，瞿鏞云：「是書乃述張仲景之意而申言之，刻者遂誤加『張仲景注解』五字於書名，以致難通。」見藏書目卷十四，陸書爲錢曾、黃丕烈所遞藏，瞿書僅有張君服印，非一本也。經籍訪古志又有明萬曆辛亥喬山堂劉龍田刊本，合二書爲四卷。陸氏謂「證以元刻，不但面目全非，竄改亦復不少」。見陸刻本自序。已據元刊本刻入十萬卷樓叢書。又張金吾愛日精廬藏書志卷二十二有舊鈔本傷寒九十論一卷，題白沙許叔微知可述。鐵琴銅劍樓藏書志卷十四亦有舊鈔本。陸氏謂卽書錄解題之治法八十一篇，亦見陸刻百證歌序。胡珽已據張氏本排印入琳瑯祕室叢書。然則叔微所著書，惟仲景脈法三十六圖及辨類五卷散佚不存，餘則皆尚有傳本，四庫未收耳。訪古志著錄宋寶祐癸丑建安余唐卿刻本類證普濟本事方，尚有後集十卷。陸氏亦言藏有抄帙續本事方十卷，見儀顧堂題跋卷七。是又陳振孫所未言，四庫亦未著錄者也。

太醫局程文九卷不著撰人

此太醫局，係紹熙二年後所置。程文以墨義爲第一道，其裒爲一集，不知何人所編，世亦別無傳本。今從永樂大典中排纂，得墨義九道，脈義六道，大義三十七道，論方八道，假令十八道，運氣九道，謹釐次爲九卷。

嘉錫案：永樂大典所收書，多見於文淵閣書目，而此書則文淵閣不著錄。考明張萱內閣書目卷六云：「諸科程文格三册，全醫院試册也。」千頃堂書目卷十四有宋何大任太醫局諸科程文格一卷，倪燦宋史藝文志補同。疑與大典所收者同，是一書題名各有省略耳。惟三册之書，似不當僅一卷，則疑千頃堂卷數有訛誤也。大任不知何許人，所著尚有保幼大全二十卷，一名小兒衛生總微論方。亦見千頃堂書目。

醫家類二 總目卷一百四

神農本草經百種録一卷 清徐大椿

世傳神農本草經三卷，載藥三百六十五味，分上中下三品。今單行之本不傳，惟見於唐慎微本草所載，其刊本以陰文書者，皆其原文也。大椿於三品之中採掇一百種，備列經文，而推闡主治之義，凡所箋釋，多有精義。然本草雖稱神農，而所云出産之地，乃時有後漢之郡縣，則後人附益者多。

嘉錫案：提要以神農本草經無單行本，故其論本草之語，僅附見於此，然略而不詳，於本草究爲何時之書，未有以論定之也。太平御覽卷七百二十一引皇甫謐帝王世紀曰：「炎帝神農氏，嘗味草木，宣藥療疾，救夭傷人命，百姓日用而不知，著本草四卷。」言本草爲神農所作者，莫先於此。然御覽同卷又引世紀云：「岐伯，黄帝臣也，帝使伯嘗味草木。典主醫病，經方本草素問之書咸出焉。」是又以本草爲岐伯所作，一人之言，已復自相違伐。提要謂書中後漢郡縣爲後人附益，今考顏氏家訓書證篇云：「或問：山海經夏禹及益所記，而有長沙、零陵、桂陽、諸暨，如此郡縣不少，以爲何也？答曰：史之闕文，爲日久矣，加復秦人滅學，董卓焚書，典籍錯亂，非止於此。譬猶本草神農所述，而有豫章、朱崖、趙國、常山、奉高、真定、臨淄、馮翊等郡縣名，出諸藥物，皆由後人所羼，非本文也。」提要之說，蓋本諸此。然梁陶弘景本草集注序録據吉石盦影印敦煌唐寫本，亦載證類大觀本草序例中已云：「舊說皆稱神農本草經，余以爲信然。昔神農氏之王天下也，畫易卦以通鬼神之情，造耕種以省煞害之弊，宣藥療以拯夭傷之命。但軒轅以前，文字未傳，如六爻指垂畫象，稼穡卽事成迹，至於藥性所主，當以識識相因，不爾何由得聞。至乎桐、雷，按謂桐君、雷公，皆黃帝時人。乃著在篇簡，此書應與素問同類，但後人多更修飭之耳。生出郡縣，乃後漢時制，疑仲景、元化等所記。」又云：「案諸藥所生，皆的有境界，秦漢以前，當言列國，今郡縣之名，後人所改耳。」然則本草中郡縣爲後人羼入，陶隱居已言之甚明，又不始於顏氏矣。當黃帝以前，未有文字，固當無書。卽黃帝時果有倉頡造字，亦未必便有記載。百家言黃帝，太史公已不敢置信，況神農之世乎？且本草經亦不類周以前文字，隱居謂爲桐、雷所著，特以有桐君藥録、見隋唐志。雷公集注本草，見隋志、新唐志。故以爲卽著竹帛之人，不知桐、雷之書，亦當是後人依託，猶之本草之題神農耳，不足信也。至本草出世時代，于志寧等以爲始見七録，蘇頌以爲先見漢書。較其所據，蘇説爲長。新唐書于志寧傳載志寧與司空李勣修本草時對帝之語云：「班固唯記黄帝内外經，不載本草，至齊七録齊字誤，當作梁。乃稱之。世謂神農氏嘗藥以拯含氣，而黄帝以前，文字不傳，以識相付，至桐、雷乃載篇册，然所載郡縣，多在漢時，疑張仲景、華佗竄記其語。」此説全本之於宏景，特謂本草始見七録，則弘景所未言。宋蘇頌補注本草總序見蘇魏公集卷六十五，亦見證類本草卷一云：「舊説本草經神農所作，而不經見。漢書藝文志亦無録焉。平帝紀云元始五年，舉天下通知方術本草者，在所爲駕一封軺傳，遣詣京師。樓護傳稱護少誦醫經本草方術數十萬言。本草之名，蓋出於此。而英公等注引班固敍黄帝内外經云本草石之寒温，原疾病之深淺，按此乃藝文志方技略經方類後序，非敍内外經之語，黄帝内外經自在醫經類中。證類本草卷一載唐本注云：「漢書藝文志有黄帝内外經，班固論云經方者云云，此乃論經方之語，而無本草之名。」蓋卽于志寧言班固唯記黄帝内外經，不載本草之意。蘇頌引唐本注加以删改，遂致與漢書不合，前後文義亦不符。此乃論經方之語，而無本草之名，唯梁七録載神農本草三卷，以上所引英公注，卽唐本注。斯爲謬矣。」其説足正于志寧等之誤。雲谷雜記卷二亦引平帝紀、樓護傳，以駁志寧，不知爲蘇頌所已言。然班固既明載之於紀傳，而藝文志乃不著録，是終不能使人無疑，於是有二説焉。宋張淏雲谷雜記卷二云：「本草已見於漢，但當時祕府偶無，故七略不載。班固作藝文志，惟據七略，故亦無本草。」此一説也。但秦焚經籍，所不去者醫藥卜筮種樹之書，使本草果爲秦以前書，篇章具在，爲一切經方湯液之原，人生日用所必需，固當家置一編。武帝建藏書之策，置寫書之官，何以不登祕府？卽令口耳相傳，至漢始著竹帛，而成帝使謁者陳農求遺書，使侍醫李柱國校方技。觀元始中舉天下通知本草者，是其書通行已久，必不始於平帝時。劉歆李柱國不容不見，何以不入七略？是此説不可通也。孫星衍問字堂集卷三校定神農本草經序云：「舊説本草之名僅見漢書平帝紀及樓護傳，予按藝文志有神農黄帝食藥七卷，今本譌爲『食禁』，賈公彦周禮醫師疏引其文，正作『食藥』，宋人不考，遂疑本草非七略中書也。」此又一説也。按各本漢書均作「食禁」，惟周禮疏引作「食藥」，阮元周禮校勘記引浦鏜云「禁誤藥」，則不可以改漢書。沈欽韓漢書疏證卷二十六云：「本草肇於神農，而黄帝修之，志但言食禁，未足以盡之也。」是雖不改「食禁」爲「食藥」，而亦以爲卽今之本草。王先謙漢書補注卷三十引沈説入「食禁」條下，又引葉德輝曰：「康賴醫心方楊守敬日本訪書志卷十云醫心方三十卷，日本永觀二年丹波宿禰康賴撰進，當中土宋雍熙元年也廿九引本草食禁云正月一切肉不食者吉，二月寅日食不吉，五月五日不食麞鹿及一切肉，卽此書也。疑古本附本草後，故云本草食禁，沈説非也。或據醫師疏，以禁爲藥誤，亦非。」愚謂康賴所引食禁，雖冠以本草之名，然其文不見於神農本經，日本見在書目醫方家有食禁一卷，則食禁自有別行之本，崇文總目汗筠齋刻本卷三及宋史藝文志均有神農食忌一卷，食忌疑卽食禁，此雖未必卽漢志著録之原書，然其名則淵源甚古。由此可知古人於本草之外，别有飲食禁忌之書，不得與本草混爲一談，是孫氏、沈氏之説，亦不可通也。然則神農本草究爲何時之書，何人所作耶？考周禮天官云：「疾，醫以五味、五穀、五藥養其病。」注云：「五藥，草、木、蟲、石、穀也。其治合之齊，則存乎神農、子儀之術云。」疏云：「案劉向云扁鵲治趙太子暴疾尸蹶之病，使子明炊湯，子儀脈神，子術案摩。又中經簿云子義本草經一卷，儀與義一人也。若然，子義亦周末時人也，並不説神農。」案張仲景金匱云：「神農能嘗百藥，則炎帝者也，言此二人能合和此術耳。」余敢據此以斷神農本草經爲周末時子儀所作，何者，神農嘗百草之味，一日而遇七十毒，見於淮南子修務訓，陸賈新語道基篇亦云：「神農乃求可食之物，嘗百草之實，察酸苦之味，教民食五穀。」雖不敢斷其事之有無，而要是秦漢以前有此相傳之説，醫術之興，固當遠在邃古之時，至春秋時，和緩之流已著名於世。藥性所主，識識相因，傳之既久，自必有人著之竹帛。桐君、雷公之説既不足信，則其書必出於周末，凡漢志著録三代以前之書，多六國時人所作，班固自注，言之甚明。如農家有神農二十篇，注云：「六國時，諸子疾時怠於農業，道耕農事，託之神農。」尤爲顯證，神農本草，亦其類也。鄭注云治合之齊，存乎神農、子儀之術。神農有嘗百草之事，爲醫藥之祖，舉之宜矣。若子儀則名不甚著，何爲與神農並言？賈疏引劉向説扁鵲治趙太子之病事，乃説苑辨物篇之文。馬國翰、姚振宗輯入劉向别録，非也。子明炊湯，子儀脈神，子術按摩，今本作子明吹耳，陽儀反神，子游矯摩，乃傳寫之誤。蓋衍一「耳」字，脱一「子」字，又誤「湯」爲「陽」也。王應麟漢藝文志考證卷十所引，已同今本，知其誤已久矣。史記扁鵲傳作虢太子，無子儀之名，惟韓詩外傳卷十云：「扁鵲過虢侯，世子暴病而死。扁鵲入砥鍼礪石，子明灸陽，子游按摩，子儀反神。」與説苑合。扁鵲時，虢滅已久，説苑作趙太子爲得其實。史記索隱正義及梁玉繩史記志疑卷三十三皆嘗辨之，然不知當作趙也。是子儀爲扁鵲弟子，正六國時人。目録書最早者，七略、漢志，其次即荀勗之中經簿。本草，漢志既不著録，而中經簿有子義本草經，足證爲子儀所作。賈公彦謂中經簿並不説神農，可見神農本草之名，乃後人所題。蓋推其學之所自出以題其書，久之，遂不知爲子義所作矣。神農嘗藥，子儀著書，其功相埒。故康成以之並論，否則子儀不過扁鵲羣弟子之一，與子明子術等耳，何所取而躋之神農之列耶？鄭注以五藥爲草、木、蟲、石、穀，而陶弘景序録載本草經總目云：「卷上序藥性之本源，論病名之形診，卷中玉石草木三品，卷下蟲獸果菜米食三品。」合本草果菜米食二品，統之以穀，即爲周禮之五藥，是康成正以本草注周禮，愈知所謂神農、子儀之術者，即指本草言之，謂神農傳其學，子儀著其書也。賈公彥明言子義著本草，而神農但嘗百藥，其辨神農未嘗著書，可謂深切著明，而世人曾莫之悟。王應麟漢藝文志考證卷十及孫星衍本草序、沈欽韓漢書疏證，亦知引賈疏，而不能推勘文義，有所發揮。孫序云：「賈公彥引中經簿又有子義本草經一卷，疑亦此也。」而其下文又以爲成於黃帝。古今人於此書紛如聚訟，過信過疑，要之皆無當也。子義書只一卷，而隋、唐志神農本草或四卷，或三卷，則後人遞有附益，文多則卷分耳。猶之陶弘景本草只七卷，而唐宋本草增至二三十卷也。或曰本草既周末人所著，則劉歆、李柱國皆當見之，何爲不著於漢書藝文志乎？應之曰古書有單篇別行之例，如夏小正、弟子職之類是也。有自一書之内析出數篇別行之例，如太公書之外有六韜，陸賈書之外有新語之類是也。詳見拙著古書通例。凡書真出於周秦人之手，而不見於漢志者，當以此求之。漢志方技略醫經有扁鵲内經九卷，外經十二卷，經方有泰始黃帝扁鵲俞拊方二十三卷，本草屬於經方，子儀書只一卷，當卽扁鵲方之一篇，漢魏以後析出別行者。蓋周秦兩漢之書，不皆手著，多出後人撰次。故弟子之所論述，亦遂得附先師以行。猶之論語記門人之言，公、穀有後師之説也。平帝紀樓護傳有本草，高帝紀、陸賈傳有新語，志皆不著其名，正同一例，知新語之卽陸賈書，卽知本草之卽扁鵲方矣。新語術事篇云：「書不必起仲尼之門，藥不必出扁鵲之方。」然則古人所用藥，卽在扁鵲方中，是亦一證。曰周末時書，乃有後漢郡縣何也？應之曰此乃後人所羼改，陶弘景、顔之推言之詳矣。古人於前代之著作，隨時附益，苟有裨於學術，不以爲嫌。其書愈通行，誦習者多，則其羼改也愈甚。倉頡篇李斯所作，而有漢兼天下，見家訓書證篇。蓋閭里書師所羼也。九章算術，亦周時書，而有上林苑，則耿壽昌所羼也。見天文算法類本書條下。孫星衍序曰：「按薛綜注張衡賦，引本草經太一禹餘糧一名石腦，生山石，是古本無郡縣名。太平御覽引經上云生山谷，或川澤，下云生某山、某郡。明生山谷，本經文也，其下郡縣名，醫所益。今大觀本俱作黑字。或合其文云某山川谷，某郡川澤，恐傳寫之誤，古本不若此。」今按孫氏所引「太一禹餘糧」一條，見文選張平子南都賦注中，是李善注，非薛注。本篇又引本草經曰：「紫石英生太山之谷。」亦無郡縣名。又引本草經曰：「石流黄生東海牧陽山谷中。」則郡縣皆備，是李善所見之本草，亦有已經羼改者，未可竟稱爲古本也。孫氏之説亦未確。要之，郡縣名爲漢以後名醫所益，則固可信云。

如所稱久服輕身延年之類，率方士之説，不足盡信。大椿尊崇太過，亦一一究其所以然，殊爲附會。

案漢書藝文志醫經經方與房中神仙同在方技略，班固云：「方技者，皆生生之具，王官之一守也。太古有岐伯、俞拊，中世有扁鵲、秦和，蓋論病以及國，原診以知政。漢興，有倉公。今其技術晻昧，故論其書，以序方技爲四種。」其辭專就醫經醫方立言，并無一語及於房中神仙之術，而終之曰「故序方技爲四種」。然則方技以醫爲主，所謂王官之一守，亦指周禮天官醫師言之。而房中神仙，以其亦爲生生之具，皆統於醫，爲之附庸而已。故自後漢書以後，名醫如華佗之流，皆入方術，或方技傳。所謂方士者，方技之士也。醫家本是方技，則不必如文成五利之徒，始可名爲方士。昔者晉之葛洪、梁之陶弘景，並好神仙家言，然亦兼通醫藥，著爲方書。卽唐之孫思邈，專以醫學名家，亦留意養生，壽至百餘歲。蓋凡屬方術，理本相通，藥石可以卻病，亦卽所以延年。特醫家治之於已病之後，神仙家治之於未病之前耳。非必刀圭入口，白日升天也。此非專門名家加以研究，恐未易斷言。若謂本草所載輕身延年之説，出於方士，便不足信，則醫藥孰非方技，其書可廢矣。陶弘景序録曰：「道經仙方，服食斷穀，延年卻老，乃至飛丹轉石之奇，雲騰羽化之妙，莫不以藥道爲先。用藥之理，又壹同本草，但制御之途，小異世法。猶如粱肉主於濟命，華夷禽鳥，皆共仰資，其爲生理則同，其爲性靈則異耳。大略所用不多，遠至廿餘物，或單行數種，便致大益。是其深練歲積，卽本草所云久服之效，不如世人後覺便止，故能臻其所極，以致遐齡，豈但充體愈疾而已哉。」此其説雖不免神仙家言，然其解本草久服延年，亦不過謂臻其所極，可以致遐齡而已，未嘗言白日沖舉也。昔之以温泉菊并致上壽者，具見載籍，未可盡誣。大椿尊崇本草，一一究其所以然，自足以備一說，提要必辭而闢之，似非通方之論也。

醫家類存目總目卷一百五

瘡瘍經驗全書十三卷

舊本題宋竇漢卿撰。卷首署燕山竇漢卿，而申時行序乃稱「漢卿合肥人，以瘍醫行於宋慶曆祥符間，曾治太子疾愈，封爲太師，所著有竇太師全書。其裔孫夢麟亦工是術，因增訂付梓」云云。考宋史藝文志不載此書，僅有竇太師子午流注一卷，亦不詳竇爲何名，疑其說出於附會。且其中治驗，皆夢麟所自述，或卽夢麟私撰，託之乃祖也。國朝康熙丁酉，歙人洪瞻巖重刊，乃云得宋刻祕本校之，殆亦虛詞。

嘉錫案：讀書敏求記卷三醫家類有竇太師注標幽賦一卷，今人章鈺校證云：「鈺案竇默字漢卿，肥鄉人，金末以醫自給，入元官至昭文館大學士，卒贈太師，謚文正，見元史錢補元志因著録是書，絳雲目作金太師，殊誤。又案四庫存目有瘡瘍經驗全書十三卷，提要云舊本題宋竇漢卿撰，卷首署燕山，而申時行序乃稱爲合肥人，以瘡醫行於宋慶曆祥符間，提要糾之，而未舉元史爲證，且言宋志有竇太師子午流注一卷，今檢宋志並無此書，館臣以誤滋誤，至爲可異！又愛日志有影寫元刊本鍼灸四書，内鍼經指南一卷，題金竇傑字漢卿撰，有其子桂芳至大辛亥序云南北有二漢卿，姓同字同，爲醫亦同，北之漢卿官至太師，南之漢卿，隱居濟世云云。一竇漢卿，爲宋、爲金、爲元，離奇至此，洵屬異聞。似當以見元史者爲有據。」余考元史本傳云：「竇默字子聲，初名傑，字漢卿，廣平肥鄉人。醫者王翁妻以女，使業醫，轉客蔡州，遇名醫李浩，授以銅人針法。」元蘇天爵名臣事略卷八引墓誌云：「河南既下，公北歸，至大名，尋返鄉里，以經術教授邑人。病者來謁，無分貧富貴賤，視之如一。鍼石所加，應手良已，道譽益著。」鮮于樞困學齋雜録云：「中朝名士有以木菴陪飯、竇太師陪鍼，王狀元陪口，作三陪圖。」是默平生固精於醫，而尤於鍼法獨得真傳。鍼經指南序末題歲在壬辰，乃金哀宗天興元年，其時蓋尚未改名，故題爲金竇傑也。默雖以醫術知名，然其後究心伊洛性理之書，與姚樞、許衡朝暮講習，見本傳卒以理學名儒，致位通顯，其醫術乃轉爲盛名所掩。默又自改其名字，於是後人不知著醫書之竇漢卿，卽是竇默，又訛肥鄉人爲合肥人。以訛傳訛，遂有竇夢麟者，殆鄉曲間粗習歌括之庸醫，習聞前朝醫家中有合肥竇漢卿者，號爲竇太師，遥遥華胄，可依附以取名，乃冒爲其後裔，取其書刻之，附入己之治驗，以邀聲價。申時行又據俚俗傳聞，爲之作序以實之，離奇荒誕，令人如墜五里霧中，而作提要者，亦遂不知竇漢卿爲何如人矣。據愛日精廬藏書志卷二十二子午流注三卷，乃金閻明廣所撰，與竇傑之鍼經指南，同在竇桂芳所編鍼灸四書之内，不知提要何以稱爲竇太師子午流注，又謬謂爲著録於宋史藝文志也？桂芳序云：「余先君漢卿公，以鍼與艾見重於士大夫，余挾父術遊江淮，得遇至人，授以鍼法。且以子午流注、鍼經、竇漢卿鍼經指南三書見遺，喜其姓字醫術，與先君同也，因是作而言曰南北有二漢卿」云云。夫姓字相同，固亦事所常有，觀其明言鍼經指南爲北之竇漢卿所作，未嘗有冒竊之意，與竇夢麟者異矣。章氏并疑之，非也。黄虞稷千頃堂書目卷十四有竇漢卿竇太師原誤作史瘡瘍經驗全書十二卷，此據拜經樓傳鈔抱經堂校本，今張氏適園叢書刻本無此條。盧文弨校云：「此條，黄志謂黄虞稷明史藝文志稾在元人中。」是黄氏固知其爲元人。錢大昕元史藝文志卷三有竇默銅人鍼經密語一卷、疑即鍼經指南。標幽賦二卷、指迷賦、不著卷數。瘡瘍經驗全書十二卷，是錢氏固知其爲竇默也。考元史本傳載世祖謂近臣曰：「曩言王文統不可用者，惟竇漢卿一人。又曰如竇漢卿之心、姚公茂姚樞字之才，合而爲一，斯可謂全人矣。」元名臣事略引墓誌云：「上嘗謂侍臣曰朕訪求賢士幾三十年，惟得李狀元、竇漢卿二人。」元祕書監志卷五云：「奉聖旨，王贊善并他父祖根依著姚公茂、竇漢卿體例，與封贈者。」又云：「世祖皇帝教竇太師等秀才每，於尚書裏揀出來的帝王治天下緊要的文書。」是默雖改字子聲，而仍以舊字顯，且元世祖已呼爲竇太師，則此數書之稱燕山竇漢卿，稱竇太師，正可決其爲默作，未可以妄庸人有所傅會，遂并疑其本書也。

天文算法類一 總目卷一百六

原本革象新書五卷

不著撰人名氏，宋濂作序稱趙緣督先生所著，先生鄱陽人，隱遯自晦，不知其名若字。或曰名敬字子恭，或曰友欽，弗能詳也。王褘嘗刊定其書，序稱名友某，字子公，其先於宋有屬籍。考宋史宗室世系表漢王房十二世，以友字聯名，書中稱歲策加減法，自至元辛巳行之至今，其人當在郭守敬後，時代亦合。然語出傳聞，未能確定。都卬三餘贅筆稱嘗見一雜書云先生名友欽，字敬夫，饒之德興人，其名敬字子恭及字子公者，皆非。亦不言其何所本，惟其爲趙姓，則灼然無疑也。

嘉錫案：四庫簡明目録卷十一云：「原本革象新書五卷，元趙友欽撰。舊題趙緣督者，其號也。」總目卷一百四十七道家類存目諸真元奥集成提要云：「第八卷爲趙友欽仙佛同源，友欽即趙緣督，嘗作革象新書者。」是皆以著此書之趙緣督爲趙友欽，與此篇提要不敢確定其名字者不同。蓋館臣分修，不出一人之手，故其説參差如此。黄虞稷千頃堂書目卷十三天文類有元趙友欽革象新書二卷，注云：「字緣督，德興人。一云名敬，字子恭，本宋宗室，遇異人石得之，傳其術。嘗往來衢婺山水間，死葬於衢。龍游人朱暉德明傳其書於世。」又卷十六道家類有趙友欽緣督子仙佛同源論一卷，又金丹正理，又盟天録，均不著卷數。錢大昕補元史藝文志於革象新書作五卷，仙佛同源作十卷，均題趙友欽，是皆以此兩書爲一人所作，與諸真元奥集成之提要合。考宋濂所作革象新書序云：「先生宋宗室之子，習天官遁甲鈐式諸書，欲以事功自奮。一日坐芝山酒肆中。逢丈夫，修眉方瞳，索酒酣飲，出囊中之書七返丹書遺之。先生問其姓名，曰我扶風石得之也。得之，蓋世傳杏林仙人云。先生自是往來海上，獨居十年，注周易數萬言，復卽棄去，往來衢婺山水間。人不見其有所齎，旅中之費，未嘗有乏絶，竟不知爲何術。倦游而休，泊然坐亡，遂葬于衢之龍游雞鳴山原。有朱暉德明者，龍游人也，得其星曆之學，因獲受是書。暉既没，其門人同里章濬，正其舛誤，今文梓而來，徵濂爲之序。」此卽千頃堂書目所本。據其所言，則友欽乃道士之通術數者，宜其於革象新書之外，又作仙佛同源及金丹正理也。陳銘珪長春道教源流此書署名陳教友，卽銘珪入道後改名也。卷六引續文獻通考明王圻著云：「趙友欽字緣督，饒郡人。幼遭劫火，早有山林之趣，凡天文經緯地理術數，莫不精通。及得紫瓊紫瓊乃其師張模之號，見後。授以金丹大道，乃搜羣書經傳作三教一家之文，名曰仙佛同源，又作金丹問難等書行世。後寓衡陽，以金丹妙道授上陽子。」又卷四引元陳致虛金丹大要云：「黃房公陳氏云祖庭内傳作宋德方字廣道，不知致虛何以未見，至稱之爲黃房公。得丹陽金丹之道，按馬鈺號丹陽子，爲全真教祖重陽子王嘉四大弟子之一。授之太虛真人李珏，珏授之紫瓊真人張模，模授之緣督真人趙友欽。友欽於己巳秋寓衡陽，以金丹妙道授上陽子。」陳氏云己巳元明宗天曆二年，上陽子，致虛號也。據其所引，與作革象新書者，名字、里籍、時代、以及平生所學，無一不合。惟事蹟與宋濂序所言，微有出入。蓋方外之流，踪跡詭祕，故傳聞異辭。銘珪不言所著有革象新書，則因銘珪著書之旨，惟在張皇彼教，故不能博考也。王圻、黃虞稷并云友欽字緣督。按道家例有自號，陳致虛稱爲緣督真人，宋濂亦云「世因其自號，稱之爲緣督先生」。則緣督是號非字，當以都卬言字敬夫者爲是。提要雜引宋濂、王禕、都卬之説，竟不能定作者之名字。今詳考羣書，知其爲趙友欽，可無復疑矣。其書自王禕删潤之後，世所行者皆禕本，趙氏原本遂佚。惟永樂大典所載，與禕本參校，互有異同。知姚廣孝編纂之時，所據猶爲舊帙。

案養新録卷十四云：「趙緣督先生革象新書，元槧本，門人三衢章濬纂輯，不分卷。每葉二十六行，行二十六字。明初義烏王禕有删本，其篇目前後，與此互異。王序謂其有推步立成諸篇，皆載占驗之術，今檢此本初無之，豈王所見別爲一本耶？」是此書元刻，猶有傳本，修提要時，偶未見耳。考宋濂序云：「有朱暉德明者，久從先生游，得其星曆之學，因獲受是書，而暉亦以占天名家。」則當時其徒實用是書以占驗，似當有推步立成諸篇，然細審王禕序云：「其學長於律法算數，而天官星家之術尤精，讀其書可見也。其書有推步立成等篇，皆載占驗之例，而革象者，測天地日月五星四時之故，曆象之制俱在焉。」先言有推步立成等篇，而後言革象，味其語氣，又似推步立成等，乃別爲一書，出於革象新書之外者，疑不能明也。

天文算法類二 總目卷一百七

孫子算經三卷 不著撰人

案隋書經籍志有孫子算經二卷，不著其名，亦不著其時代。唐書藝文志稱李淳風注甄鸞孫子算經三卷，於孫子上冠以甄鸞，蓋如淳風之注周髀算經，因鸞所注，更加辨論也。唐之選舉，算學孫子、五曹，共限一歲習肄，於後來諸算術中，特爲近古，第不知孫子何許人。朱彝尊曝書亭集五曹算經跋云：「相傳其法出於孫武，然孫子别有算經，考古者存其說可爾。」又有孫子算經跋云：「首言度量所起，合乎兵法，地生度，度生量，量生數之文；次言乘除之法，設爲之數。十三篇中所云廓地、分利、委積、遠輸、貴賤、兵役、分數，比之九章方田、粟米、差分、商功、均輸、盈不足之目，往往相符，而要在得算多，多算勝，以是知此編非僞託也」

云云，合二跋觀之，彝尊之意，蓋以爲確出於孫武。今考書内設問有云長安洛陽相去九百里，又云佛書二十九章，章六十三字，則後漢明帝以後人語，孫武春秋末人，安有是語乎？

嘉錫案：朱彝尊跋五曹算經，所謂相傳其法出於孫武者，語見宋中興館閣書目，詳見後五曹算經條下。雖未必然，要之其說當有所本，彝尊頗不甚信之。至於孫子算經，則自隋志以至宋人官私書目，未有言其爲何人所作者，而彝尊以爲卽作十三篇之孫武，不過以書名孫子，意度之耳。唐時選舉之制，算學孫子、五曹，共限一歲，以九章、海島共限三歲之例推之，則此二書或係一人所作，說詳五曹算經條下。然無以見其人之必爲孫武也。阮元疇人傳卷一孫子傳論曰：「朱竹垞以孫子算經爲孫武作，戴東原以書中有長安洛陽相去及佛書二十九章語，斷爲漢明帝以後人，此所引戴氏說，卽謂提要此篇。余考韋曜博奕論枯棊三百注引邯鄲淳蓺經，謂棊局十七道，而孫子乃云棊局十九道，則其人當更在漢以後矣。然術數之書，類多附益，如卷末推孕婦所生男女，鄙陋荒誕，必非孫子正文。或恐傳習孫子者，展轉增加，失其本真。今但題作孫子，不稱孫武，而附於周末，以志闕疑。」今人吴承仕絸齋讀書記見國學叢編第六册云：「孫子算經，舊說以爲孫武，詳其文義，實爲先秦舊書，而後人頗有增益，不獨長安洛陽佛書章句云爾也。其說度之所起云五十尺爲一端，四十尺爲一疋。尋古制布帛二丈爲端，兩端爲疋，疋四十尺。唐制調法，布五丈而當匹絹，故布五丈爲端。即令作者爲漢明以後人，猶不得爲此言也。經又云棋局一十九道，此下所考與疇人傳同，今略去。亦晉宋以後人語，蓋甄鸞、李淳風之流，或就時制爲說，後遂誤改經文，不得以此疑其晚出也。」又云：「經說度量皆積小以成大，就令五十尺爲端，自宜端在匹後。夏侯陽算經引田曹云四丈爲一疋，五丈爲一端，案此亦必唐人所校改。是也。以是知算經五十尺爲端，本自作二十尺，唐人誤改爲五耳。」二家之說，頗足補提要所未備。然朱彝尊以孫子爲即作兵法之孫武，其說本無所據。阮氏因此附之周末，吳氏以爲先秦舊書，愚未敢深信。要之，其爲六朝以前人著作，固無可疑，至其中不免爲後人所竄改附益，則古書類然，無足深訝也。

五曹算經五卷不著撰人

案隋書經籍志有九章六曹算經一卷，而無五曹之目，其六曹篇題亦不傳。唐書藝文志始有甄鸞五曹算經五卷、韓延五曹算經五卷、李淳風注五曹孫子等算經二十卷、魯靖新集五曹時要術三卷。甄韓二家，皆注是書者也。其作者則不知爲誰。朱彝尊曝書亭集有五曹算經跋云「相傳其法出於孫武」。然彝尊第曰相傳，無所引證，益不足據。觀唐書選舉志稱孫子、五曹共限一歲，既曰共限，則五曹不出孫子明矣。考夏侯陽算經引田曹、倉曹者二，引金曹者一，而此書皆無其文。然此書首尾完具，脈絡通貫，不似有所亡佚。疑隋志之九章六曹，其目亦同。陽所引田曹、倉曹、金曹等名，乃別爲一書，而非此書之文，故不敢據以補入，以溷其真焉。

嘉錫案：玉海卷四十四引中興書目云：「五曹算經五卷，或云五曹法，出於孫武。」朱氏所謂相傳出於孫武者，蓋本於此，初非無稽之談也。夫所謂孫子者，是否卽爲孫武，孫子、五曹是否出於一人，誠無顯據，未敢斷言。第提要據唐書選舉志以證五曹必非孫子所作，則殊不然。選舉志云：「凡算學，孫子、五曹，共限一歲；九章、海島，共三歲；張丘建、夏侯陽各一歲；周髀、五經算各一歲；綴術四歲，緝古三歲。」他算書皆言各若干歲，惟九章、海島、孫子、五曹言共限。考九章算術爲魏劉徽注，海島算經亦徽所作，本附九章之後。唐制限令共習，蓋以二書本出一人，互相表裏，故令共習，以期貫徹。孫子、五曹，亦同斯例。推此而言，適足證五曹與孫子爲一人所作，不能因其共限，反謂必不出於孫子也。畢以珣孫子敍録云：「中興書目云或云五曹算經出於孫武，按此所説是也。五曹者，一爲田曹，地利爲先也。既有田疇，必資人力，故次兵曹。衆必用食飲，次集曹。衆既會集，必務儲蓄，次倉曹。倉廩貨幣相交質，次金曹。按以上皆中興書目之説，見玉海。而其意則以兵爲要，田疇食幣，皆爲兵用也。又按夏侯陽算經曰田曹云度之所起，起於忽。倉曹云量之所起，起於粟。以孫子算經之文，而謂之五曹，按夏侯陽所引田曹、倉曹之文，見孫子算經卷一，提要於孫子算經條下亦云夏侯陽引田曹、倉曹，亦如本書。則固知其爲一人之書也。書目之言，信有徵矣。」畢氏深信五曹、孫子同出孫武，余未敢斷其必然。然其説證五曹、孫子爲一人之書，固自有理，故并録之。

五經算術二卷

北周甄鸞撰，唐李淳風注。鸞精於步算，嘗釋周髀等算經，不聞其有是書，而隋書經籍志有五經算術一卷、五經算術録遺一卷，皆不著撰人姓名。唐藝文志則有李淳風注五經算術二卷，亦不言其書爲誰所撰。今考是書舉尚書、孝經、詩、易、論語、三禮、春秋之待算方明者列之，而推算之術，悉加「甄鸞案」三字於上，則是書當卽鸞所撰。

嘉錫案：隋志作五經算術録遺一卷、五經算術一卷。提要引之，而易其先後之序，蓋以爲録遺者所以補此書之遺，故宜在後。然録遺之書既不傳，恐其名書，别有所謂，未必果是補遺也。五經算術，舊唐志不著録，宋志有李淳風注王孝通五經算法一卷。孝通乃唐武德時人，安得北周之甄鸞先注其書？其誤不辨自明。通志藝文畧算術類云：「五經算術一卷，甄鸞撰。又二卷，李淳風撰。」玉海卷四十四引書目謂中興館閣書目云：「五經算術二卷，漢甄鸞注，此蓋因其自題漢中郡守前司隸，遂誤以爲漢人。唐李淳風等注釋。」然則此書一卷者，甄鸞所注，隋志著録者是也。李淳風就甄鸞書更加注釋，析爲二卷，新唐志所著録者是也。

諸書或題爲甄鸞注，或題爲甄鸞撰。古人於此，本無定例。要之，其書之爲甄鸞所作，宋人已有明文，蓋舊本相傳如此，提要不引通志及玉海，亦其疏也。

是書世無傳本，惟散見於永樂大典中，雖割裂失次，尚屬完書。據淳風注，於尚書推定閏條，自言其解釋之例，則知造端於此。又如論語千乘之國、周官蓋弓宇曲，並用開方之術，詳於前而略於後。循其義例，以各經之敍推之，其舊第尚可以考見，謹依唐藝文志所載之數，釐爲上下二卷。

案今聚珍版本微波榭本五經算術，卽四庫館輯本也。其編次之序，首尚書、附孝經。次毛詩、次周易、次論語、次周官、次儀禮、次禮記、次春秋。提要所謂循其義例，以各經之敍推之也。其所以首尚書，則以淳風注於定閏法條，發凡起例，故知其必造端於此。然考書中詩二條，周易一條，淳風皆無注。若依七畧以來相傳之舊，以易、書、詩爲序，則尚書定閏法爲第二條，固仍不害其爲發凡起例，何以知其必造端於尚書乎，且何以知周易當在毛詩之後也？玉海引中興書目云：「五經算術二卷，漢甄鸞注，唐李淳風等注釋，引五經之説，如詩毛鄭數，書定閏法，月令黄鍾律管法，禮求地中法，易策數法之類，故名。」其所言次序，與今本迥異，恐四庫館之所編，未必果得其舊第也。

數學九章十八卷

宋秦九韶撰。九韶始末未詳，惟據原序，自稱其籍曰魯郡，然序題淳祐七年，魯郡已久入於元，九韶蓋署其祖貫，未詳實爲何許人也。

喜錫案：錢大昕養新録卷十四云：「秦九韶數學九章十九卷，有淳祐七年九月自序，考直齋書録有數術大略九卷，魯郡秦九韶道古撰，前二卷大衍天時二類，於治曆測天爲詳。案見直齋書録卷十二曆象類。癸辛雜識又作數學大略，蓋卽此書而異其名耳。直齋所録崇天、紀元二曆云近得之蜀人秦九韶道古，然則九韶先世蓋魯人而家於蜀者也。李梅亭集有回秦縣尉九韶謝差校正啓云：『善繼人志，當爲黄素之校讐；肎從吾游，小試丹鉛之點勘。』案見梅亭四六標準卷三十六。秦少游元祐中嘗校對黄本書籍，九韶豈其苗裔耶？李梅亭嘗爲成都漕，九韶差校正，當在其時，其任何縣尉，則無可考矣。嘉熙以後，蜀土陷没，寄居東南，故得與直齋往還也。予又考景定建康志得二事：其一，通判題名，有秦九韶淳熙四年八月以通直郎到任，十一月丁母憂，解官離任。案見志卷二十四。其一，制幕題名，寶祐間九韶爲沿江制置司參議官。案見志卷二十五。又癸辛雜識稱九韶秦鳳間人，與吳履齋交尤稔，嘗知瓊州，數月罷歸，晚竄梅州以卒。案見雜識續集卷下。合此數書觀之，九韶生平仕宦蹤跡，略可見矣。」錢氏所考，洵足以補提要之闕。惟疑九韶爲秦少游之苗裔，則殊不然。少游乃揚州高郵人，子孫不應北遷魯郡，且少游卒於元符三年，見秦瀛少游年譜及錢氏疑年録。下距南渡初，不過二十餘年，縱其子孫嘗僑魯，亦爲時甚暫，不應便以魯郡爲本貫。李梅亭劉所謂黃素校讐，蓋指九韶之父言之也。考涪州石魚題名有云：「寶慶二年正月郡守李□公玉新、潼川守秦季槱宏父、季槱之子九韶道古同來遊。」見八瓊室金石補正卷八十三。南宋館閣續録云：「秦季槱，字宏父，普州安岳人，紹熙四年陳亮榜同進士出身，治春秋。嘉定十七年九月除祕書少監，寶慶元年正月兼國史院編修官，實録院檢討官，六月除直顯謨閣，知潼川府。」見卷七、卷九。然則梅亭之言，正以季槱曾官祕監，故望九韶能繼父之志，校讐中祕書耳。梅亭啓又云：「卿自用卿法，在良弓之子，必善爲裘。人患爲人師，然他山之石，可以攻玉。」與善繼人志一聯，用意相同，皆上言其能讀父書，下言從己受業。然則校讐黃素云者，非用少游之事亦明矣。宋祕閣有黃本白本書，不必秦少游始得校讐也。錢氏所引癸辛雜識甚略，無以見九韶之爲人，今補録之於此，而以他書證明之。雜識云：「秦九韶字道古，秦鳳間人。案九韶爲普州安岳人，此云秦鳳間人者誤。年十八，在鄉里爲義兵首，豪宕不羈。嘗隨其父守郡，父方宴客，忽有彈丸出父後，衆賓駭愕。頃加物色，乃九韶與一妓狎，時亦抵筵，此彈之所以來也。言九韶見所狎之妓，亦在筵中，以爲奪其所愛，憤而放彈，幾中其父也。劉克莊謂其不孝，殆指此類事言之。既出東南，多交豪富，性極機巧，星象、音律、算術、以至營造等事，無不精究。邇嘗從李梅亭學駢儷詩詞，遊戲、毬馬、弓劍，莫不能知。性喜奢好大，嗜進謀身，或以曆學薦於朝，得對。有奏藁及所述數學大略，數字，學津本誤作教。與吳履齋案吳潛號。交尤稔。吳有地在湖州西門外，地名曾上，正當苕水所經，入城面勢浩蕩，乃以術攫取之，遂建堂其上，極其宏敞。後爲列屋，以處秀姬管弦，製樂度曲，皆極精妙。用度無算，將持鉢於諸大閫，會其所養兄之子，與所生親子妾通，事泄，卽幽其妾，絶其飲食而死。又使一隸，偕此子以行，授以毒藥及一劍，曰導之無人之境，先使仰藥；不可，則令自裁；又不可，則擠之於水中。其隸僞許，而送之所生兄之寓鄂渚者，歸告事畢。已而寖聞其實，隸懼而逃，秦並購之。於是罄其所蓄以行，且求其子及隸，將甘心焉。語人曰我且賫十萬錢如揚，惟秋壑所以處我。既至，賈爲宛轉得瓊州，行未至，怒迓者之不如期，取馭卒戮之。至郡數月罷歸，所攜甚富。己未透渡，秦喜色洋洋，然既未有省者，則又曰生活皆爲人攬了也。案謂開慶元年元兵渡江，時九韶自負材武知兵，以爲必爲朝廷所用，故色喜。既不爲人所省，則自訴其地位爲人所奪。時吳履齋在鄞，亟往投之。吳時將入相，使之先行，曰當思所處。秦復追隨之，吳旋得謫，賈當國，徐摭秦事竄之梅州。在梅治政不輟，竟殂於梅。秦亡後，其養子復歸。與其弟共處焉。余嘗聞楊守齋案守齋名纘，號紫霞翁，與周密友善，詳見密所著浩然齋雅談卷下。云往守霅川日，秦方家居，有僕，加以盜名，解之郡中，欲黥之。楊以爲罪不至此，遂從杖罪斷遣，秦大不平，然匿怨相交。至替滿，往別之，遂延入曲室，薦湯一盃，皆如墨色。楊恐甚，不飲而歸。蓋秦向在廣中，多蓄毒藥，如有不喜者，必遭其毒手，其險可知也。」自注陳聖觀云。焦循天元一釋卷下云：「秦九韶爲周密所醜詆，至於不堪，而其書亦晦而復顯。案謂秦之數學九章幾至亡佚，四庫館始自永樂大典輯出。密以塡詞小說之才，實學非其所知，卽所稱與吳履齋交尤稔，爲賈相竄于梅州，力政不輟，則秦之爲人，亦瑰奇有用之才也。密又述楊守齋之言，稱斷事不平，薦湯如墨，恐遭其毒手，此亦影響之言。又言以劍命隸殺所養子，又言聞透渡而色喜，案此未解周密之意，誤以密言其色喜爲幸宋之亡。密自標聞于陳聖觀，又惡知聖觀之非謗耶？乃九韶之履歷，頗賴此以傳，則謗之正所以著之耳。」陸心源儀顧堂題跋卷八原本數書九章跋曰：「周密癸辛雜識敘其事甚詳，毁之者亦甚至。焦里堂力辨其誣，愚謂九韶既爲履齋所重，爲似道所惡，必非無恥之徒。能于舉世不談算法之時，講求絕學，不可謂非豪傑之士。密以詞曲賞鑒遊賈似道之門，乃姜特立、廖瑩中、史達祖一流人物，其所著書謗正人，而于侂胄、似道多恕詞，是非顛倒可知。」余謂古人著書，因傳聞之誤，往往失實，甚至有意造謗，誣衊正人者，亦復有之。後人讀書稽古，考論是非，固當爲之辨正。然辨正之道，須鉤稽史乘，確有實據，將其牴牾剌謬之處，一一指出，如老吏之斷獄，方足以成信讞。即或書闕有間，證據不足，則考其人之道德功業，即事以論其心，斷其必不至此，如孟子之論百里奚，亦足以決嫌疑而明是非。若皆不然，而徒以空言辯論，非所謂實事求是也。今焦氏、陸氏欲爲九韶辯冤，而所據除癸辛雜識外，别無他書，既無以證密言之不實，又不能知九韶之究爲何等人，則其所辯，皆空言也。周密著書，抑揚其詞，於正人微致不滿。如朱唐交奏始末、見齊東野語卷十七。台妓嚴蕊見野語卷二十，余已辨正於類書類帝王經世圖譜條下諸條者，固亦有之。蓋誤於聽聞之不審，亦或激於意見之偏。以理宗及賈似道均尊崇理學，而當時諸儒多迂謬不解事，故密不喜道學。然記其所見之世，則是非頗不失實，雖嘗爲賈似道之客，而齊東野語中景定行公田、景定彗星二條，卷十七敍其誤國之罪甚詳，并備載一時士大夫之譏論，與夫人民愁苦之狀。其辭感激憤鬱，至今讀之，猶使人太息不已。餘若長生酒、卷十八賈氏前兆、明堂不乘輅、賈氏園池卷十九以及癸辛雜識中之賈母飾終、前集三學之横、饋送壽物、後集魯港風禍續集卷下諸條，凡紀似道之事，無不曲致其譏笑。成均浴堂條，别集上雖無所譏，亦見似道之權詐。襄陽始末、機速房二條，别集下所謂直書其事，而義自見。惟賈相制外戚抑北司戢學校一條，後集亟稱其才不可及。然其開端卽曰「似道誤國之罪，上通于天，不可悉數」。此豈感恩頌德之語耶？若簿録權臣條，後集謂韓侂胄賈似道家，雖有違禁之物，不得借此指爲叛逆，則平情之論也。陸氏豈卽指此爲恕詞耶？密固不知實學，然知實學者，何遽便是正人。以余考之，宋人之書稱九韶爲正人者，絶未之見，而敍其凶暴之跡，足以與周密之言相證明者，乃頗有之。劉克莊後村大全集卷八十一掖垣駁繳門有繳秦九韶知臨江軍奏狀云：「九韶除目初下，已爲臺臣所劾罷郡，臣等若可以已訪外議，皆謂罰未當罪，原本罰上衍罪字，今删去。蓋其人不孝不義不仁不廉之事，具載丹書，臣等不復縷數。姑以後省舊牘考之，去秋有江東議幕之除，首遭駁論。江東議幕，即沿江製置司參議官。克莊此奏，蓋上於景定元年。此所稱去秋，當是開慶元年。而景定建康志載九韶寶祐間爲參議，彼此不合。或九韶嘗兩除此官，其再任因被奏駁不行，故志不載耳。其冬又除農丞，前去平江措置米餫，後省再駁，其命遂寢。奉祠猶未一年，以郡起家，若使真有材能，固不可以一眚廢。今通國皆謂其人暴如虎狼，毒如蛇蝎，奮爪牙以搏噬，原誤作筮鼓唇吻以中傷，非復人類。方其未出蜀也，潰卒之變，前帥原誤作師藏匿某所，九韶指示其處，使凶徒得以甘心，人死我活，有愧戴履。倅蘄原誤作斬安作，幾激軍變；守和販鹺，抑賣於民。寓居霅之關外，凡側近漁業之舟，每日抑令出錢有差，出原作之，差原作羌皆誤。否則生事誣陷，大爲閭里患苦。原誤作若李曾伯帥廣，委攝瓊管，則九韶至瓊僅百許日，郡人莫不厭其貪暴，作卒哭歌以快其去。其見於鄉行，見於官業如此。親莫親於父子，九韶有子得罪於父，知九韶欲殺之也，逃生甚密。九韶百計搜求，折其兩脛，其見於家行者原作其見家於行者，文義不可通。見於家行，與上文見於鄉行爲對。又如此，而不自循省，不知斂退，得郡未厭，方且移書修門，雅意本朝。言其意不願出守外郡，欲留爲朝官。其所以譸張無忌憚至此者，以其所居密邇行都，小舟易服，鑽刺窺□，疑當作伺無所不用其智巧。後省雖曾駁論，而去歲兩疏，反成薦書，彼將何所懲創，而不覆出爲惡乎？臣等欲望聖斷，將九韶更加鐫黜，屏之遠郡，以懲凶頑，以快公論，不勝幸甚！」克莊所言九韶罪惡，有爲癸辛雜識所不載者，今無以知其詳。宋史卷四十寧宗紀云：「嘉定十二年三月乙亥，興元軍士權興等作亂，犯巴州，守臣秦季槱棄城去。」克莊所謂潰卒之變，疑即指此事。周密言九韶嘗隨其父守郡，蓋從季槱在巴州，故得指示潰卒以前帥匿處也。其權知瓊州，密謂賈似道爲之宛轉得之，而克莊以爲李曾伯所委。今考曾伯可齋續稾後卷六回宣諭兵糧奏曰：「臣所準聖諭秦九韶者，臣本與之素昧，今年正月初，忽至長沙，持淮閫書相囑，令位置之。臣是時即諭以此行入廣恐無可相處，即送之以禮。九韶乃欲索回淮閫之書，謂數千里挈家而來，不可徒還。臣重於違淮閫之意，卻之而去，慮其以語言相謀，實亦能深知其人也。未幾，徑來廣中，適瓊筦闕守，應飛亦加從臾，廣西經略印應飛也。遂令暫權，所以未敢奏申乞與爲真，亦疑之也。今恭奉聖旨，臣卽已作書，且喚之回幕。目前擇守，亦難其人，只得輟幕中之士令參議官陳夢炎俾往權管，旦夕卽便起發。俟九韶到此，臣當厚遺以遣其出廣，如夢炎儒雅而曉暢，必能保海濱之相安。」案宋史理宗紀卷四十四云：「寶祐五年丁未十二月，李曾伯依舊資政殿學士、湖南安撫使兼廣南制置使，移司靜州。」即靜江府此奏所謂今年正月者，寶祐六年，戊午淮閫者，賈似道也。理宗紀淳祐十年三月以賈似道爲兩淮制置大使、淮東安撫使，九月兼淮西安撫使。寶祐六年十一月，以似道爲樞密使，兩淮宣撫使。九韶之攝瓊管，雖曾伯所委，而實似道之所薦，周密與劉克莊所言皆是也。克莊不涉及薦主者，爲似道諱也。觀曾伯之言九韶挾權臣之力，脅制閫帥，以求差遣，聲勢洶洶，不得不止，真小人無賴之尤！曾伯懼得罪似道，遂黽勉順從，委權大郡。及奉特旨喚回，續稿後同卷回奏宣諭云：近因恭奉聖旨喚回權瓊州秦九韶。九韶免罪爲幸，而曾伯猶必厚加饋遺，以禮發遣。蓋始終慮其以語言相謀，則克莊謂九韶奮爪牙以搏噬，鼓唇吻以中傷者，真實録也。曾伯之奏，一則曰實亦能深知其人，再則曰未敢奏乞爲真，亦疑之也。是必理宗諭旨中已明言其人之不可用，帝非聰察之君，何能洞知邊郡之事，是又必因臣僚劾奏而然。其不直罪九韶者，蓋以曲全曾伯之顏面也。此時似道威權甚盛，見宋史似道傳。九韶方與似道相狼狽，而言者敢訟言攻之，至動當宁之聽，是其人固已得罪於公論。然則癸辛雜識所云云者，非周密一人之私言也。密謂九韶至瓊州，數月罷歸，所攜甚富。克莊謂其至瓊僅百許日，郡人莫不厭其貪暴。二人之言，不謀而合。則當時臣僚之劾奏，理宗之諭旨，必嘗歷指其貪暴之蹟，故曾伯乃喚之使歸。夫九韶本因用度無算，始謀持缽於諸大閫，而乃先捐十萬緡，賂似道以謀差遣，周密言九韶罄其所有以行，語人曰，我且齎十萬錢如揚州，惟秋壑所以處我。案十萬錢才一百貫耳，九韶所著，寧只於此，且亦何能入似道之眼孔，故知必十萬緡錢也。又挈家走數千里，遠適廣南，其意果何所求哉，非欲攫得郡符，即吸民之脂膏，以飽其谿壑耶？是其貪暴，固意中事也。焦氏、陸氏因九韶與吳履齋交尤稔，而爲賈似道所竄逐，遂意擬其人爲有用之才、豪傑之士，不知其先與似道相結爲姦利。才則才矣，適成其爲小人而已。吳潛雖賢，必不如司馬光、呂公著。光、公著尚不免爲邢恕所惑，潛所交游，豈必皆君子。黃震古今紀要逸編稱吳潛再相，所用無一善類，其言或不免稍過。然九韶之除司農丞，在潛再相之後，潛以開慶元年冬十月拜左丞相。九韶之非善類甚明，則震語不盡誣也。至其後卒爲似道所逐，蓋因惡潛而遷怒於九韶，正是小人利盡交疏，凶終隙末之常態耳。焦氏、陸氏讀周密書，斷章取義，不信九韶先嘗爲似道之黨，遂極口爲之辯冤，使其得見可齋續稾，不知將何辭以辯也。九韶殺子事，密與克莊所言小異，密得之傳聞，自不如克莊親見案牘者之審。焦氏又以密言爲謗，不知克莊謂九韶不孝不義不仁不廉之事，具載丹書，則九韶罪狀如此等事，蓋嘗置獄對簿，經法司判決者，非可得而意造也。克莊此奏，不具年月，然標爲掖垣駁繳。案林希逸所作克莊行狀，見後村大全集卷一百九十四。景定庚申元年賈似道還朝，原文稱師相魏公十一月克莊除兵部侍郎兼中書舍人，辛酉四月以病辭西掖，八月再兼中書，壬戌三年八月還里。周密言吳潛得謫，賈當國，徐摭秦事竄之梅州。案理宗紀景定元年四月吳潛罷，七月謫居建昌軍，十月竄吳潛于潮州。克莊於是年十一月始入西掖，其繳九韶除目，當即在此時。此奏爲克莊西掖駁繳之第一首。奏中請將九韶更加鐫黜，屏之遠郡，而九韶果竄梅州，則克莊之奏，蓋承似道意旨爲之也。其用心本不出於公，然所言九韶罪狀，有周密之書、李曾伯之集可以爲證，固非横肆誣衊也。以九韶之才之藝，講求絶學，有所發明，其著述足以自傳於後。惜不自顧藉，貪横無狀，予人以攻擊之端，雖愛之者無以爲之解免。世之有才而不護細行者，可以鑒矣。

宋代諸儒，尚虚談而薄實用，數雖聖門六藝之一，亦鄙之不言。九韶當宋末造，獨崛起而明絶學，其中如大衍類著卦發微，欲以新術改周易揲蓍之法，殊乖古義古曆。會稽題數既誤，且爲設問以明大衍之理，初不計前後多少之曆過，尤非實據。天時類綴術推星，本非方程法，而術曰方程，復於草中多設一數，以合方程行列，更爲牽合。所載皆平氣平朔，凡晷影長短，五星遲疾，皆設數加減，不過得其大概，較今之定氣定朔，用三角形推算者，亦爲未密。然自秦漢以來，成法相傳，未有言其立法之意者。惟此書大衍術中所載立天元一法，能舉立法之意而言之，其用雖僅一端，而以零數推總數，足以盡奇偶和較之變，至爲精妙。苟得其意而用之，凡諸法所不能得者，皆隨所用而無不通。後元郭守敬用之於弧矢，李冶用之於勾股方圓，歐羅巴新法，易其名曰借根方，用之於九章八線，其源實開之於九韶，亦可謂有功於算術者矣。

案錢大昕潛研堂文集卷三數學九章跋曰：「此書有立天元一法，與李冶測圓海鏡所衍立天元一法本不甚相同，且九韶自序末題淳祐七年九月，而李氏書成於戊申歲，相去不過一年。其時南北隔絶，撰述無緣流通，李氏自言本於洞淵，則非得於九韶矣。或云敬齋用九韶法，豈其然乎？」顧千里思適齋集卷十數書九章序曰：「大衍求一術，向以爲卽郭守敬曆源、李冶測圓海鏡之天元一法及歐羅巴借根方法。今案借根方之兩邊加減，雖與天元一之相消不同，而其術卽天元一法，無待論矣。若大衍術，實非天元一法，未可以其有立天元一語，遂以郭守敬及李冶所謂天元一者當之。潛研堂集亦言大衍數與李敬齋自言得自洞淵者有異，不信然乎。」焦循作天元一釋自序云：「天元一之名，不見於古籍，金元之間，李仁卿學士冶作測圓海鏡、益古演段兩書，以暢發其旨趣。宋末秦道古數學九章，亦有立天元一法，而術與李異，蓋各有所授也。」見本書卷上及雕菰樓叢書卷十六。其天元一釋卷下云：「或謂李冶之説天元一爲秦韶九之法，蓋以秦爲宋人，李爲元人，元宜在宋後也。循按元史冶以至元二年卒於家，年八十八，是爲宋度宗咸淳元年。上溯生年，爲金世宗大定十九年，當宋孝宗淳熙六年。冶卒後十六年，元世祖始并宋。又按周密癸辛雜識續集言九韶齎錢如揚，偏謁臺幕賈秋壑，宛轉得瓊州，至郡數月罷歸。又言吳履齋入相，秦追隨之，吴旋得謫，賈當國，徐摭秦事竄入梅州，竟殂于梅。焦氏所引雜識頗詳，余以原文已見前，故删節之如此。考賈鎮淮揚時，在理宗淳祐十年，當元憲宗時。履齋之謫，在景定初年，其殂梅之時，與治之卒相先後，年齒未必大于李，況李居河北，秦處浙西，同時異國，不得謂李演秦説也。治本傳，治登金進士第，自注云中州集李治中遹子治，字仁卿，正大七年收世科。辟知鈞州事。歲壬辰城潰，治北渡，流落忻崞間，聚書環堵。世祖在潛邸，聞其賢，召之。太宗紀四年攻鈞州克之。世祖紀歲甲辰帝在潛邸，思有爲于天下，延藩府舊臣，及四方文學之士，問以治道。辛亥憲宗卽位，盡屬以漠南漢地軍國庶事，遂南駐瓜忽都之地，是治以太宗四年北渡，其召見潛邸，則在憲宗辛亥以前。測圓海鏡自敍標戊申秋九月，去甲辰止五年，則此書蓋創始于流落忻崞時也。自注曰：自敍云，老大以來，得洞淵、九容之説，日夕玩繹，而嚮之病我者，使爆然落去而無遺餘。山中多暇，客有從余求其説者，于是又爲衍之，累一百七十問。本傳云治晚家元氏山，買田封龍山下，學徒益衆。按言山中多暇，則是買田聚徒之日。蓋甲辰召對後，即歸元氏山下，言客有求其説者，卽學徒益衆之一。乃敍稱病我者，使爆然落去，稱又爲衍之。可見先已有成稿，至元氏山中復理之耳。所云老大以來，蓋指忻崞聚書時事，壬辰已五十五，故稱老大。九韶數學九章敍標淳祐七年，是年歲次丁未，比戊申止前一年。治書之不本於秦亦明矣。郭守敬授時術，用天元一算勾股弧矢容圓。郭卒于仁宗三年，年八十六。上溯欒城敍書之年，相距七十載，邢臺時年十六歲，方治學洞淵、九容之説，蓋猶未生。邢臺之學，實欒城啓之，乃世祖至元十三年，召修授時術，而冶已前卒，故一代製作，遂首推邢臺，無復知有欒城矣。學者稱秦在李前，或敍郭于李上，均非實也。」三人之説，雖詳略不同，要皆爲駁提要此篇而發，故彙録之於此。至於九韶之所謂立天元一與李冶之術名同而用異，焦氏解説之甚詳，具載彼書，文繁不録。

測圓海鏡十二卷

元李冶撰。冶字鏡齋，欒城人，金末登進士，入元官翰林學士，事蹟具元史本傳。

嘉錫案：元史本傳云：「李冶字仁卿，著有敬齋文集。」元王惲秋澗集卷八十二中堂事記下載中統二年秋八月事云：「十一日辛丑徵君李冶授翰林學士。」自注云字仁卿，道號敬齋。提要乃作字鏡齋，與兩書皆不合，殆筆誤也。施國祁耕禮堂叢説云：「仁卿生於大定庚子，至正大庚寅登收世科，已五十有一歲，授高陵主簿，辟推鈞州。金亡，北渡講學、著書，祕演算術，獨能以道德文章確然自守，至老不衰。即其中統召拜後與翰林諸公書云云，其本意大可見，蓋在金則爲收科之後勁，在元則占改曆之先幾。生則與王滹南、李莊靖同爲一代遺民，没則與楊文獻、趙閑閑並列四賢祠祀。嗚呼！其學術如是，其操履又如是，何後人不察，呼冶爲治，乃與形雌意蕩之女道士李季蘭相溷，吁！可悲也。」光緒壬寅繆筱珊年丈以所收得仁和勞季言手鈔黄琴六本仁卿敬齋古今黈原書十二卷，乃明萬曆庚子武陵書室蔣德盛梓行者。又獲愛日精廬所藏明鈔本，即黃本所自出，據以刊入藕香零拾中，爲之跋曰：「施北研跋，以爲李治非李治，荃孫考元王惲中堂事記卷三徵君李治，授翰林學士，知制誥，同修國史。注李仁卿，欒城人，前進士。金少中大夫程震碑，欒城李治題額，石本作治，爲北研得兩佳證，可訂諸書傳寫之失。又案元遺山集寄庵碑：「先生子男三人，長曰澈，方山抽分窯冶官，次曰治，正大中收世科，徵仕郎，高陵主簿。次曰滋。」兒澈弟滋，皆從水側，則仁卿名治，無可疑者。屠寄蒙兀兒史記卷百有九目錄作百有十云：「李治字仁卿，本名治，後改今名。」余初以屠氏爲元史專家，以博學强記負盛名，積畢生之精力以修一書，其言當必有所據。既而考之，乃知其純出於想當然，實無所據也。何者？王惲所記，正其中統二年被召之時事，是時仁卿年已八十有二矣，尚未改名，然則究改於何時耶？聞古有變姓名以歸隱者，未聞有承興王之召命而改名者也。若謂改於中統二年以後，則凡人之改名，必有其故，仁卿究因何故耶？此不過因施國祁之説有理，不能不從，而又疑諸書之作李治者，未必盡屬傳寫之誤，故臆造此改名之事以調停之耳。至於繆氏所舉諸證，屠氏殆不知也。

益古演段三卷　元李治

其曰益古演段者，蓋當時某氏算書，原注云案治序但稱近世有某，是治已不知作者名氏。以方圓周徑冪積和較相求，定爲諸法，名益古集，冶以爲其藴猶匿而未發，因爲之移補條目，釐定圖式，演爲六十四題，以闡發奥義，故踵其原名。

嘉錫案：硯堅益古演段序云：「近代有移補方圓，自成一家，號益古集。」李冶自序云：「近世有某者，以方圓移補成編，號益古集。」均不言作益古集者爲何代人，提要謂爲當時某氏算書，是以爲李冶同時人也。考明程大位算法統宗卷十三云：「楊輝著續古摘奇算法，言古今算書元豐紹興淳熙以來刊刻者，有議古根原、益古算法。」阮元疇人傳卷二十二據以作楊輝傳論曰：「李冶益古演段序謂近代有某以方圓移補成編，號益古集，當即輝所謂益古算法也。」李鋭益古演段跋亦云：「是書所稱某氏益古集，今已亡佚，楊輝摘奇載元豐紹興淳熙以來刊刻算書，有益古算法一種，當即此書也。」今案楊輝所舉元豐紹興淳熙以來刊刻算書，凡十八種，而益古算法居第二種，則益古之付刻，或早在北宋元豐以後，遲亦不出紹興時，然則作者必北宋人也。提要以爲李冶同時之人，誤矣。又考元祖頤四元玉鑑後序云：「平陽蔣周撰益古，後人始知有天元也。」羅士琳據以作蔣周傳，補入續疇人傳卷四十七。然則益古集作者之姓名里貫，尚有可考，特修四庫全書時，未見四元玉鑑，故提要不能知爲何人耳。第益古之作，在紹興以前，時代甚明，而羅氏作蔣周傳，乃收入元代，且云「周當爲宋元時人」。是亦以李冶所謂近世爲必指同時之人，何其固也！羅氏又云：「李仁卿益古演段自序云近代當作世有某者，以方圓移補成編，號益古集，今元和李尚之秀才銳因見楊輝算法中有所謂益古算法，遂以某者指楊輝言也。」今案李銳益古演段跋中未嘗以益古爲楊輝作，引見前不知羅氏何所據而云然，其殆誤記耶？

天文算法類存目總目卷一百七

星經二卷

不著撰人名氏，晁公武讀書志載甘石星經一卷，注曰漢甘公石申撰，以日月五星三垣二十八舍恒星圖象次，舍有占訣，以候休咎。隋書經籍志石氏星簿經讚一卷、星經二卷，甘氏四七法一卷。是書卷數雖與隋志合，而多舉隋唐州名，必非秦漢間書也。所載星象，今亦殘闕不全，不足以備考驗。

嘉錫案：錢大昕養新録卷十四云：「今世俗傳甘石星經，不知何人僞撰，大約采晉隋二志成之，續漢書天文志注引星經五六百言，今本皆無之，是劉昭所見之星經，久失其傳矣。」此說可補提要所未及。

算法統宗十七卷

明程大位撰。大位字汝思，徽州人。珠算之名，始見甄鸞周髀注，則北齊已有之，然所說與今頗異。梅文鼎謂起於元末明初，不知宋人三珠戲語，已有算盤珠之説，則是法盛行於宋矣。此書專爲珠算而作，惟拙於屬文，詞多支蔓，未免榛楛勿翦之譏。

嘉錫案：提要所謂宋人三珠戲語，余嘗考之，竟不能得其出處，自慙譾陋。然考陶宗儀輟耕録卷二十九有井珠一條云：以井譬人娶妻。「凡納婢僕，初來時曰擂盤珠，言不撥自動；稍久曰算盤珠，言撥之則動；既久，則佛頂珠，言終日凝然，雖撥亦不動。此雖俗諺，實切事情。」此亦三珠戲語也。提要得毋誤記耶？若然，則陶宗儀正是元末明初人，非宋人也。

四庫提要辨證卷十三

子部四

術數類一 總目卷一百八

潛虚一卷宋司馬光附潛虚發微論一卷宋張敦實

宋司馬光撰。光有温公易説，已著録。是編乃擬太元而作，晁公武讀書志曰：「此書以五行爲本，五行相乘，爲二十五，兩之爲五十。首有氣體性名行變解七圖，然其辭有闕者，蓋未成也。其手寫草稾一通，今在子建姪房。」朱子跋張氏潛虚圖亦曰：「范仲彪炳文家多藏司馬文正公遺墨，嘗示予潛虚別本，則其所闕之文甚多。問之，云温公晚著此書，未竟而薨，故所傳止此。近見泉州所刻，乃無一字之闕，始復驚疑，讀至數行，乃釋然曰此贋本也。」其説與公武合。此本首尾完具，當卽朱子所謂泉州本，非光之舊。又公武言氣體性名行變解七圖，熊朋來則言潛虚有氣圖，其次體圖，其次性圖，其次名圖，其次行圖，其次命圖，其目凡六，而張氏或言八圖者，行圖中有變圖解圖也。是命圖爲後人所補，公武言五行相乘爲二十五，兩之爲五十，而今本實五十五行，是其中五行，亦後人所補，不止增其文句已也。吳師道禮部集有此書後序，稱初得潛虛全本，又得孫氏闕本，續又得許氏闕本，歸以參校，用朱子法，非其舊者，悉以朱圈別之，然其本今亦不傳。林希逸嘗作潛虛精語一卷，今尚載鬳齋十一稾中。凡所存者，皆闕本之語，而續者不載，尚可略見大概。然於闕本中亦不全取，究無以知某條爲贋本，蓋世無原書久矣，姑以源出於光而存之耳。

嘉錫案：朱子跋見晦菴文集卷八十一，題作書張氏所刻潛虛圖後，略云：「紹興己巳，洛人范仲彪炳文，避章傑之禍，自信安來客崇安，予得從之游。炳文親唐鑑公諸孫，嘗娶温國司馬氏，及諫議大夫按謂司馬康。無恙時爲子壻，多藏文正公遺墨，嘗示予以潛虛別本，則其所闕之文尚多。」以下見提要。此可見范仲彪本之來歷。晁公武言温公草稾在其姪子建家，而朱子所見潛虛別本，又得之仲彪家藏。公武與朱子正同時人，不應有二草稾。考朱子書後中有云：「是時又得温公易說於炳文，盡隨卦六二之半，而其後亦闕焉。炳文自言，其家使人就謄温公手摹，疑當作稾適至而輿此字疑誤亡之故，所存止此。」然則范氏所藏之潛虛，當亦是就手稾謄出，與易說同。所謂多藏文正公遺墨者，謂別有温公平生所作法書耳，非謂潛虛爲公真蹟也。書後又云：「近得泉州季思侍郎所刻，則首尾完具，遂無一字之闕。始復驚異，以爲世果有完書而疑炳文語或不可信，讀至剛行，遂釋然曰此贋本也。人問何以知之，予曰本書所有句皆協韻，如易象文按謂文言。象，玄首贊測，其今有而昔無者，行變尚協，而解獨不韻，此蓋不知也字處末，則上字爲韻之例爾。此人好作僞書，而尚不識其體製，固爲可笑，然亦幸其如此。不然，則幾何而不遂至於偪真也耶。」剛行者，潛虛以五十五行擬周易之六十四卦，剛行爲其第四卦名，以前元、裒、柔三行之解辭潛虛之變，猶周易之爻，解猶周易之象傳。皆協韻，至剛行之解忽不韻，故朱子知其爲贋本。提要及經義考卷二百七十引作讀至數行者，誤也。且其引朱子語皆僅至「此贋本也」句爲止，讀者將不能得其作僞之據，故爲補引之如此。書後又云：「問又考炳文之書，命圖之後，跋語之前，別有凡例二十六字，尤爲命圖之關紐。」則范仲彪本實有命圖，與晁公武所見僅有氣體性名行變解七圖者不合，未詳其故。提要遽據公武之言，謂命圖爲後人所補，以證朱子之所謂贋本，實非朱子意也。此書自朱子首發其僞，後人皆知非温公之完書，提要之考之也詳矣，然卒不能得作僞之主名。錢大昕潛研堂文集卷二十七跋潛虛云：「朱文公嘗見温公遺墨多闕文，而泉州刻無一字闕，疑爲贋本。予謂考亭不喜揚子雲，而温公是書全學太元，故有意抑之，非篤論也。」則又以爲非僞書，且疑朱子爲有心抑之。余考宋樓鑰攻媿集卷七十二跋張德深辨虛云：「余少時嘗得儀真所刊司馬氏潛虛，中多闕文，不能遽解。隆興改元，先光禄官奏邸，檢詳新安張公爲僚，同寓直舍，時在侍旁，日從之游。自言家有潛虛全書，亟借而傳之。檢詳又言虛之書未成而已傳，温公晚始以全書授范太史淳夫，遂傳於蜀。按張檢詳之言止此，以下爲樓氏語。後以問蜀士，曰非也，觀物先生張公兵部行成所補，託爲此言耳。觀物窮象數之學，著述衍、翼玄、元包總義、潛虛演義、經世索隱、外篇衍義、通變等七書近百卷，按行成所進七書凡九十九卷，詳見經義考卷二十六。世號精博。嘗取演義讀之，爲卷十六，潛虛之書，章分句析，尤爲詳盡。果如蜀士之言，非此人不能補此書。」樓氏所稱張檢詳，卽著發微論之張敦實。詳見後。觀其敍此書源流，謂温公晚年以全書授范淳夫，考淳夫爲范祖禹字，朱子書後中所稱爲唐鑑公者也。朱子明言從其孫仲彪處得潛虛，所闕之文尚多，安得有温公親授全書之事。是徒聞范氏家有温公遺墨，遂從而附會之，而實未見其書，此亦作僞之一證。蓋張行成託爲此說，而敦實誤信之。行成臨邛人，故言書傳於蜀。樓氏卽詢之蜀士，而知其僞。行成易書進于乾道二年，見玉海卷三十六。而樓氏于隆興改元已得潛虛全書於敦實，計尚在進書之前三年。蓋行成先取潛虛不全本補綴之，使其書單行，而後徐出其演義以掩作僞之迹，不謂樓氏之能發其覆也。玉海卷三十六云：「張行成爲潛虛演義十六卷，章分句析，後截截字疑當作載。行成所續，不韻。」此說與朱子及樓氏跋皆合，惜其語焉不詳。朱氏經義考於辨虛條下錄樓氏跋，刪節過甚，其潛虛演義條下，又不著一字。提要僅取材於經義考，不暇博考他書，故不能得作僞者之主名也。至錢氏謂此書全學太玄，故朱子有意抑之，夫朱子果惡其學太玄，則直謂全書皆僞可矣，何爲獨辨所補闕文爲非温公之舊，豈温公舊本獨不學太玄耶？使錢氏得見樓氏之跋，必不作是語矣。

張敦實論凡十篇，據吳師道後序，則元時已附刻於後，今亦併存。敦實婺源人，官左朝奉郎監察御史，其始末無考。考太玄經末有右迪功郎充浙江提舉鹽茶司幹辦公事張實校勘字，疑卽一人。或南宋避寧宗諱，重刻太元經時，删去敦字歟？是不可得而詳矣。

樓鑰攻媿集卷七十五跋先太師與張檢詳帖云：「先君太師隆興初元監進奏院，檢詳張公爲寮。未幾，張公擢監察御史，遷檢詳，已而歸婺源奉祠。」此卽其辨虚跋中之張檢詳，所言官監察御史與發微論結銜正合，實卽一人。錢氏跋云：「敦實婺源人，紹興五年進士，官朝散郎樞密院檢詳諸房文字，兼皇子慶王府贊讀，見羅氏新安志。」按見羅志卷八進士題名。余考宋中興百官題名云：「張實，乾道五年二月以考功郎兼慶王府贊讀，四年除檢詳，仍兼，十二月罷。」與新安志合。合之攻媿集所言，則其始末更詳，非無可考。其名本爲敦實，而諸書或去敦字，則提要所謂避寧宗諱者是也。林希逸潛虚精語序原書未見，據經義考引。云：「張炳文以爲果温公所作，前後本有闕有全。」與敦實潛虚總論所言「敦實自幼得潛虚稾本於其裔孫伋，首尾多闕，尋訪數年，始得全文」。語意亦合。則炳文爲敦實之字，名敦實而字炳文，正復相應，范仲彪亦字炳文，二人之字偶同耳，非誤也。樓氏辨虛跋云：「檢詳新安張公，自言家有潛虛全書，又言爲慈谿令時有張氏德深漢邃於易玄，按謂太玄蓋未識潛虛也。嘗示之，一見卽言其大義，歸閱數日，著辨虛一篇，洞曉其說，因略爲余言之。自是始知虛之大概，獨未見所謂辨虛者。相去幾四十年，與新澧陽郡博士張子宓虛言之。子宓曰德深從叔祖也，始得見之，凡十餘篇，兼綜易玄二書。虛之得此，幾無餘蘊，德深之學，真有淵源，而總序則檢詳爲縣令時所爲也。檢詳又言通鑑爲温公之筆學，潛虛爲心學。方疑總序中不見此說，兹又得發微論考之，則衍總序而爲總論，遂及筆學心學之說，按敦實潛虛總論云，以温公平生著述論之，其考前古興衰得失之迹，作爲通鑑。自潛虛視之。則筆學也。留心太玄三十年，既集諸說而爲注，又作潛虛之書，自通鑑視之，則心學也。直以爲出於己，而没德深之作。自玄以準易，虛以擬玄而下有九篇。八篇皆德深之舊，止有變論一篇，論律吕者，在此書之外，按此書句指張漢辨虛言之。猶恐是其本文，而此傳者或闕焉。又不載五宫天軌歲紀三圖，德深辨名之末，謂齊處大中之内，斟酌造化，其斗之任乎。今發微論乃曰處大中之内，在天其北極之任乎。按此二句今在名論篇末，蓋改辨名爲名論也。輕改一言，失其旨矣。土分王於四季，齊亦土也。按齊乃潛虛第五十五行之卦名，其名圖以五十四卦分配五行，而齊獨居中，故曰亦土也。居中而斟酌造化，故以北斗之任，非謂若極之居其所也。檢詳爲察院時，以發微授司馬侍郎伋，其兄漢章倬爲湖廣總領，遂以版行，實乾道二年也。淳熙十一年，檢詳之子南金又刻之，世罕有知所自者。鑰非欲與檢詳辨，誠不敢没德深之實，而惜其不少見於世也。」據其所言，則張敦實之發微論十篇之中，其八篇皆竊自張漢之辨虚，殆甚於郭象之注莊。而自來目録家不之知，是亦藝圃之珍聞也矣。攻媿集卷六十二又有回張子宓教授虙謝作辨虚跋啓云：「虚以擬玄，仰儒先之述作；言不盡意，冀學者之發揮；惟後世之子雲，有本朝之君實；探賾索隱，著書立言。頃尚多於闕文，旋獲逢于全帙。蓋丁年得之張御史之手，謂蜀本出於范太史之家。且言令慈溪之時，親得覩德深之説。既逾三紀，始遇一編。專窮象數之微，備見淵源之藴。輒伸末議，具載舊聞。初未有演義之篇，故尤欽於絶識；及今見發微之論，乃盡掩於前功。念其生不得用於時，賴有此可少見于世。按此謂張漢。況家傳之甚的，實鄉義之所推，掠而有之，忍亦甚矣。按此斥張敦實。不勝憤懣，併爲辨明，豈惟慰九原之英，亦以表一介之善。」其敍此事，本末甚悉。朱子跋云：「近得泉州季思侍郎所刻，則首尾完具，遂無一字之闕，因亟以書扣季思，此本果家世之舊傳否耶？則報曰得之某人耳，於是益知炳文之不妄。今復得鄉人張氏印本，乃泉本之所自出，於是始出舊書授學者，使以相參。凡非温公之舊者，悉朱識以别之。」季思侍郎即司馬伋，乃温公之曾孫。見直齋書録解題卷五涑水紀聞條下。樓跋云：「檢詳以發微授伋，則朱子之所謂得之某人者，卽指敦實言之。今知不足齋叢書所刻潛虚，後有淳熙壬寅泉州州學教授陳應行跋云：「司馬文正公潛虚，建陽書肆所刊，脱略至多。邵武本雖校正無差，而繇辭多闕。文正公曾孫待制侍郎出守温陵，應行得公家傳善本，繇辭悉備，復以張氏發微論附之。應行請曰顧廣其傳，公曰是吾志也。遂刻之郡庠。」蓋卽朱子所得之泉州本也。樓氏所言司馬倬乾道二年刻本，在此本之前十五年，是司馬氏於此書已屢刻不一刻，樓氏言敦實子南金又刻之，卽朱子所得鄉人張氏印本也。張氏刻書在司馬倬之後，而朱子謂爲泉州本之所自出，益可見所謂某人者，卽指敦實矣。發微自宋時卽與潛虚同刻，而提要第知元本附刻書後，亦爲失考。

術數類二　總目卷一百九

葬書一卷

舊本題晉郭璞撰。璞有爾雅注，已著録。葬地之説，莫知所自來。周官冢人墓大夫之職，皆稱以族葬，是三代以上葬不擇地之明證。漢書藝文志形法家，始以宫宅地形與相人相物之書並列，則其術自漢始萌，然尚未專言葬法也。後漢書袁安傳載安父没，訪求葬地，道逢三書生，指一處當世爲上公，安從之，故累世貴盛。是其術盛傳於東漢以後，其特以是擅名者，則璞爲最著。考璞本傳載璞從河東郭公受青囊中書九卷，遂洞天文五行卜筮之術。璞門人趙載嘗竊青囊書，爲火所焚，不言其嘗著葬書。唐志有葬書地脈經一卷，葬書五陰一卷，又不言爲璞所作。惟宋志載有璞葬書一卷，是其書自宋始出，書中詞意簡質，猶術士通文義者所作。必以爲出自璞手，則無可徵信。或世見璞葬母暨陽，卒遠水患，故以是書歸之歟？

嘉錫案：晉書郭璞本傳云：「璞撰前後筮驗六十餘事，名爲洞林，又抄京、費諸家要最，更撰新林十篇、卜韻一篇，注釋爾雅，别爲音義圖譜，又注三蒼、方言、穆天子傳、山海經、及楚辭、子虚、上林賦數十萬言，皆傳於世。詩賦誄頌亦數萬言。」其載璞之著述，可謂詳矣，獨不言有此書。隋、唐志又不著於録，其非璞所作，固不待言。然考世説術解篇云：「晉明帝解占冢宅，聞郭璞爲人葬，帝微服往看，因問主人何以葬龍角，此法當滅族。主人曰郭云此葬龍耳，不出三年，當致天子。帝問爲是出天子耶？答曰非出天子，能致天子問耳。」璞本傳亦載此事。又南史張裕傳云：「初，裕曾祖澄當葬父，郭璞爲占墓地曰葬某處，年過百歲，位至三司，而子孫不蕃；某處，年幾減半，位裁卿校，而累世貴顯。澄乃葬其劣處，位光禄，年六十四而亡，其子孫遂昌云。」此其事之信否不可知，然可見璞在當時，必以卜葬相冢墓著盛名，乃有此種傳説，固不獨葬母暨陽一事也。葬母事，見世説及本傳。

此其所以依託於璞也歟？太平廣記卷十三引神仙傳云：「郭璞字景純，河東人也。周識博聞，有出世之道，鑒天文地理，龜書龍圖，爻象讖緯，安墓卜宅，莫不窮微，善測人鬼之情狀。」又云：「注山海經、夏小正、爾雅、方言，著遊仙詩、江賦、卜繇、洞林云，晉書有傳。」考葛洪神仙傳中，並無郭璞傳，漢魏叢書本有之，乃後人從廣記抄出，非原書。且洪與璞正同時人，而云晉書有傳，尤不類洪語，然自是唐五代人書，廣記誤注書名耳。疑出洞仙傳，俟再考。據其所言，璞實長於安墓卜宅，然未嘗著葬書也。

青囊奥語一卷　青囊序一卷

青囊奥語舊本題唐楊筠松撰。其序則題筠松弟子曾文辿所作。相傳文辿贛水人，其父求已，先奔江南，節制李司空辟行南康軍事，文辿因得筠松之術，後傳於陳摶。是書即其所授師說也。案趙希弁讀書後志有青囊本旨一卷，云不記撰人，演郭璞相墓經。陳氏書録解題有楊公遺訣曜金歌并三十六圖象一卷，注云楊即筠松也。今是書以陰陽順逆九星化曜，辨山水之貴賤吉凶，未審與曜金歌爲一爲二。惟鄭樵通志藝文略別載有曾氏青囊子歌一卷，又楊曾二家青囊經一卷，或即是書之原名歟？

嘉錫案：袁本讀書志卷三下衢本讀書志卷十四五行類均有青囊本旨一卷，云：「右不記撰人，演郭璞相墓青囊經也。」康熙時海寧陳氏翻刻袁本，誤將其卷三下第十五葉起至三十四葉止，錯入後志之中，五行類適在其間，故提要引爲後志。然後志乃趙希弁自衢本摘出，仍是晁公武之書，不當便題爲趙希弁也。且又於「演郭璞相墓青囊經」句删去青囊二字，不知何意？考通志藝文略於曾楊二仙青囊經外，別有青囊經二卷，郭璞撰。宋志有青囊經卷，亡，疑卽此書。讀書志有青囊補注三卷，晉郭璞撰。所謂郭璞相墓青囊經者指此。由此觀之，青囊本旨，當是別一人所作，所以推演郭璞書之意旨，與楊筠松之青囊奥語固無涉也。宋志有曾楊一青囊經歌二卷，蓋卽藝文略之曾氏青囊子歌。書錄解題卷十二有地理口訣一卷，集楊筠松、曾楊乙以下十家。考術家例以楊、曾並稱，則曾楊乙或者卽曾文辿歟？惟其青囊子歌是否卽青囊序；曾楊二仙之青囊經，是否卽奥語與序之原名；固皆不可知耳。萬姓統譜卷五十七云：「曾文辿雩都人，天文讖緯黃庭内景之書，靡所不究，而地理尤精。梁貞明間，遊至袁州府萬載縣，愛其縣北西山之丘，謂其徒曰死，葬我于此。及卒，葬其地。後其徒在豫章忽見之，駭然而歸，啓其壙墓視之，乃空棺也，人以爲尸解云。」此不知出何書，蓋亦無稽之談也。元歐陽玄圭齋文集卷十五有曾文辿像贊云：「先生之學，吾誰與稽。吾有源委，潤、瀍東西。先生之書，吾讀未遑。吾有徵信，季通紫陽。大道無形，公獨有像。神仙不死，公獨有葬。留仙訣像駃仙風，止乎觀丘池融融」云云，此贊首言其學異於二程及朱晦菴、蔡季通，次言俗人稱之爲仙者之不足信也。

夫文辿術士，其學之異於程朱不待言，至蔡季通亦嘗著葬書，而文辿復與之不同者何也，以其異於儒者之言也。明乎此，則可以讀於楊曾之書矣。

其中多引而不發之語，如坤壬乙巨門從頭出一節，歷來注家，罕能詳其起例。至序内二十四山分順逆一條，則大旨以木火金水分屬甲丙庚壬乙丁辛癸互起長生，如甲木生於亥，庫於未，乙木生於午，庫於戌之類。因以亥卯未寅午戌巳酉丑申子辰爲四局，反覆衍之，得四十八局。陽用左旋，陰從右轉，蓋本之説卦陽順陰逆之例，爲地學理氣家之權輿。明人僞造之吳公教子書、劉秉忠玉尺經，蓋卽竊其緒餘，衍爲圖局。逮僧徹瑩作直指元真，專以三元水口，隨地可以定向，於是談地學者，舍形法而言理氣，剽竊傅會，俱以是編爲口實，然不以流派多岐，并咎其刱法之始也。

案丁芮樸風水袪惑在月河精舍叢鈔内曰：「風水之術，大抵不出形勢方位兩家。言形勢者，今謂之巒體。言方位者，今謂之理氣。唐宋時人，各有宗派授受，自立門户，不相通用。今考楊筠松書，不免有疑竇。撼龍經專言形勢，分貪狼、巨門、禄存、文曲、廉貞、武曲、破軍、左輔、右弼九星，疑龍經亦然，其所謂九星者，特取譬之假象耳。漢書翼奉傳，有貪狼廉貞之文，而非星名。王逸注楚辭有九魁，謂北斗九星之語，而不詳其名。惟道書所有，與此俱同，蓋龍經所本也。原注云九星，一天蓬，二天芮，三天衝，四天輔，五天禽，六天心，七天柱，八天任，九天英。見素問刺法論、本病論及太始天元册文王冰注。又見抱朴子内篇登涉引遁甲中經、舊唐書禮儀志四引黄帝九宫經及蕭吉五行大義。而青囊奥語有巨門、破軍、武曲、貪狼；天玉經案此書亦見四庫提要，云其爲筠松所著與否，更在影響之間有貪巨、武輔；都天寶照經案此書四庫不著録有輔星、貪狼；皆屬方位，謂之挨星，又謂之元空。原注云地理録要已覺挨星之謬，而不知龍經九星，自出道書，又不知挨星，非楊所作。青囊序、都天寶照經所稱羅經，皆主方位，而撼龍經云不比尋常格地羅，曰不比，曰尋常，蓋輕賤之詞。高其倬曰楊公已明言非方位之説，是也。青囊序言五行，凡四見。青囊奥語言五行，凡二見。天玉經言五行，凡十一見。而撼龍經云龍家不要論五行，此皆顯然舛異者也。青囊序云晉世景純傳此術，青囊奥語云又見郭璞再出現。不知郭璞葬書晚出，非楊所及見。又云顛顛倒，二十四山有珠寶；順逆行，二十四山有火坑。此元陳致虚之語，乃丹家修鍊之術也。原注曰參同契注云子南午北者，顛倒五行也。五行順行，法界火坑，五行顛倒，大地七寶。所以水火互爲綱紀，方能既濟也。又云太極分明必有圖。此亦宋以後人之説，案原文此下有駁都天寶照經語甚詳，以其書爲四庫所不著録，與提要不相涉，故删去。其依託之迹，卽灼然可驗。且楊筠松地理宗派，自宋迄明，爲人所道者，是巒體。則理氣非楊學，略舉數條，左證其僞。文文山集云，黄景文焕甫乃祖贛風水名術也。大概焕甫之術，以爲崇岡複嶺，則傷於急；平原曠野，則病於散。觀其變化，審其融結。意則取其静，勢則取其和，地在是矣。案見文山集卷九贈山人黄煥甫序。其曰祖贛風水者，祖楊曾之法也，此則明言傳其法術是巒體矣。義烏王禕青巖叢録云後世言地理之術者分爲二宗：一曰宗廟之法，始於閩中，其源甚遠，至宋王伋乃大行。其爲説主於星卦，陽山陽向，陰山陰向，不相乖錯。純取五星八卦，以定生尅之理。其學浙閩傳之，而今用之者甚鮮。原注云宗廟之法，理氣派也，卽青囊序所闢者。案陸游入蜀記云説者以爲鍾阜艮山得庚水爲宗廟水，近人作直解者云，宗廟二字，是五行之名號，陋矣。一曰江西之法，肇於贛人楊筠松、曾文辿，及賴大有謝子逸輩，尤精其學。其爲説主於形勢，原其所起，卽其所止以定位向，專注龍穴沙水之相配，其他拘忌，在所不論。其學盛行於今，大江南北，無不遵之。案青巖叢録此條，提要於郭璞葬書條下亦引之。此則明言楊曾授受是巒體矣。原注云宋書后妃傳泰始四年詔有司曰：「崇憲昭太后修寧陵地，大明之世，久所考卜。詳考地形。殊乖相勢。」此相墓言形勢者之始。隋書經籍志云梁有五音相墓書、五音圖墓書、五姓圖山龍，此相墓言方位者之始。至宋南渡後，亦尚行。朱子山陵議狀云臺史必取國音坐丙向壬之穴。朝野雜記云所謂國音者，以五音盡類羣姓，而謂冢宅相背，各有所宜。王禕所録不過據當時所行言之。其宗派源流，章章可考。楊術之爲巒體，非理氣，甚爲明確。又直齋書録解題載有龍髓經一卷、疑龍經一卷、辨龍經一卷，云皆無名字，多吳炎録以見遺。江西有風水之學，往往人能道之。原注云疑龍經有云龍髓經中究至理，則龍髓經亦其所撰也。卽謝疊山所謂楊君南川誦楊救貧所著三龍經極熟者也。案見疊山集卷六贈地理楊南川序。則龍經爲楊筠松之書，尚是宋人相傳之本。而青囊奥語、青囊序、天玉經、都天寶照經，考宋史藝文志及晁公武陳振孫兩家書目，皆不著録，其爲僞撰無疑。高其倬曰世傳楊公諸書，皆後人僞託，惟撼龍疑龍二經，是真書，乃是先得我心之言。」提要以是書爲地學理氣家之權輿，而不疑其僞。提要於撼龍、疑龍二經及此書，均稱舊本題某某撰者，以楊曾事蹟荒誕，故示存疑之意，疑其人，非疑其書也。丁氏因高其倬之説，考之羣書，力斷爲非楊筠松所作，其言頗核。惟謂自宋迄明，皆以筠松之學是巒體，而非理氣，則殊不盡然。宋褚泳祛疑説云：「向爲先子卜地，徧叩日者，就參地理之學，雖各守其師説，深淺固未易知。但二十四位之五行，亦有兩説，莫之適從。自古所用大五行，雖郭璞元經，亦守其説，謂之山家五行。然先輩皆謂莫曉其立法之因，既無可考之理，古今豈肯通用而不疑者哉？近世蔣文舉只用正五行以配二十四位，壬癸亥子爲水，丙丁巳午爲火，一如三命六壬之説，自謂得楊松筠之學。又有蜀中一家，謂是希夷先生之傳，亦以子亥爲水，巳午爲火，與蔣説同，而獨以壬位爲火。其書則開闢八卦，消息律吕，其行山定穴，一以卦象律吕爲本，上生下生，如黄鐘用林鐘之類是也。年月日時，則用卦氣生旺，如辟乾候大有之類是也。其學行於東川，爲書十篇，卦爻律吕之用，有陰有陽，有消有破，有生有合，其立法雖與蔣氏不同，而五行之説甚不相遠。」據其所言觀之，是宋末地理家之言理氣者，固自託爲楊筠松所傳，非復龍經專論巒體之舊矣。其蜀中一家，雖自謂出於陳摶，然術家相傳，摶實受之曾文辿，則仍筠松之支流餘裔也。而其術亦是理氣，而非巒體。然則楊氏之學，固別有此一派，其所從來久矣，非起於明以後也。至於青囊奥語之爲書，與龍經持論互相矛盾，决不出於一人之手。丁氏之説，自不可廢，分别觀之可矣。

催官篇二卷

宋賴文俊撰。文俊字太素，處州人。嘗官於建陽，好相地之術，棄職浪游，自號布衣子，故世稱曰賴布衣。所著有紹興大地八鈐及三十六鈐，今俱未見，是書分龍穴砂水四篇，各爲之歌。

嘉錫案：此書宋史藝文志及郡齋讀書志皆不著録，直齋書録卷十二形法類，亦無此書。惟有地理口訣一卷，云：「不知何人所集，曰楊筠松、曾楊乙、黄禪師、左仙、朱仙桃、范越鳳、劉公、賴太素、張師姑、王吉十家。」其中賴太素，蓋卽此人。萬姓統譜卷九十七云：「宋賴文進布衣善地理，注四元天星。」與此作文俊者不同。天一閣書目卷三有地理大成十五卷，題宋采山伯謙賴文俊撰，明月潭山人柯佩編輯，並有任齋塗澤民序云：「宋布衣賴伯謙撰催官篇，新安汪信民既嘗爲之注。」據序中所言，知地理大成乃柯佩雜輯諸地理書爲之，而以催官篇冠其首，非全書皆賴文俊所著也。云云。是文俊字伯謙，而非太素，與書録解題及提要此條皆不合，莫詳其故。文俊著有紹興大地八鈐，則當爲南宋初人，汪信民革乃江西詩派中人，紹聖四年進士第一，見通考三十二其年當長於文俊，乃爲催官篇作注，亦不可解也。夷堅三志壬志卷二十一云：「臨川羅彥章酷信風水，有閩中賴先知山人，長於水城之學，漂泊無家，一意嗜酒，羅敬愛而延館之。會喪妻，命卜地，得一處，其穴前小澗水三道，平流，唯第三道不過身而入田。賴咤曰佳哉！此三級狀元城也。恨第三不長，若子孫他年策試，正可殿前榜眼耳。其子邦俊挾十三歲兒在傍，立拊其頂而顧賴曰足矣，足矣，若得狀元身邊過也得。所謂兒者，春伯樞密也，年二十六，廷唱爲第二人，賴竟没於羅氏，水城文字雖存，莫有得其訣者。」此亦賴姓而著地理書者，洪氏稱爲閩中人，而文俊嘗官於建陽，亦頗相合。先知山人，乃其別號，其人當別有姓名，未知卽文俊否？明葉盛水東日記卷十四云：「東廣人言其地有宋墳，無唐墳。相傳嘉定中有厲布衣者，自江右來廣，精地理之學，名傾一時。有經其葬，至今故老，猶能言其處。廣州林某者，宋元富家，永樂初中衰，以術者言，祖穴向稍偏所致，因發地而得石，書云布衣厲伯韶爲林某葬此，千載穀食之地，後學淺識，不許輕改，廣人土音，稱賴布衣云。」又卷十六云：「予嘗記宋嘉定中地理厲伯韶事，兹讀開化江氏譜，見秉心紀善贊曾學士求作墓記書云，桂巖去開化縣治東南二十五里，西塘又去桂巖西南百步，侍御景房之墓在焉，宋季有相地者賴布衣過之，留記云此墓是已，乃知稱賴布衣者，不獨嶺南人也。」此所謂賴布衣與著催官篇者姓名時代皆不合。考宋劉克莊後村大全集卷一百五跋蔡公雜帖云：「莆人重黃涅槃疑即直齋書録所言之黃禪師。厲伯韶兩墓師如神，其所點穴，或在高峰，或在曠野，有鳳凰展翅、玉帶出匣之說。」明陳第世善堂書目卷下有厲伯韶地理鉤元博山經抄二卷，是形法家固自有厲伯韶其人，然無以見其卽賴文俊也。疑葉盛但習聞有賴布衣，而不知其姓名，第見伯韶亦自稱布衣，而嶺南人讀厲字音與賴近，遂以爲是卽世所稱賴布衣云耳。至江氏譜之賴布衣并無姓名，恐正是指賴文俊，而非厲伯韶。其稱爲宋季相地者，時代亦不合，則傳聞之誤也。要之，術數家蹤跡多不可考，傳其學者，又加以傅會，故其平生事蹟，多恍惚悠謬，無可質證，往往如此矣。

靈棋經二卷

舊本題漢東方朔撰。或又以爲出自張良，本黃石公所授，後朔傳其術，漢書所載射覆無不奇中，悉用此書。或又謂淮南王劉安所撰，其說紛紜不一，大抵皆術士依託之詞。惟考隋書經籍志卽有十二靈棋卜經一卷，而南史所載「客從南來，遺我良材，寶貨珠璣，金盌玉盃」之繇，實爲今經中第三十七卦象詞，則是書本出自六朝，其由來亦已古矣。

嘉錫案：劉敬叔異苑卷五云：「十二棋卜出自張文成，受法於黃石公，行師用兵，萬不失一。逮至東方朔，密以占衆事，自此而後，祕而不傳。晉寧康初，襄城寺法味道人忽遇一老公，著黄皮衣，竹筒盛此書，以授法味，無何失所在，遂復流傳於世云。」余初讀異苑至此，頗疑靈棋經卽法味所僞託，蓋張良之遇黄石公，事之有無不可知，且黄石所授書，史漢明言乃太公兵法，蓋教之以佐明主取天下之道，故曰讀此則爲帝王師矣。惡取此術數占卜之書，類乎瞽史之所爲者哉？此蓋後人以留侯以智數稱，取大名於世，且有遇黄石之事，遂從而託之，猶之明以後言術數者，必歸之於劉基，方技家之依託附會，類如斯也。東方朔云云，則影以指朔射覆之事。隋志五行家書，託之於朔者凡六，漢書朔本傳所謂「後世好事者因取奇言怪語，附著之朔也」。此書之託爲朔所傳，亦若此而已。故唐李遠作序，卽已疑之，謂爲好事者倚聲價重其術，而非數公之所爲，其言信矣。觀敬叔所記法味得書之事，隱若黄石公復到人間，與之親爲授受者，其怪誕不經如此。而此書乃自法味始傳於世，至六朝而盛行，則其卽爲法味所託，蓋可知也。提要未考異苑，故僅知其爲術士依託，其來已久，而不能得其主名也。余之臆斷如此，及考文廷式補晉書藝文志卷四，則亦引異苑此節，且云「據此，則此書蓋法味依託也」。乃知已有人先我言之。又取楊守敬日本訪書志讀之，則其所得古鈔本靈棋經明題爲晉襄城道人法味傳，而日本森立之亦嘗疑此書卽法味所託，與文氏之説，不謀而合。特未見森立之跋，不知其是否僅就鈔本有法味之名而意擬之如此，抑或亦嘗考之於異苑也。訪書志卷七云：「靈棋經一卷，古鈔本首有序引，末有上黨紫團山叟韓運休後序，首題靈棋經，次題晉襄城道人法味傳，晉駕部郎中顏幼明注，御史中丞何承天箋注，琅琊王灌著卦名。首卦題云大通行，疑卦之誤。下卽繇辭，無象曰字，亦無第一一上一中一下昇騰之象，純陽得令乾天西北等字，而每卦之旁，以硃筆題亦曰某某二字，又注天地人、按天地人卽上中下。一二三四等字樣，森立之所云王灌著卦名者也。顏何二注，亦頗相近而稍詳，其異同之處尤多。案隋書經籍志有十二靈棋卜經一卷，此書用十二靈棋，與所題合。晁氏讀書志始著爲二卷，近世所傳劉誠意補解本亦二卷，此爲一卷，尚是隋唐之遺。又按太平御覽七百二十六引異苑云按異苑今存，不知楊氏何以捨原書不引。晉寧康初，襄城寺道人法味傳此書，則此本題爲法味所傳，亦近事實。森立之跋疑此書卽法味所託，不爲無見，近本有唐李遠序，此本脱之。而此本之首引及後序亦爲近本所無，知其根源者古也。」楊氏又録其序引，略云：「漢留侯張良受此法于黄石公，初以占行軍用兵，萬無一失，至□時太中大夫東方朔以覆射萬事，皆神中。又以此卜法傳淮南王，自爾祕之，莫有傳。晉大康中，按異苑及御覽均作寧康，晉孝武帝年號也。此作大康，乃武帝年號，未詳孰是。襄城道人法味云遇神叟著黄皮衣以竹筒盛此經授法味，自此傳于世。」其説與異苑同，惟多東方朔傳之淮南王一事耳，不知與異苑孰先孰後也。森立之經籍訪古志卷四有此書古鈔本，載其銜名，後序與楊氏所得者同，惟不言首有序引，立之自跋，亦未録入。

舊傳晉顏幼明、宋何承天皆爲之注，李遠爲之敍，元廬山陳師凱又爲作解。而宋志别有李進注靈棋經一卷，則今已失傳。明初劉基復仿周易象傳體作注，以申明其義，見於明史藝文志。其後序稱靈棋象易而作，雖所存諸家疏解或詞旨淺俚，不無後人之緣飾，而青田一注，獨爲馴雅，或實基所自作，亦未可知。觀其詞簡義精，誠異乎世之生剋制化以爲術者矣。

案文廷式曰：「南齊有平南將軍顏幼明，見索虜及南蠻傳。梁書儒林范縝傳有琅玡顏幼明，水經泄水注云沈約宋書言泰始元年豫州刺史殷琰反，明帝假勔輔國將軍討之，琰降，不犯秋毫，百姓來蘇，生爲立碑，言過其實。建元四年故史顏幼明爲其廟銘。」嘉錫按此水經注卷三十二肥水之注，非泄水注也。肥水卽在泄水之後。提要於劉基之解，亦作疑詞。考提要所引後序，具載誠意伯文集卷四，題作靈棋經解序，則劉注當本名爲解，序中明言：「予每喜其占之驗，而病解之者不識作者之旨，故爲申其意而爲之言。」則此注實青田所作，明矣，尚何疑乎？

易林十六卷

漢焦延壽撰。延壽字贛，梁人，京房師之，故漢書附見於房傳。舊本易林首有費直之語，稱王莽時建信天水焦延壽，其詞蓋出僞託，鄭曉嘗辨之審矣。

嘉錫案：鄭曉古言云：「易林十六卷，世傳出焦延壽，雖隋唐經籍志亦然。今考漢書儒林傳、藝文志及荀悅漢紀，皆不言焦氏著易林，疑今之易林未必出於焦氏。刻本易林載東萊費直曰六十四卦變占者，王莽時建信天水焦延壽所撰。然劉向當成帝時校書，已有延壽易說，延壽非莽時人，明矣。況直雖後於延壽，與高相同時，雖直亦非莽時人也。」鹽邑志林刻本古言無此條，此從經義考轉引。嘉錫考漢書、漢紀均不言延壽著易林，誠如鄭氏之說。至於儒林傳云：「京房受易梁人焦延壽，房𠯑爲焦延壽易卽孟氏學，至成帝時劉向校書考易說，𠯑爲諸易家說皆祖田何、楊叔、丁將軍，唯京氏爲異，黨焦延壽，獨得隱士之說，託之孟氏，不與相同。」所謂劉向校書考易說者，考諸家及京房之易說也，非指焦氏。藝文志只有孟氏、京房，幷無焦氏易說，劉向考京氏易而知其與諸家不同，故云唯京氏爲異，不云唯焦氏爲異，其言焦延壽獨得隱士之說者，亦就京氏易中考其所受之師說而知之。然則焦延壽固未嘗著書也。惡有如鄭氏之說，劉向校書，已有焦氏易說者乎？至隋唐志始有易林十六卷，焦贛撰。此其書是否出於焦贛，卽果出於贛，而是否卽京房所受之師說，皆不可知。若今所傳之易林，又幷非隋唐志著録之焦氏書也。張之洞書目答問云：「易林十六卷，舊題漢焦贛，依徐養原、牟庭相定爲漢崔篆。」徐養原說不知見於何書，偏檢未得。若牟庭相說，則卽就費直舊序，推勘得之。其考證較之鄭氏加詳矣。牟氏原署名牟庭，卽庭相也。所作翟云升易林校略序云：「今世所傳易林，本有漢時舊序，云六十四卦變占者，王莽時建信天水焦延壽之所撰也。余每覩此而甚惑焉。據漢書儒林京房傳，焦延壽是昭宣時人，按房傳並不著延壽時代，此顧炎武說耳，詳見後。何爲乃言王莽時？焦延壽，梁人也，何爲而言建信天水？王莽改千乘郡曰建信，改天水郡曰塡戎，則莽時有建信而無天水，且二郡不相屬，建信、天水，非可兼稱也。又其序假名費直，直生在宣元間，豈知天下有王莽時人哉？傳稱焦延壽長於災變，分卦直日用事，以風雨寒溫爲候，而京房奏考功法，論消息卦氣，皆傳焦氏學，殊不似易林。易林乃觀象玩辭，非言災變者也，何以爲焦延壽之書？余竊疑此久矣，一日檢後漢書儒林傳，孔禧拜臨晉令，崔駰以家林筮之。又檢崔駰傳云祖篆王莽時爲建新大尹，稱疾去，在建武初著周易林六十四篇。余於是執卷而笑曰易林者，王莽時建新大尹崔延壽之所撰也。新、信聲同，大尹形誤爲天水，崔形誤爲焦。崔篆蓋字延壽，與焦贛名偶同，此所以致誤也。既改崔爲焦，因復改篆爲贛，下文稱贛者再，按舊序云贛善於陰陽，復造此以致易未見者。其射存亡吉凶，遇其事類則多中。至於靡碎小事，非其類則亦否矣。贛之通達隱幾，聖人之一隅也，延壽獨得隱士之說。本皆當作篆，寫者妄改，又妄意取儒林傳語『焦延壽獨得隱士之說』九字，附益其後，而詞理不屬，非其本文，甚易見。本係東漢人之筆，而不著其名，遭遇妄人，輒加『東萊費直長翁曰』七字以冠之，彼似見儒林傳焦、京之後卽費直字長翁，東萊人也，因此造意，尤蚩蚩可笑。隋書經籍志，輒據之以崔篆之書嫁名焦贛，按此語有誤。丁晏書易林校略後云：「後漢儒林傳孔僖拜臨晉令，崔駰以家林筮之。李賢注，崔篆所作易林也。張衡傳李賢注，又引焦氏易林，明焦氏與崔氏各自爲書，章懷之說甚晰。隋書經籍志云易林十六卷，易林變占十六卷，並云焦贛撰。梁又本三十二卷。唐書藝文志焦氏周易林十六卷，注云焦贛；崔氏周易林十六卷，注云，崔篆。焦崔志別爲二，未嘗溷爲一也。」嘉錫案舊唐書經籍志云：「焦氏周易林十六卷，焦贛撰，崔氏周易林十六卷。」與新志同。隋志不錄崔氏書者，蓋隋時中祕無其書，至唐始出，非以崔篆之書嫁名焦贛也。遥遥千餘年，遂無覺者。幸而誤序猶存，俾余得尋迹所由，復覩其真，校書得此，曠然有發蒙之樂矣。」翟云升書牟氏序後云：「李石續博物志，後漢崔篆著易林六十四篇，或曰卦林，或曰象林。自唐以來，言易林者，皆稱焦氏，惟石得其實。」嘉錫案：牟氏之說可謂善思誤書者，其自謂曠若發蒙，非虛語也。而丁晏作易林釋文既成，始見易林校略牟氏序，遂作書後一篇以駁之，載釋文後。劉毓崧又爲丁氏釋文作跋一首，載釋文後，又見通義堂集卷二。必謂今本易林爲焦贛撰，而非崔篆。然兩人之言，皆無確證。丁氏謂西漢諸儒，未有代人作序者，此費直之序，必依託。然牟氏亦未嘗以此序爲西漢費直之所作也。凡事之誤，必有所因，此序雖非費直所作，然作者既知有焦延壽，何至以建信天水兩不同時之地名，加之焦延壽之上乎？丁氏又以牟氏言崔篆蓋字延壽，蓋者疑辭，偏檢書傳，篆無延壽之字，斥爲臆說，此則頗中牟氏之病。然書傳中及崔篆者本少，都不言其字，則亦無以見其必不得字延壽，且安知原文不舉崔篆之字，作王莽時建新大尹崔某某之所作也。後人不知崔某爲何人，第習聞有焦氏易林，疑崔爲焦字之誤，因妄改作焦延壽乎？近敦煌石室所出古書，内有唐寫卷子本古類書殘卷，僅存鶴鴻鵠雉四類，所引書大抵與太平御覽相同，羅振玉定爲修文殿御覽。影印入鳴沙石室古佚書。其鶴部内引易林謙之泰「白鶴銜珠」一條，作崔贛易林，此必原作崔氏易林，後人妄改氏爲贛，而忘改崔字，遂致以崔篆之姓冠延壽之名，可見焦崔兩人之書，以姓氏點畫相近，往往互混爲一。藝文類聚卷九十鶴部引崔顥易林曰：「白鶴銜珠。」又誤贛爲顥。至太平御覽卷九百一十六轉録修文殿御覽，則竟改作焦贛易林，以滅其跡矣。然尚有改之未盡者，如卷三百四十七引崔贛易林曰：「桃弓葦戟，除殘去惡。」卷七百四十引崔贛易林曰：「瘻瘤瘍瘃，爲身害傷。」當是沿修文殿御覽之舊也。又日本人所撰類書名爲祕府略者，今尚存寫本殘卷，羅氏影印入吉石盦叢書。其中卷八百六十八引易林謙之大過「被錦夜行」一條，亦題作崔贛，可與修文殿御覽互證。余又疑古本易林有誤題崔贛者，非鈔書人偶然筆誤也。然則何以見此書之必屬焦氏乎？劉氏之跋謂「崔篆易林作於光武建武初年，而易林不避秀字，斷不出自篆手」。不知漢人著書，往往臨文不諱。易林於漢諸帝名皆不諱，何必獨諱光武？據此一字以斷必不出於篆，實非確證。又謂「王莽實陳恒之裔，易林言其弒君，篆豈肯觸犯猜忌，自蹈誅夷。況莽改禁中爲省中，以避其祖諱，而易林不避禁字，則非作於王莽時」。夫既知崔氏易林作於建武初，而猶考證其不當觸犯王莽忌諱，可謂詞費。崔駰傳載篆所作慰志賦云：「愍余生之不造兮，丁漢氏之中微，氛霓鬱㠯橫厲兮，羲和忽㠯潛暉。六柄制于家門兮，王綱漼以陵遲。黎共奮㠯跋扈兮，羿浞狂㠯恣睢。睹嫚臧而乘釁兮，竊神器之萬機。」篆於莽之篡竊，詆之不遺餘力，何有於其遠祖之陳恒，翻須諱其弒君者哉？劉氏又謂「昭帝名弗，易林四百九十六變用不字者奚啻千餘，而無一弗字」。以爲焦贛作於昭帝時之證，不知「不弗」二字，同訓相通，傳記中多用不字，少用弗字，豈必皆因避諱。卽以漢人著作言之，如陸賈新語十二篇，用不字奚啻數百，而無一弗字，可據以爲新語作於昭帝時乎？高祖名邦，惠帝名盈，文帝名恒，景帝名啓，武帝名徹，易林皆不避。劉氏云：「漢時法制，尚爲疏濶，惟時主之名，避諱甚嚴。若先代之名，有因已祧不諱，有因臨文不諱，可以隨時變通，故或諱或不諱。」此其説尤不可通。將謂臨文不諱乎，則焦贛何必諱「弗」，崔篆亦自可不諱「秀」矣。將謂已祧不諱乎，則高祖固百世不祧，卽自惠帝以下，當昭帝時，亦皆未祧廟也。元帝時貢禹始奏孝惠孝景廟，親盡宜毁，見韋玄成傳。若云時主之名須諱，先代之名不須諱，不知出何典禮，據何經傳？杜撰附會，殆不免於强詞奪理。唐趙璘因話録卷六云：「崔相國羣之鎮徐州，嘗以崔氏易林自筮，遇乾之大畜，其繇曰，典策法書，藏在蘭臺。雖遭亂瀆，獨不遇災。及經王智興之亂，果除祕書監也。」此繇見今本易林坤之大畜，瀆作潰，因話録乾字蓋坤之誤，此可爲今本實崔篆書之佳證。而劉氏則謂「意者，崔氏易林卽就焦氏之本而稍加移改」。可謂遁辭知其所窮矣。其他證佐皆穿鑿不必辯，今姑摘其大端如此，以見牟氏之説非丁氏劉氏之所得而動摇云爾。牟氏所著雪泥書屋雜志卷三又曰：「冬至日起頤四爻，第二日頤五爻云云，按此易林卷首所附筮儀分卦直日之法，學津本有之，士禮居本無此篇，篇中引有儲泳之説，泳乃南宋末人，明出後人附益，非古本所有。此亦後人承誤附會之説，强以分卦直日之法，合之易林。説似巧辨，而實非也。蓋直日占驗以日爲卦爻，以風雨寒温爲占，不用卦具者也。若合以易林，則有卦具，有卦具則所得有本卦，有之卦，而以直日管事卦爲本卦，以所得之本卦爲之卦，則余不知所得之之卦，將置之何處也？是易林中添不得直日法也。直日占驗，六日一卦，一日一爻，若合以易林，則以管事卦爲本卦，以所得卦爲之卦，而管事爻將不得管事乎。余又不知一日一爻之法，欲留作何用也？是直日法中添不得易林也。此二家必不可强合。」按此辨甚精，易林既非以六十四直日用事，愈可見非焦延壽所作矣，故并録之。

考漢藝文志所載易十三家，蓍龜十五家，不及焦氏。隋經籍志始著録於五行家，唐王俞始序而稱之，似乎後人所附會，故鄭曉古言疑其明夷之咸林，似言成帝時事；節之解林，似言定陶傅太后事；皆在延壽後。顧炎武日知録亦摘其可疑者四五條，然二家所云某林似指某事者，皆揣摩其詞。炎武所指彭離濟東，遷之上庸者，語雖出漢書，而事在武帝元鼎元年，不必漢書始載。又左傳雖西漢未立學官，而張蒼等已久相述説，延壽引用傳語，亦不足致疑。惟「長城既立，四夷賓服。交和結好，昭君是福」四句，則事在元帝竟寧元年，名字炳然，顯爲延壽以後語。然李善注文選任昉竟陵王行狀，引東觀漢記曰：「沛獻王永平五年秋，京師少雨，上御雲臺詔尚席取卦具，自卦以周易卦林占之，其繇曰蟻封穴户，大雨將集。明日大雨，上卽以詔書問輔曰，道寧有是耶？輔上言曰案易卦震之蹇，蟻封穴户，大雨將集。蹇艮下坎上，艮爲山，坎爲水，出雲爲雨。蟻穴居而知雨，將雲雨，蟻封穴，故以蟻爲興文」云云，今書蹇繇，實在震林，則書出焦氏，足爲明證。昭君之類，或方技家輾轉附益，竄亂原文，亦未可定耳。

案欲考易林中所用之事，某事在焦贛生前，某事在贛身後，則當知贛生卒之年月。雖書闕有間，不能大彰明較著，亦必約略推得其時代，然後可論其是非，否則徒聚訟耳。贛事蹟附見漢書京房傳，但云：「房治易事梁人焦延壽，延壽字贛。贛貧賤，吕好學得幸梁王，王共其資用，令極意學。既成，爲郡吏察舉，補小黄令，以候司先知姦邪，盜賊不得發。舉最當遷，三老官屬，上書願留，有詔，許增秩留，卒於小黄。」不言其官小黄及卒在何帝之世。唐王俞易林序見津逮秘書及學津討原刻本卷首曰：「俞嘗讀班史列傳，及歷代名臣譜系諸家雜説之文，盛得夫子授易於商瞿，僅餘十輩；延壽經傳於孟喜，固是同時。當西漢元成之間，凌夷厥政，先生或出或處，輒以易道上干梁王，遂爲郡察舉，詔補小黄令，而邑中隱伏之事，皆預知其情，得以寵異蒙遷秩，亦卒於官次。」使果如俞言，延壽生當元成之世，則無疑於其言及元成時事矣。鄭曉云：「延壽爲京房師，今明夷之咸林云：新作初陵，踰陷難登。三駒推車，跌損傷頤。乃成帝時事。節之解林云皇母多恩，字養孝孫。脱於襁褓，成就爲君。似言定陶傅太后育哀帝事，皆在延壽後，提要引有删節，故復重引。不應延壽預言之也。唐王俞序云延壽與孟喜同時，又云當在西漢元成間。喜與梁丘賀同門，豈元成間人邪？」鄭氏惟不信延壽爲元成間人，故謂不應預言成哀時事。顧炎武日知録卷十八云：「易林疑是東漢以後人譔，而託之焦延壽者。延壽在昭宣之世，自注云：漢書京房傳曰延壽以好學得幸梁王，王共其資用。按此梁敬王定國也，以昭帝始元二年嗣，四十年薨，當元帝之初元三年。其時左氏未立學官，今易林引左氏語甚多，又往往用漢書中事。如曰彭離濟東，遷之上庸；事在武帝元鼎元年。曰長城既立，四夷賓服，交和結好，昭君是福；事在元帝竟寧元年。曰火入井口，陽芒生角，犯歷天門，窺見太微，登上玉牀；似用李尋傳語。曰新作初陵，踰陷難登；似用成帝起昌陵事。」顧氏又謂易林言劉季發怒，命滅子嬰，及大蛇當路使季畏懼，非漢人所宜言。然漢人初不諱季，史記中言劉季者非一，已爲左暄三餘偶筆卷七及劉毓崧所駁，今刪去。顧氏謂延壽不應引左氏及用漢書中事，其說失之太拘，提要駁之是也。然提要又謂昭君事名字炳然，顯爲延壽以後語者，亦惟信顧氏謂延壽爲昭宣時人故也。但延壽雖爲京房之師，及與孟喜梁丘賀同時，何以便不當老壽至元成之世？延壽得幸梁王，顧氏謂是敬王定國，王以元帝初元三年薨，何以知其遭遇敬王，不在晚年宣元之際，而必斷其在昭宣之世？且何以知昭帝時人必不得見元帝時事耶？此在鄭氏、顧氏，均未能明言其所以然，故終無以服後人之心，於是異說紛紜，雜然並作。劉毓崧云：「京房以元帝建昭二年爲石顯誣害，年四十一。上溯其初生之歲，當昭帝元鳳四年，其受業延壽至早亦須五六歲。按漢時幼童入小學，只讀三蒼、急就、孝經、論語，見諸書所引四民月令。證之前後漢書皆合，未聞有五六歲即治易者，此語殊誤。當宣帝本始元年二年之間，房不幸早亡，而延壽無恙。自昭帝始元六年，案劉氏據昭帝紀云始元六年七月置金城郡，而易林有金城、朔方語，謂必作於是年七月以後無疑。故此處推延壽之年，亦自此起算。其實自漢昭以後，無論何時之人，皆可作此語，何以知其必出於焦延壽。劉氏謂易林作於昭帝時，其證有四：第一證卽避昭帝諱弗，已具駁如前，而金城、朔方亦爲證據之一，其他兩證，大率似此，皆不值一噱也。至成帝建始元年，首尾僅五十載。唐王俞序謂延壽當元成之世，諒非無據。日知録謂延壽在昭宣之世，更屬有徵。蓋昭帝時易林已行，成帝時焦氏猶在。顧氏原其始，王氏要其終耳。」其後姚振宗作漢書藝文志拾補，又云：「贛實梁國蒙人，其爲小黄令，在昭帝時。案此乃姚氏據御覽所引陳留風俗傳知之，詳見後。京房死於元帝建昭二年，年四十一。其受業於贛，當二十餘，在宣帝五鳳甘露中。按此較劉氏説房五六歲受業在宣帝本始元二年者爲可信。唐王俞序謂元成之間先生或出或處，亦卒於官次。蓋昭帝時始補官，其後或出或處，至元成間乃卒。卒時，後京房數年，其言可信。」見卷六。案京房以建昭二年死，死後四年，建昭盡五年。改元竟寧，正月匈奴虖韓邪單于來朝，見元帝紀。元帝以後宫良家子王嬙字昭君賜單于。見匈奴傳。五月，帝崩，成帝卽位，明年改元建始。使如劉氏、姚氏言，房早亡而延壽無恙，後數年乃卒，則延壽固可至元成之間猶在，及見昭君之嫁匈奴。而鄭曉謂延壽非元成間人，及提要謂昭君事在延壽以後者，皆失所據矣。劉氏、姚氏之前，馬國翰作費氏易林跋云：「京房受易焦延壽，延壽嘗從孟喜問易。房仕孝元之朝，時孟喜已死。延壽及問孟喜，蓋在宣帝之世，年當在二十左右。自元帝初元元年數至王莽始建國元年，僅五十七年，焦於斯時，約不過八十餘歲，其書晚成，故中間有及成、哀時事者。」使如馬氏之言，則鄭曉謂成帝作初陵，定陶傅太后育哀帝，皆在延壽後，延壽不應預言者，又皆失所據矣。總由未能考得延壽確爲何世之人，卒於何時，後人讀易林者，既深信爲延壽之書，因欲遷就書中時事，故姑使較京房之死稍緩數年，以至成帝之世，更推而下之，使之晚生而遲死，以及於王莽。於是凡書中所言皆延壽之所目覩，而向之謂其時代不合者，皆無詞以駁之矣。考太平御覽卷二百六十八引陳留風俗傳曰：「昭帝時蒙人焦貢。爲小黄令，路不拾遺，囹圄空虛。詔遷貢，百姓揮涕守闕，求索還貢，天子聽增貢之秩千石。」此條姚振宗漢志拾補已引之。姚云按此則貢爲梁國蒙縣人，賴以補史傳之略。據此可以推知延壽之時代，姑以延壽於昭帝末年爲小黄令年二十餘計之，亦當生於武帝天漢太始之間，至昭帝始元二年梁敬王之立，纔十餘歲。由此下推至昭帝之崩，僅十一年，而延壽尚須游學數年，學成後爲郡吏，又數年始以察舉補縣令。其游學也，未必便在敬王嗣位之初；其補小黄也，亦未必適在昭帝之末；是其由始學以至筮仕，爲時不過數年，時間無乃太促乎？然則共延壽資用者，恐是梁貞王毋傷，貞王以太始元年嗣，在位十一年薨。而非敬王定國也。延壽之生或當更在天漢之前。延壽之在小黄，舉最當遷，有詔許增秩留，當在宣帝之世。循吏傳序云：「宣帝繇仄陋而登至尊，知民事之艱難，以爲太守吏民之本也，數變易則下不安，民知其將久，不可欺罔，迺服從其教化。故二千石有治理效，輒以璽書勉勵，增秩賜金，或爵至關內侯。」是則增秩留任，自宣帝時始有之。觀延壽之事，知此法并及於縣令，不只二千石，史約言之耳。夫贛以昭帝時爲小黄令，陳留風俗傳言之甚明，則王俞謂元成之世先生或出或處，以易道干梁王，詔補小黄令者，時代顯然不合，真無稽之言也。京房傳言贛補小黄令，舉最當遷，有詔許增秩留，卒於小黄，是贛自補縣令以至卒官，始終未離小黄，未嘗有罷官復起之事也。然則姚振宗謂昭帝時始補官，其後或出或處，至元成間乃卒者，亦無稽也。昭帝以元平元年崩，由此下數至成帝建始元年，凡四十三年。贛之初任小黄，一舉最卽遷秩，其後乃三十餘年不遷，已爲必無之事，而馬國翰乃謂贛卒於王莽始建國元年，是則以一縣令歷事八朝，至八十餘年之久，由元平元年至始建國元年，凡八十三年。尤古今史册所未聞，出於情理之外者矣。考續漢書律曆志云：「元帝時郎中京房，房字君明，盧文弨校謂此四字及下文字少翁三字，皆閲者旁記，誤入正文，當删去。知五聲之音，六律之數。上使太子太傅韋玄成（字少翁）、諫議大夫章雜試問房於樂府，房對受學故小黄令焦延壽。」志雖不著其爲元帝某年，然以京房、韋玄成二人仕履參互考之，房傳言初元四年以孝廉爲郎，建昭二年出爲魏郡太守，玄成傳云：「元帝卽位，以玄成爲少府，遷太子太傅，至御史大夫。」百官表云：「永光元年七月辛亥，太子太傅韋玄成爲御史大夫。」志稱房爲郎中，玄成爲太子太傅，必在初元四年以後，永光元年七月以前。志言諫議大夫章者，王章也。章傳言少以文學爲官，稍遷至諫議大夫，元帝初擢爲左曹中郎將諫議大夫，卽諫議大夫。以試問京房之事考之，其擢中郎將，亦必在初元四年以後。房於是時已稱延壽爲故小黄令，明當元帝初年延壽已卒於小黄矣。以京房受業年齡推之，知延壽宣帝中年猶在，其卒當在宣帝末或元帝初。案漢人凡已去官者，皆可稱爲故某官，不必其人已卒。然京房傳明言延壽卒於小黄，此稱故小黄令，可見其時已卒於官矣。顧炎武謂延壽爲昭宣時人，可謂暗合。諸家紛紛，謂延壽爲元成間人，卒於京房之後，或下逮王莽者，皆無稽也。王俞謂嘗讀歷代名臣譜系、諸家雜説，延壽當元成之間，或出或處云云，亦因牽就書中時事致誤。且譜系雜説本多附會，不足信。王昭君、傅太后事，延壽斷斷不及見，而書中言之甚明，其必出於崔篆之手無疑也。丁氏劉氏亦知所謂延壽爲元成間人者，本無實據，恐人不信，又變其詞謂昭君非王嬙，皇母不指傅太后。丁氏釋文自序云：「昭君不必爲元帝時事，或取昭明之義，如毛詩平王之類。萃之臨曰：昭君守國，諸夏蒙德，此昭君又何以解焉？」又萃之益昭君是福，釋文云：「顧亭林謂此指王嬙昭君，然易林昭君或取昭明之義，不必定指漢宫人也。鼎之噬嗑云乾侯野井，昭君喪居，此昭君謂魯昭公，又是一義。」愚謂萃之臨曰：「昭君守士禮居校宋本作死，此從毛本。國，諸夏蒙德，異類既同，宗毛本作崇，此從校宋本。我王室。」正是用王昭君事，異類卽指匈奴。自元帝以昭君賜單于，單于驩喜，上書願保塞上谷以西至敦煌，請罷邊備塞吏卒，以休天子人民。帝雖用侯應言不許，見漢書匈奴傳。然自是和親不絶，未嘗入寇，中國得以休息。故曰「諸夏蒙德」。萃之益亦曰：「四夷賓服，交和結好」也。此皆語意明白，有事實可證，安得謂泛指昭明之君哉？鼎之噬嗑中之昭君，自是指魯昭公，然此既實有其人，益知萃卦之昭君非泛指也。劉氏跋謂「易林屢言昭君，亦屢言文君，未聞以文君爲卓女，何獨以昭君爲明妃乎？」余謂此乃强辯，易林之文君，皆謂周文王，亦非泛指，今不具論。

劉氏跋云：「翟氏云升、牟氏庭並謂易林爲王莽時崔篆所作，又以繇詞所言皇母爲定陶傅太后，不知易林言皇母亦言元后，皆係泛詞而無專屬，夫元后既非王太后，則皇母亦非傅太后矣。」愚案節之解云：「皇母多恩，字養孝孫。脱於襁褓，成就爲君。」此正指傅太后事。外戚傳云：「元帝崩，傅昭儀隨王歸國，稱定陶太后。後十年，恭王薨，子代爲王，傅太后躬自養視，既壯大，成帝無繼嗣。傅太后多以珍寶賂遺趙昭儀及帝舅票騎將軍王根，陰爲王求漢嗣。明年，遂徵定陶王立爲太子。」是其事也。傳又云：「王太后曰太子小而傅太后抱養之，今至太子家，以乳母恩耳。」可見傅太后養哀帝於襁褓之中，恩義甚厚。帝之得立爲太子，以至嗣位，皆傅太后之謀，故曰「成就爲君」。易林之言，皆與史合。若如劉氏之言，皇母爲泛詞，無所專屬，則試問秦漢以後，自傅太后養視哀帝外，尚有何人爲皇祖母所字養，以至爲君者哉？故鄭曉謂此繇似言定陶太后育哀帝事者，其説必不可易。提要不能細考，乃謂鄭、顧二家所云某林指某事者，皆揣摩其詞，不知此條實證據確鑿，非揣摩之詞也。如丁氏、劉氏之負氣争辯，强詞奪理，將非提要之有以啓之乎？至易林之言元后者凡二事，艮之訟云：「元后貪欲，窮極民力。執政乖互，爲夷所偪。」案漢書元后傳云：「莽知太后婦人，厭居宫中。莽欲虞樂太后，以示其權，迺令太后四時車駕巡狩四郊，所至屬縣，輒施恩惠，賜民錢帛牛酒，歲以爲常。」傳敍其春夏秋冬所游之處甚悉，一年之内，車駕數動，勞費甚矣。度當時此類之事甚多，必有爲史所不及書者，故曰「元后貪欲，窮極民力」也。又匈奴傳云：「單于故印曰匈奴單于璽，莽更曰新匈奴單于章，單于以印文改易，故怨恨。」又云：「莽於是大分匈奴爲十五單于，招誘呼韓邪單于諸子，欲以次拜之。誘呼右犂汗王咸、咸子登、助三人，脅拜咸爲孝單于，拜助爲順單于。單于聞之怒，遣左骨都侯、右伊秩訾王呼盧訾及左賢王樂將兵入雲中益壽塞，大殺吏民。是歲，建國三年也。是後單于歷告左右部都尉、諸邊王、入塞寇盜，大輩萬餘，中輩數千，少者數百，殺雁門、朔方太守、都尉，略吏民畜産，不可勝數，緣邊虚耗。」又曰：「初北邊自宣帝以來，數世不見煙火之警，人民熾盛，牛馬布野。及莽撓亂匈奴，與之搆亂，邊民死亡係獲，又十二部兵久屯而不出，吏民罷弊。數年之間，北邊虚空，野有暴骨矣。」此所謂「執政乖互，爲夷所偪」也。篆不願稱莽爲朝廷或縣官，故但目爲執政耳。當莽未即真時，嘗誘西羌獻其地以爲西海郡，致西羌怨恨遂反，見莽傳。亦其乖互之一端。但其事不久即平，不可謂爲夷所偪，不如解作指莽撓亂匈奴，較爲得之。旅之姤云：「高阜山陵，陂陁顛崩。爲國妖祥，元后以薨。」考五行志，元延元年蜀郡岷山崩，劉向以爲漢家起於蜀漢，今所起之地，山崩川竭，殆必亡矣。此繇卽指此事，故曰「爲國妖祥」，不云「大漢以亡」，而云「元后以薨」者，痛之而寓以微辭，且書作於光武中興之初，不可斥言漢亡也。劉氏以元后爲泛言之，亦非也。提要據東觀漢記所引周易卦林見於今書，以爲出於焦氏之明證，不知崔篆周易林著於建武初，東觀記所載之事，在永平五年，距書成時已三十餘年。沛獻王所引，正崔氏書也，而丁氏書後乃云東觀漢記永平五年占周易卦林，詔問沛獻王輔。晏案：王厚齋漢志考亦引東觀記此文，薛季宣序易林序也，載浪語集卷三十。引同，並稱以京氏易林占之。後漢沛獻王輔傳善說京氏易，京爲延壽弟子，是爲焦氏之學，確有明徵。余考各本文選竟陵王行狀注，均引作周易卦林，御覽卷十則引作周易林，均不作京氏易林。玉海卷四十六引中興書目云：「東觀漢記八卷，所存只鄧禹、吳漢、賈復、耿弇、寇恂、馮異、祭遵、景丹、蓋延九傳。」是東觀記在南宋之初殘闕已甚，沛獻王傳適在所闕之內，王伯厚、薛季宣安所得原書而引之？此必因輾轉販稗，致生譌誤，否則引書者以意妄改，不足據也。自唐宋以來，皆謂易林爲焦延壽作，相傳無異詞，鄭氏、顧氏始核之史傳，疑非焦氏書，可謂善於讀書者。提要惟摭拾兩家之說，不能博考，故語涉游移。牟氏因讀舊序，推其致誤之由，知卽崔篆之周易林，其說至確。翟氏從而證明之，善矣；又爲丁氏、劉氏之說所汩。二人著述，皆負重名，而其說皆繚繞穿鑿，愈辯愈支，余懼後之讀者爲其所惑，故詳考之如此。又案沈炳巽撰權齋老人筆記卷三引日知録論易林之語而駁之曰：「按易林乃後漢崔篆所著，見崔駰傳，不知後人何以忽云焦延壽？先生博極羣書，獨以此致疑，可見讀書非易事也。」其爲說雖不詳，卻早在牟氏之前。

李虛中命書三卷

舊本題鬼谷子撰，唐李虛中注。虛中字常容，韓愈爲作墓誌銘。後世傳星命之學者，皆以虛中爲祖。愈墓誌中所云「最深五行書，以人之始生年月日所直日辰支干相生勝衰死王相斟酌，推人壽夭貴賤利不利，輒先處其年時，百不失一二」者是也。然愈但極稱其說之汪洋奧美，萬端千緒，而不言有所著書。

嘉錫案：此書唐志不著録，唐志惟詳於開元以前，後此則稍略。其爲虛中所著與否，誠無明徵，然因昌黎之誌不載，遂斷虛中未嘗著書，則不盡然。昌黎作碑誌，於其人之著述，或載或不載，無定例。故惟樊紹述、權文公兩誌，於所著書臚列劇詳，而李元賓、孟貞曜、柳子厚、竇牟四誌，皆不言有詩文集若干卷。盧殷誌則云「有詩千餘篇」，而無卷數，蓋或編次未就，或行狀未載，故寧闕之。然必於誌中敍其詩文得力之處，極力形容，則未載而與載無異矣。虛中誌言其說汪洋奧美云云，似即指所著書，與孟郊誌之「其爲詩劌目鉥心」云云，文法正相似，非僅指口說也。施士丐嘗著春秋傳，見新唐書儒林啖助傳，而昌黎所作施先生墓銘亦不載，但言明毛鄭詩，通春秋左氏傳，善講說，於經學書且漏略如此，況區區星命之書乎？

唐書藝文志亦無是書之名，至宋志始有李虚中命書格局二卷。鄭樵藝文略則作李虚中命術一卷、命書補遺一卷，晁公武讀書志又作李虚中命書三卷。焦氏經籍志又於命書三卷外，别出命書補遺一卷，名目卷數，皆參錯不合。世間傳本久絶，無以考正其異同，惟永樂大典所收，其文尚多完具，卷帙前後，亦頗有次第。

案通志卷六十八云：「李虚中命術一卷，李虚中命書補遺一卷。」蓋補遺乃别一人所作，以補虚中之遺，故與原書分著於録。宋志之李虚中命書格局，不云有補遺，當是虚中原書，宋志據宋國史藝文志著録，或者其時補遺尚未出耳。其作二卷與通志不同者，卷帙有分合也。讀書志作三卷，則已附補遺於原書之後。若焦氏經籍志，乃雜鈔史志目録，不必親見其書，以故紕繆百出，其所言卷數，固不足據也。此書卷上，首論六十甲子，凡六十一條。注以爲鬼谷之説，文詞鄙俚，與中下二卷迥然不同。六十一條之後，尚有六條，明引宋人所著書，詳見後。蓋此一卷卽通志所言之命書補遺，不知何以列爲卷上，以致本末倒置，其爲宋時已有此誤本，抑永樂大典鈔録之誤，或四庫館編次之誤，皆不可知。要之，宋志及通志所著録之本，必不如此。提要謂大典卷帙頗有次第，不知其次第固已大誤也。因其前後失次，遂致真僞雜糅，而提要乃疑及原書矣。

並載有虚中自序一篇，稱「司馬季主於壺山之陽遇鬼谷子，出逸文九篇，論幽微之理，虚中爲掇拾諸家注釋成集」云云。

案今本卷下天承地禄篇云：「發揚妙旨，神鬼何誅。」注云：「疑誅爲殊字，乃鬼谷自謂臨于鬼神之妙，豈鬼神之所見殊也。」則以此書爲鬼谷子所作，與原序合。今守山閣刻本無此序。考諸書著録，皆名李虚中命書，不名鬼谷子命書。讀書志卷十四題李虚中撰，不云鬼谷子撰，李虚中注，疑此序乃後來術士之所依託。序云「逸文九篇」，今檢其書，卷上之首六十三條，并無篇名。其後數條，則有標目，曰論貴神優劣，曰貴合貴食。卷中標目曰通理物化，曰真假邪正，曰升降清濁。卷下標目曰衰旺隨時，曰三元九限，曰天承地禄，曰水土名用。而水土名用只二十一字，豈卽以是當九篇歟？然則作序之時，所據已是三卷之本，非復通志别出補遺之舊矣，餘詳見後。

詳勘書中義例，首論六十甲子，不及生人時刻干支，其法頗與韓愈墓誌所言始生年月日者相合，而後半乃多稱四柱，其説實起於宋時，與前文殊相繆戾。

案宋朱翌猗覺寮雜記卷上云：「李虚中命術，不用生時。」袁文甕牖閒評卷七亦云：「舊傳李虛中論命，不用生時。」似虛中命書本不論四柱，然考朱松韋齋集卷十送日者蘇君序云：「小雅之詩『天之生我，我辰安在』。說者謂所值歲時月日星辰六物之吉凶，然則推步人生時之所值，以占其貴賤壽夭，自周以來有之矣。至唐殿中侍御史李虛中始以造詣精奧之思，盡發其祕，其說見於韓退之之墓誌，曰以人之始生年月日所直日辰支干斟酌其人壽夭貴賤，百不失一二。今之諱世邀利之徒，皆祖述其書，而未聞有窺其關節機牙者。蓋其爲技，兼五行星曆家之學，既以日時推其分至氣節之淺深，以步日月五星之所次，又以其五行之生死王相清濁愛惡，參稽錯徵，銖稱寸較，以處其所賦之賢愚厚薄，是以其言汪洋虛無而不可執持。間有不合，則曰是時豈植表下漏之所定乎，此所以視諸家之技尤見其難工也。」夫云植表下漏以定時，其爲一晝夜間之十二辰，而非春夏秋冬之四時亦明矣。洪适盤洲集卷三十五送王秀才序云：「唐李虛中始以人之初生歲月日時，推其十母十二子相生相尅，以逆知人之耆折貴賤休咎。」然則虛中論命，非不用時也，朱翌、袁文自考之不詳耳。明朱存理珊瑚木難卷七録有陶凱送張伯達序云：「予往年嘗讀昌黎文，見其稱殿中侍御史李虛中以人始生年月日時，比其支干以推其休咎而預定之。」與朱松、洪适之言合，而閻若璩潛邱劄記卷二乃云：「古人始生止記年月不記時，卽唐李虛中推命，猶不以時，見韓昌黎集。」此蓋提要所本。據紀昀槐西雜志則此篇提要出紀氏之手，且已自加駁正矣。雜志卷二云：「世傳推命始於李虛中，其法用年月日而不用時，蓋據昌黎所作虛中墓誌也。其書宋史著録，今已久佚，惟永樂大典載虛中命書三卷，尚爲完帙，所説實兼論八字，非不用時，或疑爲宋人所僞託，莫能明也。然考虛中墓誌稱其最深於五行書，以人始生之年月日所直日辰支干相生勝衰死王互相斟酌，推人壽夭貴賤利不利云云。按天有十二辰，故一日分爲十二時，日至某辰，卽某時也。故時亦謂之日辰。國語『星與日辰之位，皆在北維』是也。詩『跂彼織女，終日七襄』。孔穎達疏從旦至暮，七辰一移，故謂之七襄，是日辰卽時之明證。楚詞『吉日兮辰良』王逸注，日謂甲乙，辰謂寅卯，以辰與日分言，尤爲明白。據此以推，似乎『所直日辰』四字當連上年月日爲句，後人誤屬下文爲句，故有不用時之説耳。余撰四庫全書總目，亦謂虛中推命不用時，尚沿舊説，今附著於此，以志余過。」此蓋兼糾潛邱劄記之誤，不獨訂正提要也，而翟灝通俗篇卷十乃云：「文海披沙明謝肇淛撰。李虛中以人生年月日所直干支，推人禍福生死，百不失一，初不用時也。自宋而後，乃并時參合之，謂之八字。以上均文海披沙語，以下翟氏説。按唐有珞琭子三命一卷，禄命家奉爲本經，按珞琭子三命，唐志不著録，不知翟氏何以知唐有此書。三命卽年月日干支也。宋林開加以時胎，謂之五命，撰五命祕訣一卷，皆見晁氏讀書志。今所謂八字，既取用時，仍不加胎，非三命，亦非五命，乃四命耳。然吳融送策上人詩已云『八字如相許，終辭尺組尋』。此八字當指推命者説，豈唐時兼有此推法耶？」文海披沙無足論，卽翟氏之説亦誤甚。其謂三命爲年月日，本之晁公武。考讀書志卷十四，其所録之珞琭子三命，卽今之三命消息賦，有徐子平釋曇瑩二家注，皆言年月日時，正是今所謂八字，晁氏自不得其解耳。夷堅志補卷十八云：「何清源丞相因改秩入都，適術士過前，詢其技，曰能論三命，乃書年月日時示之。」元朱思本貞一齋雜著卷一星命者説云：「以人之生年月日時，配以十幹十二枝，由始生之節序，推而知運之所値，五行生克，旺相死絶，而知吉凶禍福焉，謂之三命。」又朱德潤存復齋文集卷四湘中廖如川談三命序云：「湘中廖子能以人始生年月日時推五行生克制化，言休咎。」是皆三命用時之證也。明蘇伯衡平仲文集卷十書徐進善三命辯後云：「以五十一萬八千四百之四柱，包括天下古今生人之命，蓋昉於虚中。」是則三命卽四柱也。唐書呂才傳云：「世有同建與禄而貴賤殊域，共命若胎而夭壽異科。」命書通理物化篇云：「四柱者，胎月日時。」又云：「大抵年爲本，則日爲主；月爲使，則時爲輔。」是四柱亦兼論胎，非自林開始。然則三命、四命、五命，名雖不同，其揆一也。至吳融詩之八字，盧文弨鍾山札記卷二尚引有寄貫休上人詩「八字微言不復聞」一句，並引韓鄂歲華紀麗云：「『八字之佛爰來』注荆楚人相承四月八日迎八字之佛於金城。」則非禄命之八字也。洪亮吉北江詩話卷六云：「今人推禄命者言八字，若宋以前，只有六字，蓋第用年月日，不取時也。」此亦沿舊説之誤，附糾於此。諸家筆記中，其誤似此者不少，惟明張萱疑耀卷五云：「禄命家言，自周以來有之。小雅曰『天之生我，我辰安在』。辰卽所值歲時，日月星辰五行之吉凶也。賈誼、王充輩，亦皆有禄命之説，第未知其術何如耳。惟吕才者，獨著論以深絶之。至唐乃有李虚中，始精其術，以人之始生年月日時支干，斟酌壽夭貴賤，亦往往有驗，卽今所傳子平是也。」然則萱已明言韓文中所值日辰，卽人始生之時矣。左暄三餘偶筆卷十二云：「考古家謂李虚中以人生年月日推人禍福生死，初不用時也。按其説不然，韓愈侍御史李君墓誌銘曰以人之始生年月日所值日辰，推人壽夭貴賤利不利。曰所值日辰者，辰卽時也。漢書五行志引京房易傳曰蜺直而塞，六辰迺除，夜星見而赤。韋昭曰六辰謂從卯至申。又曰蜺三出三巳，三辰除，則日出且雨。韋昭曰若從寅至辰也，蜺且見西，晏則雨。此古人以時爲辰之證，後人每謂虚中推人禄命不用時，疎矣。」此説不獨可正舊説及提要之誤，且可補槐西雜志所未備。偶筆卷十三又云：「唐書吕才傳漢武帝以乙酉歲七月七日平旦生。平旦者，寅也。是古人始生未嘗不記時，李虚中推命以年月日所值日辰。辰，時也；是古人推命亦用時。」今按北堂書鈔卷九十四引揚雄家録云「子雲以甘露元年二月戊寅雞鳴生，天鳳五年四月癸丑晡卒」。揚雄家録蓋卽子雲家牒，其書曾見引於劉歆七略，文選王文憲集序注引七略曰子雲家牒言以甘露元年生也。必當時人所作。然則前漢人記人之生死，已詳載其年月日時矣。御覽卷三百六十二引何楨元壽賜名敍曰：「新婦荀氏所生女，以歲在丁丑四月五日日始出時生，此月斗建巳，其日又巳，其時加卯。」楨爲魏晉間人。舊書呂才本傳載其祿命篇所言漢武帝年月日時，係引漢武故事，其書爲齊王儉所撰。梁陶弘景冥通記卷一周子良傳云：「以建武四年丁丑歲正月二日人定時生。」是可見記人始生之時，在唐以前已確有此風俗。晁公武云：「才所詆建祿背祿三刑刧殺建學空亡句絞六害驛馬之類，皆今世三命之術也，亦在才之前矣。」是其術亦自初唐之前已有之，並不始於李虛中。韓泰華字小亭，清道咸間人。無事爲福齋隨筆卷上亦曰：「陳子昂贈嚴倉曹乞推命録詩云：『聞道沈冥客，青囊有祕篇。九宮探萬象，三算極重玄。』爲後世子平之始。」今考其詩果載陳伯玉集卷二中，文苑英華卷二百四十九亦收入之。韓氏之言，信而有徵。至於初唐之占命是否用時，則日本古寫本卜筮書殘卷吉石盦叢書影印本。有「占生日時」條云：「徵明臨年正月景日景卽丙晡時生，神右臨年二月丁日日入時生，大吉臨年三月巳日黄昏時生，功曹臨年四月庚日人定時生，大衝臨年五月辛日夜半時生，天罡臨年六月戊日雞鳴時生，太乙臨年七月壬日平旦時生，勝先臨年八月癸日日出時生，小吉臨年九月巳日食時生，傳送臨年十月甲日巳時生，從魁臨年十一月乙日午時生，河魁臨年十二月戊日日昳時生。」其前又有十二條，詳記某星臨年，某月某日某時受孕。

羅振玉謂此卷是初唐寫本。羅跋云卷中別搆字甚多，與六朝碑版合。凡丙丁之丙皆作景，白虎作白獸，而隆字不缺筆，乃初唐寫本之證。卷背有元慶五年比丘慧稠書授菩薩戒儀，有太政官印。元慶紀元當中土唐乾符四年，則此卷東渡，當在唐之中葉。然則後世五命之術，所謂年月日時胎者，唐初早用以占卜，則其時祿命書自必用之不疑，呂才傳可證也，安得謂四柱之說，起於宋時乎？蓋考證家不喜觀術數書，瞽史之流，又不知學術，宜無有能言其源流者矣。

且其他職官稱謂，多涉宋代之事，其不盡出虛中手，尤爲明甚。中間文筆有古奧難解，似屬唐人所爲，又有鄙淺可嗤者，似出後來附益。真僞雜出，莫可究詰。疑唐代本有此書，宋時談星學者以己說闌入其間，託名於虛中之注鬼谷，以自神其術耳。

案此書中下二卷，正文中幷無宋代職官稱謂，亦不見有鄙淺可嗤者。惟卷上之文體，不與全書同，首論六十甲子，最後六條則採自他書，條下標明出處，有廣錄、不知何書。三命指掌、宋志有三命指掌訣一卷。金書命訣、宋志有僧善嵩訣金書一卷。林開五命、見下。閻東叟書、案三命指迷賦岳珂注引有閻東叟說。三命提舉未見著録之名。其中一條，有正郎、員郎、兩制、兩省、兩府、卿監、清要差遣、京朝官、州縣官等語，提要所謂職官稱謂多涉宋代者，殆卽指此。然其下明注爲林開五命，開字之大，宋之談星命者。能改齋漫録卷五云今諸命書如唐李虛中、本朝林開之大論五行十二位」云云。范成大驂鸞録云：「賀州文學周震震亨，舉業外尤精珞琭子林開諸書。」揮麈餘録卷二云：「蔡元度止一子，子因仍是也，談天者多言其壽命不永。一日，盡呼術者之有名如林開之徒，相與決其疑，云當止三十五歲，後子因壽八十而終。然靖康初蔡氏敗，例遭削奪，恰年三十五。」由靖康元年上推三十五年爲元祐七年。洪邁夷堅志支戊卷四云：「林開三命，世俗日者多託其書以自附，然初未覩厥真也。宣和間其人在京師，莆田王至一靜嘗邀之論命。」以此考之，則林開乃北宋末人，元祐中已有名，至宣和間猶存，不獨鬼谷書不應有此，卽李虛中亦豈能引宋人之書？若果原書以此爲卷上，晁公武又豈得都無一言？故吾謂此卷乃命書補遺，於斯益信。開所著五命祕訣，宋志作五卷及通志、讀書志、通考均一卷均著録，此書徵引開説，正洪邁所謂託其名以自附者也。開在南北宋間烜赫有名，此書既託名虛中之注鬼谷，寧肯明出其名以自取敗露耶？注不知何人所作，考三命消息賦徐子平注卷下引鬼谷曰：「金降自乾東而震西南，遇坤鄉而敗禄衰官。」其文今在三元九限篇注中，蓋誤以注爲正文，是此注在宋時已爲術者所行用。其真假邪正篇注有敏少宰及王安中左丞八字，敏少宰不知何人，疑當作吳敏少宰，傳寫脱一吳字耳。敏與王安中宋史卷三百五十二有列傳。敏拜少宰，在靖康元年；安中遷左丞，在宣和三年；皆至紹興中始卒，則注當作於南宋初年。注者既大書兩人姓名，是未嘗自以爲李虛中也。至以書爲鬼谷所作，見前則術數家之慣技。考三命消息賦徐子平注、釋曇瑩注及三命指迷賦岳珂注，均引鬼谷語。岳注引至二十餘條，大半見於此書。宋趙彥衛雲麓漫鈔卷十三云：「古惟有卜筮與陰陽星數而已，未有以人之生月日時支干配合著論者。今取世俗所謂命書觀之，往往皆近時語。推尊珞琭子，尤非古文。益知始於李常容，明甚。業其術者，託名於鬼谷子、謂此書。王之晉，謂珞琭子三命消息賦。可謂忘本矣。」足見宋時術數家皆取李虛中之書，嫁名鬼谷。又考子平注引虛中一條，曇瑩注引李虛中二條，岳珂注引李虛中一條，乃皆不見於此書及注中，則又不知其何說也。余謂此書蓋實虛中所作，傳其術與注其書者，皆託之於鬼谷。其注則宋人所作，其初當自有姓名，不知何人僞撰一序，以虛中書既爲鬼谷所撰，因歸其注於虛中，以爲之調停，遂與書名及注中文義無一可合，術數家之不通古今如此。而傳寫其書者，又誤以補遺爲卷上，由是紛紜糾錯，莫可究詰矣。萬卷堂書目卷三五行類有子平一覽二卷，注云「李虛中」。子平宋人，虛中乃預取以名書，尤爲可笑。

徐氏珞琭子賦注二卷　宋徐子平

珞琭子書，爲言祿命者所自出，其法專以人生年月日時八字推衍吉凶禍福。李淑邯鄲書目謂其取「琭琭如玉，珞珞如石」之意，而不知撰者爲何人。朱弁曲洧舊聞云世傳珞琭子三命賦，不知何人所作，序而釋之者，以爲周世子晉所爲，然考其賦所引有秦河上公，又如懸壺化杖之事，皆後漢末壺公、費長房之徒，則非周世子晉，明矣。

嘉錫案：此賦釋曇瑩注於「臣出自蘭野，永慕真風，入肆無懸壺之妙，遊衢無化杖之神」句下引王廷光曰：「世傳珞琭子，以爲梁昭明太子之所著，及東方朔疏序，又以爲周靈王太子子晉之遺文，二説皆非也。此篇言懸壺化杖之事，及卷終舉論郭景純、董仲舒、管公明、司馬季主，皆漢故事，按郭景純、管公明非漢時人。前後不同。所謂珞珞如石，琭琭如玉，此書如玉石之參會，萬古不毀，使知者以道取之可也。其謂臣出自蘭野，幼慕真風者，乃知達觀之士，不顯其聲名者也。」所辨較朱弁更詳，且出自術數家之口，尤可取信。廷光書提要謂進於宣和癸卯，見曇瑩注條下，讀書敏求記卷三亦云宣和五年廷光表進之。在弁著舊聞之前，已有此辨，而弁不引其説，且云「俚俗乃以爲子晉，士大夫亦有信而不疑者，吁可駭也！予每嫉其事，故因著之」。見舊聞卷八。蓋弁著書在使金被留之後，故未見廷光書也。是書前有楚頤序，又謂珞琭子者，陶弘景所自稱。然禄命之説，至唐李虚中尚僅以年月日起算，未有所謂八字者。弘景之時，又安有是説乎？考其書始見於宋藝文志，而晁公武讀書志亦云宣和、建炎之間是書始行，則當爲北宋人所作，舊稱某某，皆依託也。

案此書撰人，當以王廷光所謂「達觀之士不顯其聲名者」爲定論。蓋作者不自署姓名，後人因紛然附會，言人人殊。要之，皆不足信。李虚中推命，實兼用年月日時，説見命書條下。

術數類存目一　總目卷一百十

術數類數學之屬後案語

案太玄經稱準易而作，其揲法用三十六策。王讜唐語林曰王相涯注太玄，嘗取以卜，自言所中，多於易筮，則太玄亦占卜書也。然自涯以外，諸儒所論，不過推其數之密、理之深耳，未聞用以占卜者。亦未有稱其可以定吉凶，決疑惑者。卽王充以下諸儒，遞有嗤點，亦未有詆其占卜無驗者，則仍一數學而已。

嘉錫案：唐語林之爲書，乃純取唐人之雜家小説，按世説篇目，分門編輯，無一條爲王讜自撰。在今日不知其出處者，固亦有之，而十之六七，皆有可考。提要所引此條，見李肇國史補卷中，至於太玄爲占卜多中，亦不祇王涯一人。考吳志陸凱傳曰：「手不釋書，好太玄論，演其意以筮，輒驗。」柳宗元文集卷二解祟賦序云：「柳子既放，猶懼不勝其口，筮以玄，遇干之八，曰赤舌燒城，吐水於瓶。其測曰君子解祟也，喜而爲之賦。」合此三事觀之，則太玄宜入占卜，不應入數學矣。提要云云，毋乃考之不詳歟？

術數類存目二　總目卷一百十一

葬經一卷

題云青烏先生葬經，大金丞相兀欽仄注。考青烏子名見晉書郭璞傳。唐志有青烏子三卷，已不知爲真古書否。此本文義淺近，經與注如出一手，殆又後人所依託矣。

嘉錫案：姚振宗漢書藝文志拾補卷五引提要此條，並附案語云：「唐修晉書郭璞傳，不見言青烏子事，提要云云，或從他所引別家晉書歟？」嘉錫嘗考諸書所引十八家晉書，幷無此文。且使提要果係引臧榮緒、何法盛諸家書，亦當明著出處，不得竟云晉書郭璞傳也。此蓋因郭璞傳有從河東郭公受青囊中書九卷事，誤以青囊書爲青烏子，又以世説術解篇「晉明帝微服看郭璞爲人葬龍耳」一條注引青烏子相冢書曰：「葬龍之角暴富貴，後當滅門。」而郭璞傳亦有此事，遂誤記劉孝標之注爲本傳之文也。考廣韻十五青引風俗通云：「漢有青烏子善葬術。」北堂書鈔卷百四十六引青烏子葬書云：「初掘冢之日，常以飲鲊上土公四旁。」藝文類聚卷七引相冢書曰：「青烏子稱山望之如卻月形，或如覆舟，葬之出富貴，山望之如雞栖，葬之滅門。山有重疊，望之如鼓吹樓，葬之連州二千石。」文選卷二十三盧陵王墓下作詩注引青烏子相冢書曰：「天子葬高山，諸侯葬連岡。」御覽卷五百六十引相冢書曰：「凡葬於龍耳貴出侯，青烏子稱山三重相連，名傘山，葬之出二千石。」又卷七百二引青烏子葬書曰：「作墓發土，夕夢見罩鐵入市者，富貴。」凡此所言諸侯二千石，皆漢魏人語，又見引於劉孝標、虞世南、歐陽詢、李善，自是六朝以前古書，而今本皆無其文。今本以四字爲句，文體亦與諸書所引者不類。案舊唐志有青烏子三卷，新唐志有青烏子三卷，均不著撰人。考宋談鑰嘉泰吳興志卷四曰：「長興烏瞻山在縣北五十里，高四百尺，山墟名云：案吳興山墟名，晉張玄之撰。「昔有青烏子瞻望此山曰，此山可以避難養道，隱者所居，故名。」真誥甄命授曰：「昔青烏公者，身受明師之教，審仙命之理，至於入華陰山中學道，積四百七十一歲，十二試之，有三不過。後服汋而升太極，太極道君以爲試三不過，但仙人而已，不得爲真人，況俗意哉？」注云：「青烏公似是彭祖弟子也。」此二事雖皆未可信，但必是六朝以前相傳有此神仙，古之作相冢書者乃得而託之也。宋志醫書類有青烏子風經一卷，青烏子論一卷，在李涉傷寒方論之後，蓋亦論傷寒。然則方技之書，託之青烏子者多矣。元李治敬齋古今黈卷四曰：「柳子厚爲伯祖妣李夫人墓志銘云艮之山，兑之水，靈之車，當返此，子孫百代承麟趾，誰之言者青烏子。青烏子，葬書也。按地理新書云孫季邕原作孫李邕，據新唐志改撰葬範，引呂才葬書所論僞濫者一百二十家，奏請停廢，自爾無傳。且具列僞書名件，而青烏子葬經亦在其間，則知子厚時此書復行於世也。」按舊唐書呂才傳，才於太宗時奉詔刊正陰陽書，麟德高宗年號二年卒。舊書經籍志本之開元時毋煚之古今書録，而青烏子猶著於録，則其時尚未亡佚。宋史藝文志有王洙地理新書三十卷，蓋卽李治所引。（晁氏讀書志卷十四有五音地理新書三十卷，僧一行撰，與此蓋非一書。）孫季邕葬範三卷，（崇文總目二卷，宋志作五卷，季誤作李。）見於新唐書藝文志，自是開元以後人。（讀書志云會元經二十四卷，孫季邕撰，未詳何許人。）青烏子在開元時猶存，而季邕謂呂才奏請停廢，自爾無傳者。考之舊唐志五行家所録葬書，僅有蕭吉以下十二家，其中恐尚有呂才以後之書，則才請停廢之一百二十家，失傳者多矣。青烏子雖中祕偶有其書，疑民間已不甚行，其後遂至亡佚，故季邕不言其尚存，而崇文總目及宋志遂不著於録。今本雖題青烏子之名，決爲季邕所未見。至於柳宗元之文，不過借用青烏子故事以指當時葬師，未必真見其書，李治據之以爲當子厚時復行於世，所謂「固哉高叟之爲詩」也。夫以唐代失傳之書，安得至金尚存，而有兀欽仄者爲之作注耶？今其書有曰「九曲委蛇，準擬沙隄」。注曰：「沙隄者，言宰相出必築沙爲隄，冀無崎嶇以礙車輪也。後人因之，以沙隄爲宰相故事耳。」案宰相新拜，載沙築隄，乃唐人故事。大唐傳載謂沙隄起天寶三年，六朝以前安得有此？又曰：「外臺之地，捍門高峙，屯軍排迎，周廻數里，筆大横椽，足判生死。」按唐書高元裕傳云：「故事三司監院官帶御史者號外臺，得察風俗，舉不法。」故言筆大横椽，足判生死，是亦唐之制度也。蓋古之青烏子相墓書已亡，是書乃唐以後人所僞作，而託之青烏子耳。至其注題大金丞相兀欽仄，考之金史，並無此丞相，殆又後來術士所依託，提要必以爲經與注如出一手，亦未見其然也。

四庫提要辨證卷十四

子部五

藝術類一　總目卷一百十二

續畫品一卷

舊本題陳吳興姚最撰。今考書中稱梁元帝爲湘東殿下，則作是書時猶在江陵卽位之前，蓋梁人而入陳者，猶玉臺新詠作於梁簡文在東宮時，而今本皆題陳徐陵耳。其書繼謝赫古畫品録而作，凡二十人，爲論十六則，凡所論斷，多不過五六行，少或止三四句，而出以儷詞，氣體雅僞，確爲唐以前語，非後人所能依託也。

嘉錫案：周書藝術傳云：「姚僧垣，吳興武康人。大軍剋荆州，爲燕公于謹所召，太祖又遣使馳驛徵僧垣，謹故留不遣。明年，隨謹至長安。長子察，在江南。次子最，字士會，年十九隨僧垣入關。世宗盛聚學徒，校書於麟趾殿，最亦預爲學士，俄授齊王憲府水曹參軍，掌記室事。隋文帝踐極，除太子門大夫，襲爵北絳郡公，俄轉蜀王秀友，遷秀府司馬。

及平陳，察至，讓封於察。秀後陰有異謀，隋文帝令公卿窮治其事，最獨曰：『凡有不法，皆最所爲，王實不知。』榜訊數百，卒無異辭，最竟坐誅，時年六十七，論者義之。」撰梁後略十卷，行於世。」亦見北史藝術傳。册府元龜卷五百五十六云：「姚最字士會，爲太子門大夫，遷蜀王秀司馬。博通經史，尤好著述，撰梁後略十卷行於世，又撰序行記十卷。」與撰此書者姓名、籍貫、時代皆同，當卽此人。竇蒙述書賦注云：「隋蜀王府司馬姚最撰名書録。」署銜亦與周書合，又知最於此書之外，尚有評書之作。最生於梁，仕於周，殁於隋，始終未入陳。新唐志及宋志著録均止作姚最續畫品，無陳字，而今本乃題作陳姚最，蓋最在周、隋，名不甚著，不如其兄察之烜赫，附傳在藝術中，易爲人所忽略，後人因此書稱湘東殿下，知其作於梁末，妄意必已入陳，遂臆題爲陳人。觀唐張彦遠歷代名畫記卷一敍畫之興廢篇亦稱爲陳姚最，則其誤亦已久矣。最之畫評，名畫記卷五、六、七三卷引用最多，幾乎全部收入，其爲唐以前書，固無疑義，不必以行文之雅儁，始知非出後人依託也。最以江陵平之次年入周，年始十九，而此書又作於梁元帝未卽位之前，度其時不過十四五歲，方之楊烏九齡而與玄文，猶爲已晚，弱齡著書，固非奇事，然余疑其作于入周以後，蓋因梁元爲周所滅，不敢稱其帝號，故變文稱湘東殿下耳。提要不能得最之出處，其後嚴可均號稱博覽，亦編此書入全陳文，皆不考之過也。

書譜一卷唐孫過庭

書斷謂之筆意論，然世傳石刻，乃其手迹，篇中自稱名曰書譜，則作「書譜」爲是矣。過庭自稱撰爲六篇，分爲兩卷，此本乃止一篇，疑全書已佚，流傳真蹟，僅存其總序之文，以前賢緒論，姑存以見一斑，而仍題全書之名耳。

嘉錫案：法書要録中所録書斷實作運筆論，疑提要所見本誤。宣和書譜卷十八過庭傳云：「作運筆論，字逾數千，妙有作字之旨，學者宗以爲法。今御府所藏草書三書譜序，上下二千文。」詳其語意，似運筆論與書譜非一書，然宣和書譜謬誤實多，疑其沿襲舊文，未加檢核。書譜序分爲上下，是則此書明有二卷。宣和御府猶存真蹟，但今所傳一篇，正是其序，文義已了，不應復有下篇，且使兩篇皆是序，則其正文安在，知序字亦屬衍文也。今人余紹宋書畫書録解題卷三云：「南宋陳思輯書苑菁華，始著其文於録，則下卷已亡，其爲亡於南渡之際，殆無疑也。」嘉錫考宋周密雲煙過眼録卷上云：「焦達卿敏中所藏唐孫過庭書譜上下全，徽宗滲金御題，前後宣和、政和印。」特著其爲上下全，則當時傳本多不全，故陳思所見亦只一卷，與今本同，惟宣和御府所藏真蹟流落人間者尚全耳。周密親見二卷本，是下卷宋末尚存，余氏謂亡於南渡者亦非也。今真蹟雖存，亦只一卷，其何時殘缺，不可考矣。

書斷三卷

唐張懷瓘撰。是書唐書藝文志著録，稱懷瓘爲開元中翰林院供奉。竇蒙述書賦注則云「懷瓘海陵人，鄂州司馬」，與志不同。然述書賦張懷瓘條下又注云：「懷瓌，懷瓘弟，盛王府司馬，兄弟並翰林待詔。」則與志相合，蓋嘗爲鄂州司馬，終於翰林供奉，二書各舉其一官爾。

嘉錫案：述書賦尚有一條云：「張兵曹粗習翫之利。」注云：「率府兵曹、鄂州長史張懷瓘撰十體書斷上中下。」在提要所引兩條之前，然云鄂州長史，與後作鄂州司馬者又不同，唐制諸州有長史，又有司馬，非一官。未詳其故。提要謂新志題翰林供奉，述書賦題鄂州司馬，爲各舉一官。愚案，唐之翰林待詔，翰林供奉，翰林學士，無定員，皆以他官入院，班次各視本官，新書百官志、唐六典諸書言之頗詳。懷瓘蓋以率府兵曹入爲待詔，遷供奉耳，鄂州司馬當在其後，何以知其終於翰林供奉乎？唐志所書官爵，多據其著書時所署銜名，不必即終於此官。宋翟耆年籀史云：「唐張彥遠法書録載處士張懷瓘書斷。懷瓘本名懷素，開元二十二年勅改名懷瓘。」考書斷卷下評曰：「開元甲子歲，廣陵卧疾，始焉草創，歲洎丁卯，荐筆削焉。」此篇名雖曰評，實即其書之後序。甲子爲開元十二年，丁卯爲十五年，蓋其時猶未出仕，故籀史稱爲處士也。其本名爲懷素，亦他書所未聞。明陶宗儀古刻叢鈔，有唐故宣義郎侍御史內供奉知鹽鐵嘉興監事張府君墓誌銘云：「君諱中立，其先范陽人，晉司空華十五世孫。高祖紹宗，皇郘州武岡令，贈宜春太守，著蓬山事苑卅卷行於世，蘇許公爲之製集序，韋侍郎撰神道碑。宜春生盛王府司馬、翰林集賢兩院侍書侍讀學士諱懷瓌，有文學，尤善草隸書，與兄懷瓘同時著名。」此又懷瓘世系之可見者也。宋朱長文墨池編卷十載所作續書斷云：「張懷瓘，字未聞也。其父善書，與高正臣近。懷瓘高自矜飾，謂真行可比虞、褚，草欲獨步於數百年間，此據懷瓘所作文字論。然無遺跡可考耳。開元中嘗爲翰林供奉。」懷瓘之父蓋即宜春郡太守紹宗也，並録之以備考。

述書賦二卷

唐竇臮撰，竇蒙注。臮字靈長，扶風人，官至檢校户部員外郎、宋汴節度參謀，見徐浩古蹟記。

嘉錫案：陸耀遹金石續編卷九有唐華陽三洞景昭大法師碑，在江蘇句容縣茅山，朝議大夫、檢校國子司業兼御史中丞、吳縣開國男陸長源撰，朝議大夫、檢校尚書兵部郎中兼侍御史、上柱國竇臮書并篆額，貞元三年正月建。其碑文有云：「浙江東西節度判官、檢校尚書兵部郎中兼侍御史扶風竇公臮，布武區中，棲心象外。」法書要録卷四載唐盧元卿法書録云：「貞元十一年正月，於都官郎中竇臮宅見王廙書、鍾會書各一卷。」權德輿文集卷三十一太宗飛白書記云：「有都官郎中竇泉者，博古尚藝，貞元初，得其書於人間，太清宮道士盧元卿又得之於竇氏。」與法書録合，「竇泉」蓋「竇臮」之誤。文苑英華卷八百十六亦誤作泉。是臮之官不止於檢校户部員外郎，亦不終於宋汴幕府也。徐浩古蹟記與盧元卿法書録同載於法書要録，提要檢閱未徧，舉其一而遺其一，不謂之疏畧不可矣。

法書要録十卷

唐張彦遠撰。書首有彦遠自序，但署河東郡望。郭若虚圖畫見聞志、晁公武讀書志亦但稱其字曰愛賓，而仕履時代，皆不及詳。今以新唐書世系表、藝文志、列傳，與彦遠自序參考，知彦遠乃明皇時宰相嘉貞之玄孫，序稱高祖河東公，卽嘉貞；其稱曾祖魏國公者，爲同平章事延賞；原注，案延賞封魏國公，本傳失載，僅見於此序中。稱大父高平公者，爲同平章事宏靖；稱先公尚書者，爲桂管觀察使文規，唐書皆有傳。此書之末，附載畫譜本傳，不知何人所作，乃稱彦遠大父名稔。考歷代名畫記，有彦遠叔祖名諗之文，非其大父，亦非稔字，顯然舛謬。

嘉錫案：歷代名畫記卷一敍畫之興廢云：「大父高平公與愛弟主客員外郎，自注，彦遠叔祖名諗。及汧公，案謂李勉。愛子纘，自注，祠部郎中。纘弟約，自注，兵部員外郎，字存博。更敍通舊，遂契忘言，遠同莊、惠之交，近得荀、陳之會；繇是萬卷之書，盡歸王粲；一廚之畫，惟寄桓玄。」又卷九吳道玄傳，彥遠云：「親叔祖主客員外郎諗有吳畫說一篇，在本集。」考之唐郎官石柱題名，主客員外郎內有張諗。見勞格郎官石柱題名考卷二十六。新唐書宰相世系表，河東張氏嘉貞，相玄宗；子延賞相德宗；延賞子弘靖相憲宗。諗，主客員外郎。弘靖子文規，桂管觀察使。文規子彥遠，祠部員外郎。是諗爲彥遠之叔祖，與名畫記合。而此書卷末所附畫譜本傳，乃云「其大父稔，已有書名」，殆是不知史事人之所爲，宜提要之譏之也。但其傳中只言彥遠善書，不言其善畫，何以列之畫譜？余嘗考之，乃宣和書譜卷二十之文，此書刻本誤書爲畫，提要遂不知其出於何書矣。當宣和時，方廢史學，故其所著書紕繆如此。唐李綽著尚書故實，所謂「賓護尚書賓護，曾慥類說卷四十五引作護賓，與彥遠字愛賓合，當從之。河東張公者，卽彥遠之羣從昆弟。其書有曰，兵部李員外約，汧公之子也，與主客張員外諗同棄官，尤厚於張。」可與名畫記互證。詳見雜家類四尚書故實條下。故實稱延賞爲張魏公者凡兩見，一曰：「臺儀自大夫以下至監察，通謂之五院御史，國朝踐歷五院者共三人，爲李商隱、案當作李尚隱。張魏公延賞、溫僕射造也。」一曰：「西平王案謂李晟始將禁軍戍蠻，與張魏公不叶，及西平功高居相位，德宗欲追魏公者數四，慮西平不悅而罷。」唐文粹卷六十三有張彥遠三祖大師碑陰記，亦云：「大曆初，彥遠曾祖魏國公留守東都，兼河南尹。」則延賞之曾封魏國，亦不僅見於此書自序也。

至本傳稱彥遠博學有文辭，乾符中至大理寺卿，藝文志亦同，而世系表作祠部員外郎，則未詳孰是也。

案唐、宋之制，凡卿寺官署銜均不帶寺字，故新唐書張嘉貞傳卷一百二十七及藝文志小學類敍彥遠官，均只稱大理卿，提要引作大理寺卿，是以明、清人之官職加之唐人也。舊唐書張延賞傳卷一百二十九列傳第七十九云：「文規子彥遠，大中初由左補闕爲尚書祠部員外郎。」與新書世系表合，然其懿宗紀云：「咸通六年二月，以吏部尚書崔慎由、吏部侍郎鄭從讜、吏部侍郎王鐸、兵部員外郎崔瑾、張彥遠等考宏詞選人。」則是時已不官祠部。僖宗紀云：「乾符二年秋七月，以大理卿岑氏本舊唐書校勘記卷十引張宗泰云三字譌，或大理下脫少字張彥遠爲大理卿。」與新書志傳亦合。蓋其弊在修史之時，雜成衆手，世系表從舊傳書其早歲之官，藝文志及列傳則從舊紀記其所終之官也。藝文志又云：「續唐曆二十二卷，韋澳、蔣偕、李荀、張彥遠、崔瑄撰，崔龜從監修。」新書蔣偕傳附蔣乂傳後曰：「初柳芳作唐曆，大曆以後闕而不録，宣宗詔崔龜從、韋澳、李荀、張彥遠及偕等分年撰次，盡元和以續云。」舊書崔龜從傳曰：「大中五年七月，撰成續唐曆三十卷上之。」唐郎官石柱題名祠部員外郎、勞氏考卷二十二。主客員外郎，勞氏考卷二十六內均有張彥遠，唐文粹三祖大師碑陰記末題「咸通二年八月舒州刺史河東張彥遠」，足補新、舊史之闕。合而觀之，其一生仕履可得而言，蓋自宣宗大中之初，由左補闕爲主客員外郎，尋轉祠部，五年奉詔修續唐曆，疑其以本官兼史館修撰也；懿宗咸通初出爲舒州刺史，久之復入爲兵部員外郎；僖宗乾符二年累遷至大理卿。紀於四年書以殷僧辯爲大理卿，彦遠此時或已卒矣。名畫記卷一云：「長慶初，大父出鎮幽州，遇朱克融之亂，彦遠時未齔歲。」説文云：「齔，毁齒也，男生八歲而齔。」則彦遠當生於元和十年前後，至乾符四年，六十餘歲矣。作提要者不讀舊史，故懵然不辨新書表志之異同，即勞格之博極羣書，亦只引新表、舊傳，不能得其始末也。蓋舊史本紀，雜亂無法，爲人所厭觀久矣，然欲考一代之史事，又惡可廢乎！

歷代名畫記十卷唐張彦遠

前三卷皆畫論，一敍畫之源流，二敍畫之興廢，三、四敍古畫人姓名，五論畫六法，六論畫山水樹石，按以上卷一。七論傳授南北時代，八論顧陸張吴用筆，九論畫體工用搨寫，十論名價品第，十一論鑒識收藏閱玩，以上卷二。十二敍自古跋尾押署，十三敍自古公私印記，十四論裝褙褾軸，十五記兩京外州寺觀畫壁，十六論古今之祕畫珍圖。以上卷三。自第四卷以下皆畫家小傳，然即第一卷内所録之三百七十人，既俱列其傳於後，則第一卷内所出姓名一篇，殊爲繁複，疑其書初爲三卷，但録畫人姓名，後裒輯其事蹟評論，續之於後，而未删其前之姓名一篇，故重出也。晁公武讀書志别載彦遠名畫獵精六卷，記歷代畫工名姓，自史皇以降至唐朝，及論畫法，并裝褙裱軸之式，鑒別閱玩之方。毛晉刻是書跋，謂彥遠自序止云歷代名畫記，不及此書，意其大略相似。考郭若虛圖畫見聞志敍諸家文字，列有是書，注曰無名氏撰，其次序在張懷瓘畫斷之後、李嗣真後畫品録之前，則必非張彥遠之作，晁氏誤也。

嘉錫案：周中孚鄭堂讀書記卷四十八云：「愛賓既作法書要録，復作是書，以記歷代名畫。卷一至卷三皆敍論記述之文，凡十五篇，提要作十六篇者，以古畫人姓名分爲三、四兩篇，然今各本皆不分，故實十五。卷四至卷十皆敍歷代能畫人名，自軒轅至唐會昌，凡三百七十二人，各爲小傳。惟其書卷一有敍歷代能畫人名一篇，即卷四以下所載小傳之目録，不知何以脱簡于首。考讀書志不載是記，而有名畫獵精六卷。晁氏云：唐張彥遠纂記歷代畫工名姓，自史皇以降至唐朝，及論畫法，并裝褙褾軸之式，鑒別閱玩之方。今以其説，校之是書，所謂歷代畫工名姓云云，即卷一之第三篇，裝褙褾軸之式，即卷三之第四篇，即提要所謂第十四篇，鑒別閱玩之方，即卷二之第五篇，即提要所謂第十一篇。論畫法即各卷諸篇是也。蓋其初稿曰名畫獵精，後續成歷代小傳，另編爲是記，而未及移卷一之第三篇冠于歷代小傳之首也。其初稿本雖不載入史志，而別自流傳，晁氏因得以志之爾。至郭若虛圖畫見聞志列有名畫獵精録，竟注爲亡名氏。核郭氏雖在晁氏之前，然其賞鑒圖畫則妙矣，恐簿録之學萬不及晁氏也。今則玂精録久佚，而是記獨存。」周氏所考，至爲確鑿可據。提要知其書初止前三卷，而不悟其即名畫玂精，蓋爲郭氏之説所惑也。名畫玂精本六卷，今只三卷者，蓋彦遠既續作小傳，因併其卷帙載入書首，改題此名耳。尤袤遂初堂書目雜藝類亦有名畫玂精録，不獨見於讀書志也。

畫山水賦一卷附筆法記一卷

舊本題唐荆浩撰。案劉道醇五代名畫補遺曰：「荆浩字浩然，河南沁水人，五季多故，隱於太行之洪谷，自號洪谷子。著山水訣一卷。」湯垕畫鑒亦曰：「荆浩山水，爲唐末之冠，作山水訣，爲范寬輩之祖。」則此書本名山水訣。此本載詹景鳳王氏畫苑補益中，獨題曰畫山水賦。考荀卿以後，賦體數更，而自漢及唐，未有無韻之格。此篇雖用駢詞，而中間或數句有韻，數句無韻，仍如散體，强題曰賦，未見其然。又以浩爲豫章人，題曰豫章先生，益誕妄無稽矣。

嘉錫案：圖畫見聞誌卷一敍諸家文字篇内有畫山水訣，注云：「荆浩撰，一名洪谷子。」又卷二紀藝上篇云：「荆浩河内人，博雅好古，善畫山水。自撰山水訣一卷，爲友人表進，祕在省閤。常自稱洪谷子。」宣和畫譜卷十畧同。是此書本名畫山水訣，其後相沿省去「畫」字。提要捨宋人之書不引，而取證於元人之畫鑒，於著敍體例未爲得也。圖繪寶鑒卷二亦有荆浩傳。

翰墨志一卷宋高宗

其論徽宗留意書法，立學養士，惟得杜唐稽一人，今書家無舉其姓名者。

嘉錫案：杜唐稽姓名屢見於宋、元人著作之中，提要考之未詳。阮元揅經室外集卷二云：「集篆古文韻海五卷，宋杜從古撰。從古字唐稽，里居未詳。陶宗儀云從古官至禮部郎，自序稱朝請郎、尚書職官員外郎，蓋指其作書時而言。是編藏書家未見著録，此依舊鈔影摹。從古以郭忠恕汗簡、夏竦古文四聲韻二書闕佚未備，更廣搜博采以成之。序云比集韻則不足，較韻畧則有餘，視竦所集則增數十倍矣。案書史會要云，宣和中從古與米友仁、徐兢同爲書學博士，高宗稱先皇帝喜事，設學養士，獨得杜唐稽一人。今觀其書，所譽良不虚也。」愚考宋俞松蘭亭續考卷一載徐兢蘭亭跋云：「宣和之末，復置書學，增博士三員，杜從古、米友仁與兢。」宋董史皇宋書録卷上徽宗皇帝下引長編云：「宣和六年正月己未，詔提舉措置書藝所，以主客員外郎杜從古、徐知新、大宗正丞徐兢、新差編修汴都志米友仁並爲措置管勾，生徒五百人爲額。」案此引李燾續通鑑長編也，今傳本長編，徽宗以後並闕。並與書史會要合，蓋即陶宗儀所本。皇宋書録卷中於杜唐稽下引高宗翰墨志又別出一杜從古姓名，引徐兢跋自注云，史意恐即唐稽其人也。靖康要録卷三云：「靖康元年二月二十九日聖旨，主客杜從古與外任差遣。」寶真齋法書贊卷二十四米元暉五箴帖後有紹興丁卯徐兢跋云：「宣和壬寅歲，復置書學，今元暉侍郎、唐稽禮部暨余三人同應選，迄今二十有六年矣。唐稽没于京師丙午之難。」丙午即靖康元年，從古蓋於汴都城破時遇害，其始末皆有可考，提要未知耳。

圖畫見聞志六卷 宋郭若虛

若虛不知何許人，書中有「熙寧辛亥冬，被命接勞北使，爲輔行」語，則嘗爲朝官，故得預接伴。陳振孫書録解題云：「自序在元豐中，稱大父司徒公，未知何人。郭氏在國初無顯人，但有郭承祐耳。」然今考史傳，并郭承祐亦不載，莫之詳也。

嘉錫案：勞格讀書雜識卷十一云：「華陽集案宋王珪著三十九東平郡王追封相王謚孝定允弼墓誌銘，次女永安縣主，適供備庫使郭若虛。原注熙寧三年。續通鑑長編二百五十五熙寧七年八月丁丑，衛尉少卿宋昌言爲遼國母正旦使，西京左藏庫副使郭若虛副之。」陸心源儀顧堂題跋卷九圖畫見聞志跋所考略同，并云：「若虛太原人，見直齋書録解題。熙寧八年爲文思副使，坐使遼不覺翰林司卒逃遼地，降一官，見續通鑑長編。嘉錫案，宋會要第九十八册職官六十五云：「熙寧八年八月九日，通判涇州左藏庫副使郭若虛降一官，坐奉使從人失金酒器故也。」與此不同。郭氏顯人，宋初有郭守文、郭進、郭從義及其子承祐。進，深州博野人，案宋史卷二百七十三有傳。從義沙陀人。宋史二百五十二有傳，子承祐即附見傳中，提要謂史傳不載，非也。惟守文太原并州人，贈侍中，封譙王，女爲真宗章穆皇后，宋史卷二百五十九有傳。子崇德、崇信、崇儼，均見守文傳。崇仁。見宋史卷四百六十三外戚傳。崇德子承壽，承壽子若水。均見守文傳。若虛與若水同以若字命名，同貫太原，家世顯官又同，其爲兄弟可知。陳氏直齋謂宋初無顯人，而獨舉承祐，竟忘外戚之有譙王乎？亦百密之一疏矣。崇德官至太子中舍，崇信官至西京左藏庫使，崇儼官至崇儀使，崇仁官至四廂都指揮使。史稱崇仁性慎静不樂外官，與序所稱雖貴仕而喜廉退合，司徒蓋所贈之官，史不書者，略之也。所稱大父司徒公，於崇仁爲近，然不可考矣。惟若虛里貫并州，爲守文之後，則無可疑耳。」李慈銘荀學齋日記壬集下亦謂宋制后父多贈三公，疑若虛出自真宗、仁宗二后家，而史略之，然不能得若虛仕履，不若勞氏、陸氏所考之詳也。

宣和畫譜二十卷

不著撰人名氏。記宋徽宗朝内府所藏諸畫，前有宣和庚子御製序，然序中稱今天子云云，乃類臣子之頌詞，疑標題誤也。王肯堂筆麈曰：「畫譜採薈諸家記録，或臣下撰述，不出一手，故有自相矛盾者，如山水部稱王士元兼有諸家之妙，而宫室部以皂隸目之之類。許道寧條稱張文懿公深加嘆賞，亦非徽宗口語，蓋仍劉道醇名畫評之詞」云云。案肯堂以是書爲徽宗御撰，蓋亦未詳繹序文，然所指牴牾之處，則固切中其失也。

嘉錫案：自來帝王御撰之書，大抵出自臣下編纂，呈之乙覽，或有所點定筆削，則以御撰題之，如唐修晉書，太宗自著四論，遂總題曰御撰，是其例也。此書序中稱今天子云云，誠不類徽宗御筆。丁丙、張鈞衡藏書志載其所收明刻本，其宣和庚子一序均不稱御製，然則今本序末「宣和殿御製」五字，殆後來傳刻者所妄加。然考書中卷二十宗室令穰傳云：「嘗因端午節進所畫扇，哲宗嘗書其背，朕嘗觀之，其筆甚妙，因書國泰二字賜之，一時以爲榮。」此豈復臣子之詞乎？此書及書譜，蓋皆徽宗時臣下奉詔爲之，託爲御撰，編纂之人，不出一手，王肯堂之言，較得其實也。

宣和書譜二十卷

不著撰人名氏。記宋徽宗時内府所藏諸帖，宋人之書終於蔡京、蔡卞、米芾，殆即三人所定歟？芾、京、卞書法皆工，芾尤善於辨別，均爲用其所長，故宣和之政無一可觀，而賞鑒則爲獨絶。

嘉錫案：此書及畫譜蓋皆徽宗時臣工奉詔爲之，雜出衆手，不能定其主名，提要乃以終於京、卞及芾，遂疑爲三人所定。考書中卷十二蔡京傳云：「其所以輔予一人而國事大定者，京其力焉。」又云：「屬嗣初載以還，賴予良弼，祗循先志，以克用人。」是直作徽宗之語，縱由臣下代擬，未必出自京筆也。其蔡卞傳云：「自少喜學書，初爲顏行，筆勢飄逸，但圓熟未至，故圭角稍露。」米芾傳云：「異議者謂其字神鋒太峻，有如强弩射三十里，又如仲由未見孔子時風氣，其爲論或如此。」使出二人手筆，恐亦不肯於本傳中自著貶詞。又觀芾所著海岳名言，歷詆古人，高自稱道，其肯爲此言乎？提要殆僅見目録中宋人終於三人，遂作此臆決之語，而未嘗細讀本書也。萬斯同羣書疑辨卷八隸書考亦云：「宣和書譜雖出徽宗，必蔡京所撰。」至卷九題宣和書譜則云：「此譜出徽宗親撰，其所與商搉者，又不過蔡京、梁師成之徒。」自注：此語本高宗翰墨志。二説不同，後説近是。又考元鄭杓衍極造書篇注云：「大德壬寅，延陵吳文貴和之裒集宋宣和間書法文字，始晉終宋，名曰宣和譜，二十卷。」竟指此書爲元人所撰。考明王世貞古今法書苑卷二十二載有大德壬寅延陵吳文貴跋云：「宣和書畫譜，當時未嘗行世，傳寫譌舛，余竊病之，博求衆本參校，遂鋟諸梓。」又載錢塘王芝後序亦云：「吳君和之刻二譜於梓。」天一閣書目卷三、丁丙藏書志卷十並有明鈔本。丁氏書亦載有吳、王兩跋，天一閣目只載吳跋。知所謂吳文貴者，特常校刊此書，鄭杓得之耳食而未見其本，遂妄意爲文貴所自撰。今按陶宗儀書史會要引用書目內，宣和書譜之名凡兩見，一注祕監，一注吳文貴，疑宗儀曾見宋時原本，當是傳鈔之本。其前必有撰人所列之銜，皆係祕書省之官，故注之如此。考宣和時蔡攸方提舉祕書省，此書必出於攸等之手，宜其頌揚京、卞不遺餘力矣。至吳文貴刻本蓋與宋本不盡同，故宗儀別著於録耳。中孚鄭堂讀書記卷四十八疑書畫譜二書皆出於蔡絛，無徵不信，未敢雷同。頃見今人余紹宋書畫書録卷六載所作宣和書譜解題及撰人辨證，所考多與余合，然詳略既異，引證亦不盡同，謹附誌之於此，不復改焉。

廣川書跋十卷

宋董逌撰。逌字彥遠，東平人，題曰廣川，從郡望也。政和中官徽猷閣待制。王明清玉照新志載宋齊愈獄牘稱「司業董逌在坐」，則靖康末尚官司業。曾敏行獨醒雜志稱「建炎己酉，逌從駕」，則南渡時尚存。丁特起孤臣泣血録並記其受張邦昌僞命，爲之撫慰太學諸生，則其人蓋不足道。

嘉錫案：揮麈前録卷三云：「宣和中蔡居安提舉祕書省，夏日，會館職于道山，食瓜，居安令座上徵瓜事，每一條食一片，居安所徵爲優。欲畢，校書郎董彥遠連徵數事，皆所未聞，咸歎服之。識者謂彥遠必不能安，後數日果補外。」政和之後始改重和、宣和，逌於宣和中始爲館職，安得先於政和中官待制乎？建炎以來繫年要録卷十二云：「建炎二年二月，尚書禮部員外董逌爲宗正少卿。」卷二十五云：「建炎三年七月，中書舍人董逌充徽猷閣待制。逌爲宗正少卿，官省而罷，旋入西掖，至是纔踰月也。」注云：「逌，益都人。」則逌之官待制，在南渡從駕之後，提要以爲政和中者誤。三朝北盟會編卷七十八云：「二十九日己未，靖康二年正月。差董逌權司業，監起書籍等差兵八千人轉赴軍前。」則逌之官司業，具有日月可考，不待取證於宋齊愈之獄牘也。又會編卷八十七云：「三月二日，差禮部員外郎董逌充事務官。」則逌蓋以員外郎權司業。又卷九十五云：「二十八日丁亥，靖康二年四月。國子監祭酒董逌率太學生赴南京奉表勸進。」繫年要録卷四畧同。晦菴文集卷五十一有：「董叔進問董逌彦遠爲人如何，朱子答曰：據黄端明行狀説，圍城中作祭酒，嘗以僞楚之命慰諭諸生。」則逌在圍城中已遷祭酒，不止司業矣。會編卷一百十一右正言鄧肅箚子云：「事務官者，金人已有立僞楚之語，朝廷廷，要録作士集議，恐不能如禮，遂私結十友作事務官，講册立之儀，搜求供奉之物，無所不至，使邦昌得爲揖遜，以事美觀，皆事務官之力也。」要録卷七畧同。逌實事務官之一人，則其附張邦昌之罪有不止爲之撫慰太學諸生者。會編又引遺史趙甡之著敍宋齊愈事，亦有「司業董逌在坐」之語，不僅見於玉照新志也。書跋卷五有太尉楊震碑跋云：「當震之發大難，奮大義，直指利害，夫豈不謂然，處亂世汙俗，闇主在上，姦臣乘此以醜正，況女謁孽豎，有一於此，然不得自見，協是相濟，兩句疑有誤字。乃欲明目張膽，以直道行於世，吾知震之死非不幸也。觀其門生故吏，可謂衆矣，而高舒、楊倫輩方且率天下而禍仁義，以抗言爲直，以犯難爲義，以殺身爲仁，至摩厲激訐以進斷者爲得事君之道，其觸機投穽，以陷患害，相趨而不顧。卒成黨禍，而漢以亡。夫爲名節者，本以存身，吾見其身之禍，求以治國家，而國家卒以亡矣，蓋行仁義而不知其道者也。其後陳蕃、竇武乃欲焚社鼠，而覬幸一日無事，皆殺身成名之説也，可不悲哉！」適當衰亂之世，竊禄於朝，惟以存身爲念，至爲張邦昌效奔走而不知耻，又强爲之説以自解免，遂以殺身成仁者爲非，且指古來忠直之士爲率天下而禍仁義，觀其持論，可謂小人無忌憚之尤者矣，豈止於不足道也哉！

續書譜一卷宋姜夔

書史會要曰：「趙必𤩲，字伯暐，宗室也。官至奏院中丞。善隸楷，作續書譜辨妄，以規姜夔之失。」案必𤩲之書今已佚，不知其所規者何語。然夔此譜，自來爲書家所重，必𤩲獨持異論，似恐未然，殆世以其立説乖謬，故棄而不傳歟？

嘉錫案：元鄭杓衍極卷三造書篇云：「孫虔禮、姜堯章之譜何夸乎？曰，語其細而遺其大，趙伯暐之辨妄所以作也。」劉有定注云：「堯章著續書譜二十條，其首章總論曰：真行草之法，其原出於蟲篆、八分、飛白、章草等。圓勁古淡，則出於蟲篆；波發點畫，則出於八分；轉換向背，則出於飛白；簡便痛快，則出於章草；則真草與行各有體製。歐陽率更、顏平原輩以真爲章，李邕、李西臺輩以行爲真。大抵下筆之際，盡倣古人，則少神氣；專務遒勁，則俗病永除；所貴習俗相通，心手相應。白雲先生歐陽率更亦能言其梗概，孫過庭論之又詳，皆可參考之。伯暐名必曅，號大蓬，庸齋忠清公之孫，官至奏院宗丞，善隸楷題署，作續書譜辨妄以規堯章之失，其略曰：夫真書者，古名隸書，篆生隸，篆隸生八分與飛白、行草，載在古法，歷歷可考。今謂真草出於飛白，其謬尤甚。又謂歐、顏以真爲草，夫魯公草書，親受筆法於張長史，又何嘗以真爲草？若謂李西臺以行爲真則是。然自此體漸變，至宋時蘇、黄、米諸人皆然，楷法之妙，獨存蔡君謨一人而已。堯章略不舉，是未知楷書者也。又謂白雲先生歐陽率更論書法之大概，孫過庭論之又詳，殊不知古人法書訣、筆勢、筆論文字最多，特堯章未見之耳。行書，魏、晉以來工此者多，惟蘭亭爲最，唐之名家甚衆，豈特顏、柳而已哉？況至宋朝，書法之備，無如蔡君謨，今乃置而不論，獨取蘇、米二人，何耶？讀至篇末，又有濃纖間出之言，此正米氏字形也。此體流撇，至張即之之徒，妖異百出，皆米氏作俑也，豈容廁之顏、柳間哉！」有定爲元英宗時人，自序題至治壬戌冬。在陶宗儀之前，書史會要陶宗儀著，宗儀元末明初人，會要有劉有定傳。宗儀爲趙必睪立傳，其説蓋即本之有定，惟「必睪」、「必曅」，音義不同，則疑傳寫之誤也。觀有定所録必曅之説，則其所著續書譜辨妄，大旨尚可考見，提要謂不知所規者何語，亦失之不考。必睪之於姜夔，辨詰不遺餘力，無異康成之發墨守。然以二人之説考之，則必睪以意氣相爭，攻擊往往過當，如姜夔謂真書出於飛白，自是指鍾、王以下之楷書而言，不謂古隸亦出於飛白。唐人雖謂真書爲隸書，然真之與隸，點畫雖同，至其結體用筆，則有間矣。夔云云，蓋就真書筆法言之，謂鍾、王筆意，參合蟲篆、八分、飛白、章草之長云耳，非不知隸書先於飛白也。細翫語氣，其義自明，必罣之言，可謂好辨。夔云白雲先生歐陽率更能言梗概，孫過庭論之又詳者，謂習俗相應、心手相通之義，此數人皆能言之，蓋援引古人以自明其立説之有本，非謂古之論書法者止此數人也。堯章之在宋末，亦是通人，觀其著作詩詞，非不知古今者，何至并法書要録、墨藪中所録之筆勢筆論舉未之見耶？必罣吹瘢索垢，吾所不取，惟其不滿米元章而推重蔡君謨，其意欲以救狂放之失，尚不得謂爲毫無所見耳。鄭杓詆毁虔禮、堯章，而獨盛稱伯暐，蓋是丹非素，意有所偏，未協是非之公也。

書録三卷

宋董史撰。史字更良，不詳其里貫。

嘉錫案：董史，簡明目録卷十二作董更，知不足齋叢書第十六集刻有董史皇宋書録三卷，鮑廷博跋云：「篇首署名董史，不繫里居，詳閲下篇所列，多西江人，於杜良臣下復綴以小跋云：『竊比華陽國志之例，窶儒貧女，莫不咸具，故處鄉郡，耳目所接，不敢偶遺。』始知西江實其鄉國，而尚未悉何郡也。又後序稱閒中老叟董更良史，頗疑更良爲字，而史其名也。及觀他書目，亦有以董更著録者，按似即指簡明目録。久未能明。近檢江村銷夏録，載適適堂董氏舊藏擣練詩帖，中有閒中叟一詩，及洪都原刻無都字，以意補之董史良史收藏印記，於是知其隸籍洪都，而序中更字爲史字轉寫之訛無疑矣。」鮑氏此言甚核。然厲鶚宋詩紀事卷六十六固云：「董史字良史，號閑中老叟，有皇宋書録三卷，淳化壬寅自序。」則樊榭所見皇宋書録本不作董更良，鮑氏所據底本自誤耳。余更考之宋曹士冕法帖譜系卷下云：「豫章士友董良史家有法帖石本數卷。」又夷堅甲志卷十云：「紹興二年，廬陵董良史廷試罷，詣紅象道人作卦影。及唱名，張子韶九成爲牓首，良史在三甲。」則良史之里貫出身，皆有可考。夷堅志正集乃已佚而僅存之書，近世吴興陸氏始刻行，紀曉嵐及鮑氏皆未之見也。

畫鑒一卷

舊本題宋東楚湯垕君載撰。案卷首有題詞曰：「采真子妙於考古，在京師時，與今鑒畫博士柯君敬仲論畫，遂著此書。」云云。則垕與柯九思同時。九思爲鑒畫博士在元文宗天曆元年，則著此書時，上距宋亡已五十三年，下距元亡僅三十九年，安得復稱宋人，舊本蓋相沿誤題也。

嘉錫案：陶宗儀輟耕録卷十八云：「國朝東楚湯垕字君載，號采真子，著畫鑒一卷，論歷代名畫，悉有依據。」宗儀雖明人，而輟耕録著於元至正時，所謂國朝者，元朝也。鮑廷博刻四朝聞見録，附刊宋、元人題周密所藏保母磚拓本跋語爲一卷，中有湯垕題字云：「山陽湯垕曾觀。」鈐以湯氏君載朱文印，在至元辛卯趙由礽題跋之後、至元癸巳郭天錫題字之前，更可與畫鑑題詞及輟耕録互證其爲元人，且可知其里貫爲山陽。自至元辛卯下數至天曆元年，凡三十七年，然則此書蓋晚年所作也。

藝術類二 總目卷一百十三

書史會要九卷補遺一卷明陶宗儀續編一卷明朱謀垔

是編載古來能書人，上起三皇，下至元代，凡八卷，末爲書法一卷，又補遺一卷。據孫作滄螺集所作宗儀小傳，稱書史會要凡九卷，此本目録亦以書法、補遺共爲一卷，而刊本乃以補遺別爲卷，又以朱謀垔所作續編一卷題爲卷十，移其次於補遺前，殆謀垔之子統鉷重刊是書，分析移易，遂使宗儀原書中斷爲二。今仍退謀垔所補自爲一卷，題曰續編，以別於宗儀之書，而其書法、補遺如仍合爲一卷，則篇頁稍繁，姑仍統鉷所編，別爲一卷，以便省覽。

嘉錫案：楊守敬日本訪書志卷七云：「書史會要九卷，補遺一卷，明洪武九年刻本。是書，三續百川學海刊本以明朱謀垔所作續編一卷爲卷十，而以補遺置續編後，使陶氏書中斷爲二，最爲謬妄。此爲洪武九年刊本，首宋濂、次曹睿序，次孫作南村先生傳，次引用書目，次九成自序，次考詳，次目録，凡九卷，補遺一卷，末有鄭真跋。每卷之後題助刻人姓名四五人，合之共數十人。按宋濳溪序云：『天台陶君九成新著書史會要成，翰墨之家，競欲觀之，以謄鈔之不易也，共鍥諸梓。』則知此書爲翰墨家合貲刊行者。第九卷末題張氏以行存管刻此卷，又云補遺一卷，嗣後刊行，則知補遺之刊又稍後於九卷。提要因孫作小傳爲九卷，遂疑原本以書法共爲一卷，而以重刊本之補遺別爲卷者，爲朱謀垔之子統鉷所分，不知原本補遺本各爲卷，孫作小傳所載未詳言之耳。」

羯鼓録一卷

唐南卓撰。唐書藝文志樂類載南卓羯鼓録一卷，然不云卓何許人。雜史類又載南卓唐朝綱領圖一卷，注曰：「字昭嗣，大中時黔南觀察使。」計有功唐詩紀事亦稱卓初爲拾遺，以諫謫松滋令，大中時爲黔南觀察使，與唐書合，當卽其人。惟書自稱「會昌元年爲洛陽令」，又稱「大中四年春陽罷免，還自海南」，書録解題又以爲婺州刺史，均不相符。然段安節樂府雜録稱黔帥南卓作羯鼓録，亦與唐志合。安節唐人，必無謬誤，疑書中所敍乃未爲黔帥以前事，陳振孫所云則但據書中有至東陽之語，以意斷爲刺婺州也。

嘉錫案：沈下賢集卷十一表劉薰蘭之後附有題劉薰蘭表後一篇，署名南卓昭嗣，文中有云：「十年冬，余友沈下賢抵豹居，劉薰蘭爲房叔豹之妾。時余貢於京師。」當是元和十年。唐自元和以後大中以前，其長慶、寶曆、太和、開成、會昌，紀元皆不至十年，故知必是元和。唐才子傳卷六言沈亞之爲元和十年侍郎崔羣下進士，疑南卓亦於是年及第也。徐松唐登科記考無卓名。唐會要卷七十六云：「太和二年賢良方正能直言極諫科南卓及第。」舊唐書裴度傳云：「度晚節引韋厚叔、南卓爲補闕、拾遺，俾彌縫結納，爲自安之計。」與唐詩紀事卷五十四言卓初爲拾遺者合。雲溪友議卷中云：「南中丞卓，吴、楚遊學十餘年，衣布縷，乖牝衛，薄游上蔡。蔡牧待之似厚，而爲客吏難阻，每宴集令召，則云：『南秀才自以衣冠不整，稱疾不赴。』南生羈旅窮愁，似無容足之地，唯城南鬻飯老嫗待之無厭色。後十七年爲蔡牧，到郡遂戮仇吏，而報飯嫗焉。轉黔南經略使，大更風俗，凡是溪塢呼吸文字，皆同秦、漢之音，甚有聲光。課駮史三十卷，與馬史殊貫，班書小異，三國、二晉已下之文多被攻難。每於朝野權論，莫能屈之者乎，惟吴武陵郎中、劉軻侍御俱服其才識也。初爲拾遺，與崔詹事黯以諫諍出宰，崔爲支江令，南爲松滋令。」乃知唐詩紀事所記，全出於此。總目卷一百四十雲溪友議提要云，以唐人説唐詩，耳目所接，終較後人爲近，故考唐詩者，如計有功紀事諸書往往據之以爲證焉。其牧蔡州及課駮史，則又紀事所未詳也。駮史，唐書藝文志不著録，據友議所言，其書蓋劉知幾史通之類矣。太平廣記卷二百五十一引盧氏雜記云：「唐郎中南卓與李修古親表兄弟，李性迂僻，卓常輕之。」寶刻類編卷五云：「創起歇馬五亭記，南卓撰，開成元年五月二十二日立。」宋釋文瑩玉壺清話卷十云：「姚景，鍾離人。少賤，善事馬，郡刺史劉金收爲廐奴。馬瘦瘠骨立者，景用唐刺史南卓養馬法，飼秣爪翦，針烙啗燴，不數月盡良馬。」疑卓又著有養馬法，亦足見其人之博學多能也。今人張鈁千唐誌齋藏石目録有唐潁州陳夫人南氏墓誌，元和六年十一月六日弟卓撰，蓋猶在未及第之前，料其署銜，當是鄉貢進士，惜張氏例不著撰書人銜名，不可得而考矣。宋犖所刻施元之蘇詩注屢引此書，均作南京羯鼓録，當是傳刻之誤。

元元棋經一卷

宋晏天章撰。張靖序曰，圍棋之戲，或言是兵法之類。今取勝敗之要，分十三篇，碁局第一，得算第二，權輿第三，合戰第四，虛實第五，自知第六，審局第七，度情第八，斜正第九，洞微第十，名數第十一，品格第十二，雜説第十三。

嘉錫案：今棋經十三篇，有錢熙祚守山閣刻本，首有張靖序，云：「桓譚新論曰，世有圍棋之戲，或言是兵法之類。以下尚有七十餘字，提要删去。今取勝敗之要，分十三篇，有與兵法合者，亦附于中云爾。」提要所引，删去「桓譚新論曰」五字，而益以篇名，非也。熙祚跋曰：「棋經十三篇，未見於諸家著録。崇文總目有弈棋經一卷，不著撰人名氏，通志畧、宋志並同，疑卽此書也。元晏天章、嚴德甫輯元元棋經，冠十三篇於卷首，題云皇祐中學士張儗撰，明人所輯居家必備中亦有之，與晏本同。姚廣孝等編永樂大典，取晏本編入，卽題曰元元棋經，而云宋晏天章撰，十三篇固無元元名目，晏天章亦非宋人，著棋經者並非晏天章，蠶績蟹筐，亦一奇矣。元序末題張靖，觀其文意，乃儗自序，今悉爲更正。」四庫著録，實用永樂大典本，後來張海鵬卽據庫本刻入墨海金壺，不幸金壺板燬於火，錢氏得其殘板，改刻爲守山閣叢書，於元元棋經删去晏天章等所録各種，而獨存其卷首張儗棋經十三篇，實出自錢氏之客張文虎手，跋亦文虎代爲之，而不自存稿，所以報錢氏也。跋中明譏姚廣孝等，實則隱駁提要之盲從，顧其所據以更正晏天章爲元人者，蓋本之錢大昕元史藝文志也。錢志雜藝術類著録通元集以下八種，其末二種爲元元集、清樂集，自注曰：「以上皆圍碁元元集，廬陵嚴德甫撰，晏天章録，餘不知作者。」至於十三篇之撰人，則元元碁經及忘憂清樂集近人徐乃昌用黄丕烈舊藏宋刊本影刻入隨庵叢書續集皆題曰皇祐中學士張儗撰，而其前之自序又題張靖序，二者不同。錢氏跋語，似以作儗者爲是，以余考之，作靖者是也。邵伯温聞見録卷九云：「張金部名方，爲白波三門發運使，王司封名湛爲副使，文潞公父令公名異爲屬官，皆相善。張金部被召，薦文令公爲代。潞公爲子弟，讀書於孔目官張望家。雞肋編卷下云：「河陽張望九十皆連立字，以立門金石心爲序，靖生閣。」望嘗爲舉子，頗知書，後隸軍籍，其諸子皆爲儒學。後潞公出入將相，張望尚無恙，以子通籍封將軍云。望嘗曰：『吾子孫當以立門金石心爲名。』長子靖，與潞公同年登科，兄弟爲監司者數人，公遇之甚厚。」蓋卽作棋經之張靖，其作儗者，草書「靖」字頗與「儗」相似，傳寫之誤耳。其稱學士者，三館職事之通稱云爾。見夢溪筆談卷一。

後有跋云：「自宋以善弈顯名天下者，昔待詔老劉宗，今日劉仲甫、楊中隱、王琬、孫侁、郭範、李百祥輩，皆能論此十三篇，體其常而生其變也。」其跋不署名氏，觀稱仲甫爲今日，則爲南宋初人。蓋此書在當時已爲弈家之模範矣。

案直齋書録解題卷十四雜藝類有忘憂清樂集一卷，棊待詔李逸民撰集，不言爲何時人。今考其書，首録張靖之十三篇，後附跋語「我朝善弈顯名天下者」云云，次録徽宗皇帝御製詩一首，後始署銜曰「前御書院棊待詔賜緋李逸民重編」，則逸民自是南宋時人，跋語蓋卽出於其手，錢辛楣先生誤以清樂集爲元人作，蓋偶失考。故卽次之以劉仲甫棋訣，元人竊之以爲元元棋經，元元蓋本玄玄，取老子玄之又玄語，四庫因避諱改之耳。直録其跋語，僅改我朝字爲宋，其餘一字不易，竟稱劉仲甫爲今日，幾於不去葛龔。然卽其改我朝稱宋，明是異代人口吻，乃提要猶以晏天章爲宋人，其殆未之思也乎？

宣和博古圖三十卷宋王黼

案晁公武讀書志稱宣和博古圖爲王楚撰，而錢曾讀書敏求記稱「元至大中重刻博古圖，凡臣王黼撰云云，都爲削去，殆以人廢書。」則是書實王黼撰，「楚」字爲傳寫之譌矣。

嘉錫案：此書惟著録於讀書志者作王楚撰，見衢州本卷四，袁州本卷一下。他若中興書目、玉海引見後。通志卷七十二圖譜略、書録解題卷八、宋史藝文志小學類著録均不著姓名，則宋時自有不題撰人之本，元時據以重刻耳，未必因惡王黼之爲人而特削其名也。錢曾長於賞鑒版本而疏於考證，第見所藏宋本題王黼撰，因深信此書爲宋史佞幸傳中之王黼所作，而以元本之不題姓名者爲以人廢書，提要據之，遂以讀書志作王楚者爲傳寫之譌。其實此書之爲王黼撰，除版本外，不見於他書，錢曾之説雖有宋本可據，然考宋刻袁州本讀書志及元刻本玉海，皆作王楚撰，則無以見作黼之必是，而作楚之必非也。王應麟玉海卷五十六引中興書目云：「博古圖三十卷，宣和殿所藏彝鼎古器，圖其形，辨其款識，推原制器之意，而訂正同異。」又引晁氏志云：「博古圖二十卷，今衢本作二十卷，袁本作三十卷，此從衢本也。王楚集三代、秦、漢彝器，繪其形範，辨其款識，增多呂氏十倍。」王氏自注云：「此又一書也。」王氏之意，蓋以中興書目及晁氏志著録此書，一不著撰人，一題王楚，而卷數亦復多寡不同，故以爲非一書。然觀其解題則大同小異，如出一口，此蓋陳騤等編書目時襲用晁氏之語，晁公武讀書志序題紹興二十一年，而陳騤等之編中興書目則在淳熙四年。特以其爲敕撰之書，當時官本，不題撰人，徽宗時所編宣和書譜畫譜皆無撰人姓名，與此書同例。遂削去王楚之名耳。王氏以楚所撰者爲别是一書，殆不然也。許瀚攀古小廬雜著卷三讀四庫提要志疑曰：「博古圖提要云，是書實王黼撰，楚字爲傳寫之訛。瀚謹案，此蓋黼字譌，非楚字譌也。詩『衣裳楚楚』，説文引作『衣裳䵢䵢』。作書者自名楚，或書作䵢，猶米芾亦書作黻也，不知何時誤書作黼。人習知佞倖傳之王黼，遂認爲黼作，至大刊本輒削其名，是殆疑於子我作亂，曾參殺人矣。按許氏此語猶誤信錢曾之説，未考宋時官本本不題撰人也。晁公武讀書志成於紹興二十一年，上距大觀、政和纔四十餘年，其於本書既題王楚集，又於薛尚功鐘鼎篆韻云政和中王楚所集亦不過數千字，豈書出於黼而公武不知，顧一再稱楚不已耶？」嘉錫案，許氏蓋不知玉海以王楚所撰者爲别是一書，然其説則似創而實確，不必據玉海以駁之也。宋史藝文志有王楚鍾鼎篆韻二卷，書録解題卷三云：「鍾鼎篆韻一卷，不著名氏。案館閣書目，此書有二家，其一七卷，其一一卷。七卷者，紹興中通直郎薛尚功所廣；一卷者，政和中主管衡州露仙觀王楚也，則未知此書之爲王楚否？」讀書志卷四衢本有薛書而無王書，然所謂王楚所集不過數千字者，卽指篆韻言之。蓋楚既撰博古圖，因集其文字，分韻編次之，猶之薛尚功既撰鍾鼎款識，復作鍾鼎篆韻，洪适既撰隸釋、隸續，復作隸韻也。此亦可證此書之爲王楚作，非王𪙉之誤矣。

墨經一卷宋晁貫之

原本題曰晁氏撰，不著時代名字。考何薳春渚紀聞云：「晁季一生平無他嗜，獨見墨喜動眉字，其所製銘曰，晁季一寄寂軒造者，不減潘、陳，能精究和膠之法，其製皆如犀璧。」此書中論膠云，有上等煤，而膠不如法，墨亦不佳，如得膠法，雖次煤能成善墨，與所言精究和膠亦合，疑爲晁季一作也。晁公武讀書後志但有董秉墨譜一卷，而不及此書，不應其從父之作公武不見，是爲可疑。考讀書志子部之敍，九曰小說，十曰天文曆算，十一曰兵家，十二曰類家，十三曰雜藝，十四曰醫家，十五曰神，十六曰釋書，而今本所刊小說之後，綴以王氏神仙傳、葛洪神仙傳二種，並不列神仙之標題，以下卽別標釋書類，是今本佚其子部五類，類書一類，適在所佚之中，原注云，案後志載墨譜於類書。其不載亦不足疑矣。季一名貫之，晁說之兄弟行。

嘉錫案：四庫所收袁州本讀書志，其前志子部中缺天文曆算、兵家、類家、雜藝、醫書五類，故提要疑晁季一墨經當爲公武所著録而適在所佚之中。今考故宫所藏宋淳祐時袁州原刻本，今已由涵芬樓印行。此五類完好無闕，其類家類中，季一此書實未著録，其衢州本類書類亦止有黄秉墨譜，而無晁氏墨經，是公武本未著於録。考晁伯宇載之，亦公武從父，其文集名封邱集，見於讀書志，而所編之續談助獨不載，是公武於其家門著述，搜羅容有未備，不必以此致疑也。

酒譜一卷

宋竇苹撰。苹字子野，汶上人。晁公武讀書志載苹有新唐書音訓四卷，在吳鎮、孫甫之前，當爲仁宗時人，公武稱其學問精博，蓋亦好古之士。別本有刻作竇革者，然詳其名字，乃取於鹿鳴之詩，作「苹」字者是也。

嘉錫案：直齋書録解題卷十四云：「酒譜一卷，汶上竇苹子野撰，子野原作叔野，據通考卷二百十八引改。其人卽著唐書音訓者。」則兩書之出自一人，固有明據。衢本郡齋讀書志卷七云：「唐書音訓四卷，皇朝竇苹撰。苹原作萃，汪士鐘刻本據袁本改，書録解題卷四云宣義郎汶上竇苹叔野撰。新書多奇字，觀者必資訓釋，苹問學精博，發揮良多。而其書時有攻苹者，不知何人附益之也。苹元豐中爲詳斷官，相州獄起，坐議法不一，下吏，蔡確笞掠之，誣服，遂廢死。」通考卷二百引至「附益之也」止，無「苹元豐中」以下云云。袁本卷二下則只著姓名，更無餘語。提要未見衢本，故不能知苹之始末也。劉跂學易集卷三有次竇子野韻一首。蔡確起相州獄事在元豐元年戊午，涑水紀聞、卷十五。續資治通鑑長編卷二百八十七、卷二百八十九、卷二百九十。紀之劇詳，亦畧見於宋史上官均及劉奉世傳。宋史作「竇莘」或「竇革」，紀聞作「竇平」，皆傳寫之誤。沈作喆寓簡卷七正作苹。史云莘等卒無罪，紀聞止記劉奉世等降官，不言竇平等如何行遣，惟續長編云「詳斷官竇苹追一官勒停」，而讀書志謂苹遂廢死。考是書後有苹自跋云：「因管庫餘閒，記憶舊聞，以爲此譜。」末題甲子六月在衡陽次公竇子野題。甲子爲元豐七年，距苹勒停時已久。管庫者，監當官之別稱，如監糧料院、監庫、監倉、監鹽、監酒、監茶之類皆是。東軒筆録卷十三云：「祖宗朝赤縣管庫，猶差館職，故錢易知開封縣，孫僅知浚儀縣，韓魏公琦監左藏庫，皆館職也。」此監當官稱管庫之明證。苹蓋起自謫籍，爲衡陽縣監當。續長編卷四百五十四元祐六年正月，有大理司直竇苹等言大理寺事，則苹在元祐間已復還爲大理寺官，未嘗竟以廢死，讀書志之言，殆傳聞失實也。苹所著，除唐書音訓及此書外，尚有載籍討源一卷，舉要二卷，宋史藝文志文史類著録，則其人蓋博雅之士矣。

糖霜譜一卷宋王灼

是編凡分七篇，第二篇言以蔗爲糖始末，言蔗漿始見楚詞，而蔗餳始見三國志，所考古人題詠，始於蘇、黄。案古人謂糟爲糖，晉書何曾傳所云「蟹之將糖，躁擾彌甚」是也。説文有飴字，無糖字，徐鉉新附字中乃有之，然亦訓爲飴，不言蔗造。鉉五代、宋初人也，尚不知蔗糖事，則灼所徵故實，始於元祐，非疎漏矣。惟灼稱糖霜以紫色爲上，白色爲下，而今日所尚乃貴白而賤紫，是亦古今異宜，未可執後來以追議前人也。

嘉錫案：灼之所譜者，冰糖也，提要所言今日貴白而賤紫者，乃沙糖也，沙者凝而爲泥，冰則結而成塊，雖同以蔗造，初非一物。糖霜之入詠，始於蘇、黄，亦指冰糖言之，若沙糖殆卽三國志之蔗餳，又謂之石蜜，見於載籍夥矣，何至五代、宋初之人猶不知有蔗糖之事。提要誤以糖霜爲沙糖，遂有古今異宜之疑，又曲解徐鉉之説以附會之，不知與上文蔗餳始見三國志之句已自相矛盾矣。何以明之？由灼之書而明之也。灼書第一篇云：「糖霜一名糖冰。」其第五篇云：「糖水入甕，上元後結小塊，漸次增大如豆，至如指節，甚者成座如假山。」就其所言名義形狀觀之，可知其爲冰糖也。其第二篇云：「自古食蔗者，始爲蔗漿，其後爲蔗餳，孫亮使黄門就中藏吏取交州所獻甘蔗餳是也。其後又爲石蜜。南中八郡志，笮甘蔗汁，曝成餳，謂之石蜜。本草亦云煉糖和乳爲石蜜，是也。唐史載太宗遣使至摩揭陀國取熬糖法，卽詔揚州上諸蔗柞瀋，如其劑，色味愈西域遠甚。按此唐書西域傳語，續高僧傳卷五玄奘傳云：「天竺信命，自奘而通使，既西返，又敕王玄策等隨往大夏，并就菩提寺僧召石蜜匠，乃遣匠二人、僧八人俱到東夏。尋敕往越州，就甘蜜造之，皆得成就。」較唐書更詳。按集韻，酢笮醯醋通用，而玉篇柞側板切，疑字誤。熬糖瀋作劑，似是今之沙糖也，蔗之技盡於此，不言作霜，然則糖霜非古也。戰國後論吳、蜀方物，如左太冲三都賦論旨味，如宋玉招魂、景差大招、枚乘七發、傅毅七激、崔駰七依、李尤七疑、元鱗七說、張衡七辨、曹植七啓、徐幹七喩、劉邵七華、張協七命、陸機七徵、湛方生七歡、蕭子範七誘，水陸動植之產，搜羅殆盡，未有及此者。歷世詩人，模奇寫異，不可勝數，亦無一章一句。至本朝元祐間，大蘇公過潤州金山寺，作詩送遂寧僧圓寶，有云：『冰盤荐琥珀，何似糖霜美。』元符間黃魯直在戎州作頌答梓州雍熙元長老寄糖霜有云：『遠寄糖霜知有味，勝於崔浩水晶鹽。』遂寧糖霜見於文字，始於二公，然則糖霜果非古也。」其所考可謂明且晰矣。夫取蔗瀋以熬糖，非沙糖而何？唐初已能造，而五代、宋初之人猶不知有此物，有是理乎？演繁露卷四云：「張衡七辨曰：『沙飴石蜜，遠國貢儲。』卽今沙糖也。」使糖霜卽沙糖，灼安得謂七辨未嘗言及乎？灼書第一原委篇云：「先是唐大曆間有僧號鄒和尚，跨白驢登繖山，結茅以居。一日，驢犯山下黃氏者蔗苗，黃請償於鄒，鄒曰：『汝未知窨蔗糖爲霜，利當十倍，吾語汝，塞責可乎？』試之，果信，自是流傳其法。」輿地紀勝卷一百五十五「遂寧府仙釋鄒和尚」條下所載畧同，并云：「至今遂寧糖霜色如琥珀，遂爲上品。又土人王灼嘗有糖冰譜。」是則此書一名糖冰譜，與灼所言糖霜一名糖冰者合，其爲今之冰糖，可無疑義。至其第五篇所言紫爲上，深琥珀次之，淺黃色又次之，淺白爲下，則今人之於冰糖，蓋猶如此。紫者不過深黃中微帶紫色，然頗難得，黄者亦甚甘，至色白，則味薄矣，惟沙糖乃貴白賤紫耳。由此言之，提要誤以糖霜爲沙糖審矣。

揚州芍藥譜一卷宋王觀

揚州芍藥，自宋初名於天下。宋史藝文志載爲之譜者三家，其一孔武仲，其一劉攽，其一卽觀此譜。孔、劉所述，世已無傳，僅陳景沂全芳備祖載有其畧，觀後論所稱「或者謂唐張祐、杜牧、盧仝之徒居揚日久，無一言及芍藥，意古未有如今之盛」云云，亦卽孔譜序中語，觀蓋取其義而翻駁之。至孔譜謂可紀者三十有三種，具列其名，比劉譜較多二種，今嘉靖維揚志尚載其原目，亦頗有異同云。

嘉錫案：孔常甫芍藥譜，能改齋漫録卷十五具載其文，劉貢父芍藥花譜亦收入事文類聚後集卷三十，皆不僅見於全芳備祖。孔譜三十三種，劉譜三十一種之名目，兩書亦臚列具詳，嘉靖維揚志蓋從此販稗得之耳。孔譜皆以花之形狀名之，其詞甚質，劉、王兩譜則爲之撰美名，亦頗有異同。

譜録類存目總目卷一百十六

古玉圖譜一百卷

舊本題宋龍大淵等奉敕撰。宋史藝文志不載，他家著録者皆未之及，尤袤遂初堂書目有譜録一門，自博古考古圖外，尚有李伯時古器圖、晏氏辨古圖、八寶記、玉璽譜諸目，亦無是書之名，朱澤民古玉圖作於元時，亦不言曾見是書，莫審其所自來。今即其前列修書諸臣職銜，以史傳考證，舛互之處，不可枚舉。案宋制，凡修書處，有提舉、監修、詳定、編修諸職名，從無總裁、副總裁之稱，其可疑一也。宋制，翰林學士承旨，以學士久次者爲之，宋史佞幸傳載龍大淵紹興中爲建王内知客，孝宗受禪，自左武大夫除樞密副都承旨、知閤門事，出爲江東總管。是大淵官本武階，不應爲是職。又「提舉嵩山崇福宮」下加一「使」字，宋制亦無此名。且傳稱大淵於乾道四年死，此書作於淳熙三年，在大淵死後九年，何得尚領修纂之事，其可疑二也。此下文繁不録。

嘉錫案：孫星衍平津館鑒藏記卷三此卷皆舊影寫本云：「古玉圖譜三十二册，題銀青光禄大夫、上柱國、翰林學士承旨、檢校禮部尚書、開府儀同三司、永興郡開國公食邑七百户實封三百户、提舉嵩山崇福宮使、賜紫金魚袋臣龍大淵等奉敕編纂，前有乾道元年龍大淵等古玉圖譜序，後列奉敕編纂校閲排次寫圖設色裝潢銜名，又有至大元年柯九思後序。四庫全書存目有古玉圖譜一百卷，題宋龍大淵等奉敕撰，稱諸臣修書職銜有總裁、副總裁之名，又稱大淵於乾道四年死，此書作於淳熙三年，在大淵死後九年，皆與此本不同。

此本爲宋時原進官本，尚未經後人改造變亂，洵可寶也。」孫氏因所得之本無總裁、副總裁之名，且大淵之序作於乾道元年，非淳熙三年，因信其爲宋時原進官本。然提要此篇舉其可疑者十有二，自龍大淵之外，若宇文粹中、曾覿、張掄，以及劉松年、李唐、馬遠、夏圭等，大抵官職乖錯，時代不符，證據昭然，已成定讞。孫氏於此諸條，舉置之不論，究竟孫氏所得之本是否與四庫本完全不同，未見原本，無從擬議。卽以龍大淵一人之職銜言之，其翰林學士承旨及崇福宫使，提要所指爲與宋制不合者，孫氏亦終未能贊一詞，遽信爲原進官本，殆不其然。余疑爲明人有此僞本，藏書家以其不見著録，矜爲秘本，互相傳鈔，而不知其罅漏百出，既經提要指駁，黠者遂改頭换面，去其總裁、副總裁之名，并改淳熙三年爲乾道元年，以泯其跡，至其職銜不可勝改，又或未諳宋時官制，遂致無法彌縫。孫氏非不知此，特欲衒其收藏之博，不得不曲爲之詞耳。今既未見孫氏藏本，姑録其説於此，以示存疑。

蘭易一卷舊題宋鹿亭翁　附録蘭易十二翼一卷蘭史一卷馮京

是書上卷爲蘭易，一名天根易，題宋鹿亭翁撰。朱彝尊經義考載其自序云：「蘭易始於復，故曰天根。」又載馮京序云：「蘭易一卷，受之四明山中田父。書端稱鹿亭翁著。按郡縣志，山有鹿亭，今迷不知處，無問作者姓氏矣，要是宋代隱者」，云云。此本已無自序，蓋傳寫佚之。其書以復、臨、泰、大壯、夬、乾、姤、遯、否、觀、剥、坤十二月卦爲蘭消長之機，每卦各綴以詞，其文如彖，下又各繫以詞，其文如象傳，備述出納栽培之法，蓋戲仿周易爲蘭譜耳。又附口訣二條，蘭月令十二章，不知誰作。下卷爲蘭易十二翼，述養蘭宜忌十二條，題曰蕈溪子。考經義考載馮京序，此本題曰蕈溪子，卽京也。其序稱鹿亭翁爲宋代隱者，則非宋之馮京，當别一人而同姓名矣。末爲蘭史一卷，亦題蕈溪子撰，首列蘭表，次爲蘭本紀，次爲蘭世家，次爲蘭列傳，次爲蘭外紀，次爲蘭外傳，蓋鹿亭翁戲擬經，京既戲擬傳，又戲擬史也。

嘉錫案：以愚考之，經義考及全祖望結埼亭集外編卷二十五馮侍郎遺書序，此兩書皆明馮京第之所作也，鹿亭翁亦其託名。京第字躋仲，慈谿人，僑居鄞縣，都御史元颺、兵部尚書元飈之從子。唐王授爲兵部主事，改監察御史；魯王監國，擢僉右都御史，進兵部侍郎，起兵被執，不屈死。全氏云：「馮侍郎簟溪集已不傳，而其所爲蘭易二卷、蘭史一卷、鞠小正一卷、自課一卷、真至會約一卷，先贈公書庫中有之。按所謂贈公者，祖望之祖也，名吾騏，字聿青，見外編卷八。或曰，侍郎中興十二論尚有存者，而求之未得，乃鈔得姚江黄氏所作墓志，吾鄉董户部次公所作簟溪始末，皆并入焉。蘭易以十二辟卦爲經，故附之以十二月令，而又有十二翼爲傳，託言受之鹿亭田父。其言蘭草今生大江以南者，皆非屈騷所樹所紉，然如漢高奮跡徒步，系統三代，天下所君，則卽眞矣，何僞之有？必將求所謂九畹十畝者而種之，皆反古之僇民也。其言憤而怪如此。蘭史先之以九品之表，有本紀，有世家，有列傳，有外紀，有外傳，以爲使非蘭而擬於蘭者，隸於蘭焉，又與蘭易相反。鞠小正託言陶公所著，謂陶公以秋九月爲正，卽不奉宋正之微旨。黄者，魏統之色也，晉所受代，子滅而思母，故宋運當用魏德勝之，抑鞠之爲言窮也。華事至此而窮，其言更誕而無徵。嗚呼！屈、宋之悲鬱，亦嘗荒唐其詞以自抒寫，而侍郎之寄意，則幾入於無何有之鄉而出之，亦已過矣。」所言二書體例，皆與提要所著録者合，而篁溪子又卽其別號也。四庫本不録其自序，蓋傳鈔之本以爲忌諱而去之。然經義考卷二百七十二所録序二篇，實皆作馮京第，而提要引作馮京，當亦是時人以其爲勝國遺民，去其一字以避忌諱。提要不知爲京第，遂以爲與宋之馮京同姓名矣。京第於國亡君死之後，以陸秀夫、張世傑自命，奮其螳臂以當車，思保厓山之一隅，以存趙氏之孤，其用心良苦。然當時唐、魯諸王，皆帝室疏屬，或以爲非應當璧之主，人望大抵多屬永明，故唐王之立，瞿式耜輩不甚謂然，而魯王之監國，又以拒閩中之頒詔，釀成内訌，如鄭成功之徒，不免以魯爲僞朝，京第之蘭易謂「雖非屈原之所樹，而能如漢高奮跡徒步，爲天下之所歸，是卽君也」，其言蓋有爲而發。其鞠小正謂「陶公不奉宋正，然以子滅而思母，遂承用魏統以代晉」，猶之唐、魯乃高帝子孫，於莊烈雖爲疏屬，然永樂之立，本非高帝之意，永樂之後既亡，從而立高帝之後，正所謂子滅而思母也。合二書觀之，京第之微旨見矣。至其蘭史使非蘭而擬於蘭者隸焉，則所以獎從亡諸臣而進之也，與蘭易意實相成。全氏謂爲相反，似尚未得其用意之所在。其言雖託之美人香草，然亦發憤而著書，猶之淵明止酒之詩，廋辭隱語，以寓其悲憤，觀其書可以使人忠愛之心油然而生，然則非俳諧游戲書也。

雜家類一 總目卷一百十七

墨子十五卷舊題周墨翟

諸書多稱墨子名翟，因樹屋書影則曰：「墨子姓翟，名烏，以墨爲道。今以姓爲名，以墨爲姓，是老子當姓老耶？」其說不著所出，未足爲據也。

嘉錫案：元伊世珍瑯嬛記卷下云：「墨子姓翟，名烏，其母夢赤烏飛入室，驚覺，生烏，遂名之。」注云：「出賈子說林。」因樹屋書影周亮工撰即本於此。考墨子公孟、魯問二篇，記墨子之言，率自名曰翟。若謂翟爲姓，世豈有與人言而自稱其姓者哉？自孟子、莊子、史記孟荀列傳、漢書藝文志以及其他周、秦、兩漢之書，無不曰墨翟者，下至魏、晉、南北朝、唐、宋以來，皆相承無異說，所謂賈子說林者獨云云如此，不知其說何所受耶？瑯嬛記之爲書，至爲荒誕不經，提要謂其所引書名，大抵真僞相雜，蓋亦雲仙散録之類，錢希言戲瑕以明桑懌所僞託，必有所據，見總目一百三十一雜家類存目八。其説是也。周亮工文人無識，陰襲其説，而没所自來，又從而傅會之，以爲墨子以墨爲道，墨非其姓，猶之老子之不姓老，然則老子果以老爲道乎？墨子以墨爲道而姓翟，曰墨翟，則老子當以老爲道而姓聃，故曰老聃，不當姓李也。且孟子以楊朱、墨翟並稱，墨翟以墨爲道而姓翟，則楊朱亦當以楊爲道而姓朱矣，楊果何道耶？楊朱又何名耶？此其爲説之妄，雖三尺童子，猶知笑之，稗官小説似此者，何可勝道，提要竟不惜加以援引，其亦昧於斷制矣。乃近人有爲諸子巵言者，猶主姓翟名烏之説，喋喋不休，甚矣其好怪也。

公孫龍子三卷周公孫龍

其書，漢志著録十四篇，至宋時八篇已亡，今僅存跡府、白馬、指物、通變、堅白、名實，凡六篇。

嘉錫案：此書隋志不著録。姚振宗漢書藝文志條理卷二云：「隋志道家守白論一卷，不著撰人，蓋即此書。」嘉錫案，此姚氏臆説，不可信。新舊唐志皆三卷，蓋佚而復出，新志又別有陳嗣古注公孫龍子、賈大隱注公孫龍子，各一卷，是其卷數有不同。考文苑英華卷七百五十八有唐人擬公孫龍子論，此文在崔弘慶二篇之後，題下不著撰人，文中稱宗人王先生，則非崔作也。云：「公孫龍者，古之辯士也。嘗聞其論，願見其書。咸亨二十年，歲次辛未，按咸亨紀元止四年，其二年歲次辛未，此衍一十字。十二月庚寅，僕自嵩山遊於汝陽，有宗人王先生名師政，字元直，春秋將七十，博聞多藝，僕過憩焉。縱言及於指馬，因出其書以示僕，凡六篇，勒成一卷。」又云：「遂和墨騣紙，援翰寫心，篇卷字數，皆不踰公孫之作，人物義理，皆反取公孫之意。以事源代跡皆，原注云疑。嘉錫案，跡府，公孫龍子第一篇名，此皆字，乃府字之誤。因意而存義也。以幸食按當作辛食，以辛代白，所謂尋色而推味，下文以香辛代堅白可證。代白馬，尋色而推味也。以慮心代指物，自外而明內也。以達化代通變，緣文而轉稱也。以香辛代堅白，憑遠而取近也。以稱足代名實，居中而擬正也。」咸亨爲唐高宗年號。是此書在初唐時已止存六篇，其篇名皆與今本相同，然則非至宋時始亡其八篇也。宋崇文總目、中興書目見玉海卷五十三引。及宋志著録，皆止一卷，趙希弁讀書附志卷五、陳振孫直齋書録解題卷十著録者，皆三卷，是宋時亦有兩本，與唐同，今本作三卷，蓋猶唐、宋之舊，其文實較一卷之本，無所增益也。又考隋志名家無公孫龍子，余取其所著録及注中所謂梁有某書者並數之，凡得九種二十二卷，而廣弘明集卷三所録阮孝緒七録序云「名部九種九帙二十三卷」，種數相同，而書多一卷。如兩書數目字皆不誤，則疑阮孝緒并吳姚信所著兩書爲一種，隋志注云：「梁有士緯新書十卷，姚信撰，又姚氏新書二卷，與士緯相似。」嘉錫案，二書爲一人所撰，文又相似，疑卽一書，但文有繁簡耳。較隋志尚多一種一卷，蓋卽公孫龍子。昔人謂隋志注爲梁有者，皆指七録，非也，志中縱横家農家所注梁有之書，皆較七録序爲多，疑其所指乃梁文德殿書目，或天監書目也。若果如余之所臆測，則此書在梁時已祇存一卷，當卽唐、宋人所見之本，八篇之亡，亦已久矣。

呂氏春秋二十六卷舊題秦呂不韋　漢高誘注

其十二紀卽禮記之月令，顧以十二月割爲十二篇，每篇之後，各閒他文，四篇惟夏令多言樂，秋令多言兵，似乎有義，其餘絶不可曉，先儒無説，莫之詳矣。

嘉錫案：提要謂夏令言樂，秋令言兵，是也，謂其餘絶不可曉者，非也。今以春、冬紀之文考之，蓋春令言生，冬令言死耳。其孟春紀五篇，一曰孟春，二曰本生，三曰重己，四曰貴公，五曰去私。仲春紀五篇，一曰仲春，二曰貴生，三曰情欲，四曰當染，五曰功名。季春紀五篇，一曰季春，二曰盡數，三曰先己，四曰論人，五曰圜道。其本生篇曰：「始生之者，天也；養成之者，人也。能養天之所生而以攖之，謂之天子。天子之動也，以全天爲故者也，此官之所以立也。立官者，以全生也。」其貴生篇曰：「聖人深慮，天下莫貴於生。夫耳目鼻口，生之役也。耳雖欲聲，目雖欲色，鼻雖欲芬香，口雖欲滋味，害於生則止。在四官者，不欲利於生則弗爲。由此觀之，耳目鼻口不得擅行，必有所制，譬之若官制，不得擅爲，必有所制，此貴生之術也。」此意本生篇亦言之，略云，是故聖人之於聲色滋味也，利於性則取之，害於性則舍之，此全性之道也。其盡數篇曰：「天生陰陽，寒暑燥溼，四時之化，萬物之變，莫不爲利，莫不爲害。聖人察陰陽之宜，辨萬物之利以便生，故精神安乎形，而年壽得長焉。長也者，非短而續之也，畢其壽也。」此皆於每紀之第二篇，發凡起例，極言節欲養生之義。其重己、貴公諸篇，則示人以修身立命之道，以蘄各遂其生也。其孟冬紀五篇，一曰孟冬，二曰節喪，三曰安死，四曰異寶，五曰異用。仲冬紀五篇，一曰仲冬，二曰至忠，三曰忠廉，四曰當務，五曰長見。季冬紀五篇，一曰季冬，二曰士節，三曰介立，四曰誠廉，五曰不侵。其節喪篇曰：「凡生於天地之間，其必有死，所不免也。孝子之重其親也，慈親之愛其子也，痛於肌骨，性也。所重所愛，死而棄之溝壑，人之情不忍爲也，故有葬死之義。葬也者，藏也，慈親孝子之所慎也。」其安死篇曰：「世之爲丘壟也，其高大若山，其樹之若林，其設闕庭若宮室，造賓阼也若都邑，以此觀世示富則可矣，以此爲死，則不可也。」此二篇爲冬令諸篇之發凡起例，極言薄葬送死之義。又因世人之厚葬多藏寶器，遂言古之人非無寶，所寶者異，而有異寶篇；更因古人所寶者異，遂言萬物不同，而用之於人者異，而有異用篇；蓋因前二篇而推廣以及之，文氣銜接相續。至於至忠、忠廉以下諸篇，則示人以舍生取義之道，以期善處其死也。斯其義例，昭然可見，安得如提要所言，絶不可曉也乎。然則春生而冬死，夏樂而秋刑，古者大刑用甲兵，故秋多言兵。其取義何也？曰，此所謂春生夏長秋收冬藏也，語見司馬談論六家要旨。其因四時之序而配以人事，則古者天人之學也，說在董子之春秋繁露，其陽尊陰卑篇曰：「夫喜怒哀樂之發，與清暖寒暑，其實一貫也。喜氣爲暖而當春，怒氣爲清而當秋，樂氣爲太陽而當夏，哀氣爲太陰而當冬。四氣者，天與人所同有也，非人所能蓄也，故可節而不可止也。節之而順，止之而亂。人生於天，而取化於天，喜氣取諸春，樂氣取諸夏，怒氣取諸秋，哀氣取諸冬，四氣之心也。四肢之答各有處，如四時；寒暑不可移，若肢體。肢體移易其處，謂之壬人；寒暑移易其處，謂之敗歲；喜怒移易其歲，謂之亂世。明王正喜以當春，正怒以當秋，正樂以當夏，正哀以當冬。上下法此以取天之道，春氣愛，秋氣嚴，夏氣樂，冬氣哀。愛氣以生物，嚴氣以成功，樂氣以養生，哀氣以喪終，天之志也。是故春氣暖者，天之所以愛而生之；秋氣清者，天之所以嚴而成之；夏氣温者，天之所以樂而養之；冬氣寒者，天之所以哀而藏之。春主生，夏主養，秋主收，冬主藏。生溉其樂以養，死溉其哀以藏，爲人子者也，故四時之比，父子之道，天地之志，君臣之義也，陰陽理人之法也。陰，刑氣也；陽，德氣也。陰始於秋，陽始於春。春之爲言，猶偆偆也；秋之爲言，猶湫湫也。偆偆者，喜樂之貌也；湫湫者，憂悲之狀也。是故春喜，夏樂，秋憂，冬悲。悲死而樂生，以夏養春，以冬喪秋，大人之志也。是故先愛而後嚴，樂生而哀終，天之當也，而人資諸天大德而小刑也。又天辨在人篇曰：「春，愛志也；夏，樂志也；秋，嚴志也；冬，哀志也。故愛而有嚴，樂而有哀，四時之則也。喜怒之禍，哀樂之義，不獨在人，亦在於天，而春夏之陽，秋冬之陰，不獨在天，亦在於人。」又陰陽義篇曰：「天之少陰用於功。太陰用於空，人之少陰用於嚴，而太陰用於喪。喪亦空，空亦喪也。是故天之道以三時成生，以一時喪死。死之者，謂百物枯落也，喪之者，謂陰氣悲哀也。天亦有喜怒之氣，哀樂之心，與人相副，以類合之，天人一也。春喜氣也故生，秋怒氣也故殺，夏樂氣也故養，冬哀氣也故藏，四者天人同有之，有其理而一用之，與天同者大治，與天異者大亂。」董子之說陰陽，發明天人相感者如此。本傳載其對策曰：「春者，天之所昌生也；仁者，君之所昌愛也；夏者，天之所昌長也；德者，君之所昌養也；霜者，天之所昌殺也；刑者，君之所昌罰也。繇此言之，天人之徵，古今之道也。」其言與繁露相表裏。禮記鄉飲酒義曰：「東方者春，春之爲言蠢也，產萬物者，聖也。南方者夏，夏之爲言假也，養之長之，假之仁也。西方者秋，秋之爲言愁也，愁之以時，察守義者也。北方者冬，冬之爲言中也，中者，藏也。與繁露言春之言偆偆，秋之言湫湫同義。蓋陰陽五行之學，出於周易及洪範，而盛於戰國，大行於秦漢之間。十二月紀言某時行某令則某事應之，正言天人相感之理，故其序意篇曰：「文信侯曰，嘗得學黃帝之誨顓頊矣，爰有大圜在上，大矩在下，汝能法之，爲民父母。凡十二紀者，所以紀治亂存亡也，所以知壽夭吉凶也，上揆之天，下驗之地，中審之人，若此，則是非可不可無所遁矣。」夫維上法大圜，下法大矩，上揆之天，下驗之地，中審之人，故十二月紀以第一篇言天地之道，而以四篇言人事，其實皆言天人相應。以春爲喜氣而言生，夏爲樂氣而言養，秋爲怒氣而言殺，冬爲哀氣而言死，所謂春生夏長秋收冬藏也。提要謂夏令多言樂，非言樂也，言長養也，長養人之道，莫大於教化，故孟夏紀所附四篇曰勸學，曰尊師，曰誣徒，曰用衆。謂假人之長以補其短，所謂夏之爲言假也。樂也者，所以移風易俗也，故仲夏、季夏紀皆言樂，此其義例昭然可見也。自提要謂其絶不可曉，於是近人葉德輝郎園讀書志卷五遂爲之説曰：「古書以帛爲卷，分十二紀，紀有餘幅，故以他文勾鈔于後，實絶無深義。」不讀其書而妄爲之説，可謂隨聲附和者矣。

自漢以來，注者惟有高誘一家，訓詁簡質，於引證頗舛之處，如制樂篇稱成湯之時，穀生於庭，則據書序以駁之；稱南子爲蠻夫人，則據論語、左傳以駁之；稱西門豹在魏襄王時，則據魏世家、孟子以駁之；稱晉襄公伐陸渾，稱楚成王慢晉文公，則皆據左傳以駁之；稱顔闔對魯莊公，則據魯世家以駁之；稱衛逐獻公立公子黚，則據衛世家以駁之，皆不蹈注家附會之失。

案提要所引諸條，除「穀生於庭」見制樂篇外，南子事見貴因篇，西門豹事見樂成篇，晉襄公事見精諭篇，楚成王事見上德篇，顏闔事見適威篇，衞獻公事見慎小篇，今獨於第一條明出篇名，其餘均不復出，不將使人誤認爲皆見制樂篇也乎？誘注雖不附會本書，然所駁亦未必盡是，如貴因篇云：「孔子道彌子瑕見釐夫人，因也。」注云：「此釐夫人未之聞，或云爲謚。謚法，小心畏忌曰釐。若南子淫佚，與宋朝通，不得謚爲釐，明矣。」梁玉繩呂子校補卷二曰：「釐夫人雖他無所見，然春秋時夫人別謚甚多，魯文姜、穆姜皆淫佚，而得美謚，南子謚釐，無足異也。」適威篇云：「東野稷以御，見莊公，顏闔入見，莊公曰：『子遇東野稷乎？』」注云：「按魯世家，莊公，桓公之子同也。顏闔在春秋後，蓋魯穆公時人也，在莊公後十二世矣。若實莊公，顏闔爲妄矣。由此觀之，咸陽市門之金，固得載而歸也。」畢沅校正曰：「梁伯子即玉繩云，東野稷事，此本於莊子達生篇。釋文曰，李云魯莊公，或云顏闔不與魯莊公同時，當是衞莊公。余考莊子人間世言顏闔將傅衞靈公太子，讓王言魯君致幣顏闔，李云魯哀公，亦見本書貴生篇。又莊子列禦寇篇言魯哀公問顏闔，則此爲衞莊公是也。而荀子哀公篇、韓詩外傳二、新序雜事五、家語顏回篇皆云魯定公問顏回，東野之御，蓋傳聞異辭耳。高氏未能詳考，誤以爲魯莊公，訾呂子妄說，思載咸陽市門之金而歸，何其陋也。」俞正燮癸巳存稾卷十二亦云：「適威篇之莊公，定是衞莊，故得見魯哀公，亦及魯定時，所引書與梁氏略同。而誘以爲魯莊、顏闔不同時，不悟呂氏並未言魯莊也。」是皆呂覽本不誤，而高注駁之反誤者也。

其謂梅伯說鬼侯之女好，妲己以爲不好，因而見醢，謂白乙丙、孟明皆蹇叔子，謂甯戚扣角所歌乃碩鼠之詩，謂公孫龍爲魏人，並不著所出，亦不知其何所據。

案梅伯事見行論篇，又見過理篇，高注皆同。史記殷本紀云：「九侯有好女，入之紂。九侯女不憙淫，紂怒殺之，而醢九侯。」又魯仲連傳云：「九侯有子而好，獻之於紂，紂以爲惡，醢九侯。」皆不言妲己之譖。然考潛夫論潛歎篇云：「昔紂好色，九侯聞之，乃獻厥女，紂則大喜，以爲天下之麗，莫若此也。以問妲己，妲己懼進御而奪己愛也，乃僞俯而泣曰：『君王年既耆耶，明既衰耶，何貌惡之若此，而覆謂之好也。』紂於是渝而以爲惡。妲己恐天下之愈進美女者，因白九侯之不道也，乃欲以此惑君王也，王而弗誅，何以革後。紂則大怒，遂脯厥女而烹九侯。」與高注合而加詳，知必出於周、秦古書矣。悔過篇云：「蹇叔有子申與視，與師偕行。」注云：「申，白乙丙也；視，孟明視也，皆蹇叔子也。」考史記秦本紀云：「使百里傒子孟明視，蹇叔子西乞術，及白乙丙將兵。」左傳僖三十二年正義曰：「世族譜以百里孟明視爲百里奚之子，則姓百里名視，字孟明也。譜云或以爲西乞術、白乙丙爲蹇叔子，此卽指史記言之，玩史記文義，白乙丙上有及字，則史遷或不以白乙丙爲蹇叔子，然世族譜既云云，可見古人之讀史記，固以爲西乞白乙二人皆蹇叔子也，或古本無及字歟？案傳稱蹇叔之子與師，言其在師中而已，若是西乞、白乙，則爲將帥，不得云與也，或説必妄記異聞耳。」其説雖爲世族譜所駁，然可見古人固以白乙丙爲蹇叔子，非高誘之創説也。至以孟明爲蹇叔子，雖與左傳、史記皆不合，然呂覽本文固云「蹇叔有子申與視」，又云：「秦三帥對曰：寡君之無使也，使其三臣丙也術也視也於東邊，候晉之道。」是明明以蹇叔之子視爲孟明視矣。視既是孟明，則申必是白乙丙，以丙與申皆支干字也。高注即循文解釋，何必更著所出乎？舉難篇云：「甯戚飯牛，居車下，望桓公而悲，擊牛角疾歌。」注云：「歌碩鼠也。」畢沅校正曰：「孫志祖云，後漢書馬融傳注引説苑曰，甯戚飯牛於康衢，擊車輻而歌碩鼠，與此正合。梁仲子云，今説苑善説篇云，甯戚飯牛康衢，擊車輻而歌顧見，桓公得之霸也。以上下文義求之，顧見當是碩鼠之訛。」然則高注卽本之説苑也。古人引書，本不必盡著所出，提要所指四事，其三事皆有實證，惟審應篇注以公孫龍爲魏人，與諸書言趙人者不合，然以上三事推之，知其必别有所據也。

淮南子二十一卷漢劉安　高誘注

高誘序言此書大較歸之於道，號曰鴻烈，舊唐志有何誘鴻烈音一卷，言鴻烈之音也。

嘉錫案：新唐志云：「高誘注淮南子二十一卷，又淮南鴻烈音二卷。」則音亦出於高誘，非何誘。日本人島田翰古文舊書考卷四云：「四庫提要及莊逵吉並云舊唐志有何誘鴻烈音，莊氏則云劉昫云何誘，不得改稱高誘，歐陽不精考古，以名字相涉而亂之。案謂新唐志。今案舊唐書之存於今者，惟明嘉靖聞人詮本最古，今檢其書，正作高誘，不作何誘。且歐公在宋，當時其書猶存，尚當逮見之，而曰高誘，則作高誘者是也。提要、莊氏皆見萬曆刻粗本，誤高作何，案乾隆殿本亦誤作何。附會之耳，不得執此以議歐公矣。初學記、文選善注及御覽引淮南，間載翻語切音，恐是隋、唐人依高氏音讀改作翻切，故尚題誘名，但今不傳耳。」

晁公武讀書志稱崇文總目亡三篇，李淑邯鄲圖書志亡二篇，其家本亡四篇，高似孫子略稱讀淮南二十篇，是在宋已鮮完本，惟洪邁稱今所存者二十一卷，與今本同。

案莊逵吉校正淮南子敍云：「淮南本二十篇，要略一篇，則敍目也。其例與楊子法言、王符潛夫等書正同，故高似孫直指爲淮南二十篇，説者又以似孫之言互證晁、李，斯更誣矣。」本書卷首。莊氏所斥之説者，卽指提要此條。考要略篇云：「言道而不言事，則無以與世浮沈，言事而不言道，則無以與化游息，故著二十篇。」此下卽歷舉二十篇之名，而置要略篇不數。又云：「欲强省其辭，總覽其要，弗曲行區入，則不足以窮道德之意，故著書二十篇。」又云：「誠通乎二十篇之論，覩凡得要，以通九野，徑十門，外天地，捭山川，其於逍遥一世之閒，宰匠萬物之形，亦優游矣。」是淮南王自謂其書只二十篇，不以爲二十一篇也。故許慎於要略篇目下注云：「凡鴻烈之書二十篇，略數其要，明其所指，序其微妙，論其大體。」又於「此鴻烈之泰族也」句下注云：「凡二十篇，總謂之鴻烈。」是要略之爲序論，不在鴻烈之内，許注言之甚明。漢書藝文志及淮南王本傳并要略數之，故云二十一篇。高似孫偶除要略不數，提要遂疑非完本，可謂大誤。

公武謂許慎注稱記上，陳振孫謂今本題許慎注，而詳序文，卽是高誘，殆不可曉。盧泉劉績又謂記上猶言標題進呈，並非慎爲之注。然隋志、唐志、宋志皆許氏、高氏二注並列，陸德明經典釋文引淮南子注稱許慎，李善文選注、殷敬順列子釋文引淮南子注，或稱高誘，或稱許慎，是原有二注之明證。後慎注散佚，傳刻者誤以誘注題慎名也。觀書中稱景古影字，而慎説文無影字，其不出於慎，審矣。誘，涿郡人，盧植之弟子，建安中辟司空掾，歷官東郡濮陽令，遷河南監，並見於自序中，慎則和帝永元中人，遠在其前，何由記上誘注。劉績之説，蓋徒附會其文，而未詳考時代也。

案島田翰云：「劉績補注本分卷二十八，每卷題漢太尉祭酒許慎記上，蓋自道藏本出。末卷結尾有識語云，右淮南一書，漢許慎記上，而高誘爲之注。記上猶言標題進呈也。四庫提要云，慎遠在其前，何由記上誘注。今案績文蓋謂慎標題進呈，未及下注，誘乃就慎本自下其注耳。」案島田氏説是也。劉績之誤，惟在不知慎自有注，而曲爲之説，若謂績不知慎在高誘之前，未免厚誣。島田氏又云：「以說文無影字，直斷爲非慎，恐屬武斷。蓋古書有後人改竄，一句一節之大，尚且有攙入增改，卽執一字云云，似不可爲確論。景，古影字，見茅本案謂明萬曆壬午茅一桂刻本淮南子原道訓注，而道藏、劉績、莊逵吉諸本並無此注，則固不宜引證矣。」今檢各本，果如島田氏之說，然則今本原道諸篇雖非許慎注，而提要執誤本中之一字以爲之證，亦未爲得也。且提要謂許注散佚，傳刻者誤以誘注題慎名，亦未盡然。蓋今本淮南子内有許注有高注，自陳振孫已不能別白，至近世勞格、陶方琦二家考之蘇魏公集，始得其說，而陶氏辨之更詳，勞氏書成較早，而刻行甚遲，勞書著於道光間，刻於光緒四年。陶未見也。今並錄二家之說，除其複重，又頗補益其所未備，爲之疏通證明之。勞氏讀書雜識卷二曰：「衢本郡齋讀書志，案見卷十二。淮南子二十一卷，慎自名注曰記上，今存原道、俶真、天文、墬形、時則、覽冥、精神、本經、主術、繆稱、齊俗、道應、氾論、詮言、兵略、說山、說林等十七篇，李氏書目亦云第七、第十九亡，崇文目則云存者十八篇。蓋李氏亡二篇，崇文亡三篇，家本又少其一，俟求善本是正之。勞氏自注云，袁本云慎標其首，皆曰閒詁（當作詁）次曰淮南鴻烈，自名注曰記上，第七十九闕。直齋書錄解題，案見卷十。淮南鴻烈解二十一卷，後漢太尉案太尉下原脫「祭酒」二字。許慎叔重注。案唐志又有高誘注，今本既題許慎記上，而詳序文則是高誘，不可曉也。蘇頌校淮南子題序云，案見蘇魏公文集卷六十六今校崇文舊書，與蜀印本暨臣某家書凡七部，並題曰淮南子注，許、高相參，不復可辨，惟集賢本卷末有前賢題識云，許標其首，皆是閒詁，鴻烈之下，謂之記上。陶氏注云，開元占經所引淮南閒詁皆許氏説，琦案王氏漢藝文志考證亦云許慎注淮南曰閒詁，其注曰記上。高題卷首皆謂之鴻烈解經，陶氏注云，呂覽高誘敍云誘作淮南孝經解。解經之下，曰高氏注，每篇之下皆曰訓，又分數篇爲上下，陶氏注云：「道藏凡原道、俶真、天文、墬形、時則、主術、人間皆分上下卷。」嘉錫案，隋、唐志、許、高注皆二十一卷，而道藏本因篇分上下，故爲二十八卷，據此知宋本分卷已有與道藏本同者。以此爲異。崇文總目亦云如此，又謂高注更詳于許氏，本書文句，亦有小異。然今此七本皆有高氏訓敍，題卷仍各不同，或於解經下云許慎記上，或於閒詁上云高氏，或但云鴻烈解，或不言高氏注，或以人間篇爲第七，或以精神篇爲第十八，參差不齊，非復昔時之體。臣某據文推次，頗見端緒。高注篇名，皆有故曰因以題篇之語，其間奇字，並載音讀。陶氏注云，誘自敍云，比之其事，爲之注解，悉載本文，並舉音讀，故十三篇中音讀最詳，而許注八篇音讀闃寂，淄澠之別，不言可知。許於篇下粗論大意，卷内或有假借用字，以周爲舟，以楯爲循，以而爲如，以恬爲惔，如此非一，又其詳畧不同，誠如總目之説，互相考正，去其重複，共得高注十三篇，許注十八篇。陶氏引至此句爲止。又案高氏敍典農中郎將弁揖借八卷，會揖喪亡，後復補足，今所闕八卷，得非後補者失。句。其定著外所闕卷，但載淮南本書，仍於篇下題目，注云今亡；許注仍不敍録，並以黃紙繕寫，藏之館閣云云。格案，今道藏本題許慎記與陳氏所見本正同，據蘇序，高注篇名皆有因以題篇之語，訂正今本，知高注僅存十三篇，其繆稱、齊俗、道應、詮言、兵略、人閒、泰族、要略八篇注皆無是句，又注文簡約，與高注頗殊，與諸書所引許注相合，當是許注無疑。較晁本少原道、俶真、天文、時則、覽冥、精神、本經、主術、氾論、説山、説林十一篇，多人間、泰族、要畧三篇。高注十三篇，宋史亦作十三卷，僅據見存殘本而言耳。又蘇頌校本於高注所闕卷，但載本書，許注仍不敍録，今本以許注補高本之闕者，蓋别是一本也。」嘉錫案，許注自崇文總目已只存十八篇，蘇頌以七本互校，所得許注亦僅與總目適合。晁志所載許慎注已有十七篇，而今本又有三篇爲晁志所無，是宋時許注當共存二十篇矣。其數轉溢出蘇頌所見本之外，此事之所必無。蓋晁本雖題許慎注，實係未經校定之本，其中亦必許、高相參者，當卽蘇氏所謂七本中之一，晁氏不知其中雜有高注耳，未可以晁氏所言之十七篇概指爲許注也，勞氏似尚考之未詳。又案蘇頌所得之高注十三篇，乃是從各本中寫出，然仍不載許注，今本蓋卽用蘇校本，又從許注十八篇中刺取其八篇以補之，刻者各以其意，或并題高誘，或并題許慎。直齋書録所載之許注二十一卷，不云有所殘闕，蓋已用兩本互補，卽今道藏本題許慎記者之祖，島田翰謂合併本之傳當在宋中世以降是也。陶氏淮南許注異同詁自敍見本書卷首云：「淮南許、高二注並出，東漢佼長詁記，説尤古樸，濮令之注雖祖南郡，要非其匹也。己巳之歲，閒居無事，繙帑羣册，刺取許氏之逸説，胥爲一卷。舊傳道藏本有許注羼入，相沿累代，疇能釐析，嘗疑原道以次十三篇多詳，自注云，原道、俶真、天文、墬形、時則、覽冥、精神、本經、主術、氾論、説林、説山、修務。繆稱以次八篇多略，篇名見上引勞氏説中。詳者當是許、高注，雜略者必係一家之言。解故簡㙻，尤近許氏。後讀宋蘇魏公文集，内有校淮南子題敍，所引原文不如勞氏之詳，已見前不録。與方琦舊説適相脗合，遂取舊輯許氏逸注，比而勘之。原道以次十三篇，許注與高注文義多異，繆稱以次八篇，許注與今注文義多同，其異者正見二注之並參，其同者益見許注之不繆。況隋書經籍志，淮南子載許慎注二十一卷，高誘注二十一卷；舊唐書載淮南商詁二十一卷，自注云，商詁乃閒詁之譌，不言許慎注，明係敓文。高誘注二十一卷，新唐書所載卷目都合。自注云，新唐書直云許慎注二十一卷，不云商詁，知舊唐書無許慎注三字，乃佚文也。惟宋史藝文志載許慎注二十一卷，高誘注十三卷。今原道以次有題篇適十三篇，意者北宋時高注僅存此數，嘉錫案，宋史十三卷蓋卽蘇頌校本去其無注之八篇耳，蘇頌卽是北宋人。與蘇魏公高注得十三篇之説如出一揆。至云許注二十一卷，乃合高注而言之，此下有自注，見後。知高注篇内必雜附許氏殘注，故宋本及道藏本並題爲漢太尉祭酒許慎記上。自注云，錢溉亭曰，宋時安得復有許注，大抵許注既佚，宋人遂以零落僅存者羼入高注，遂題許慎之名。又云，正統道藏本，即宋時羼入之本，校通行高注增十三四，其間當有許注是也。而繆稱以下八篇全無高注，斯盡存許氏殘説，故注獨簡質，並無故曰因以題篇等字。自注云，莊氏逵吉曰，繆稱訓下數篇標目下皆無「因以題篇」四字，注又簡略，蓋不全者也，此莊氏不見蘇魏公序文，故云此。方琦又讀宋本淮南，其繆稱篇題首有淮南鴻烈閒詁，于要略篇亦題『閒詁』二字。閒詁，許注本也，知繆稱至要略八篇塙爲許注舊本無疑，而前人志别之，苦心不絕如縷矣。千古沈惑，重相剖析，所望同志，信以傳信。」陶氏之爲説，較勞氏加詳矣。然其中有自注一節云：「宋蘇氏云，互相考證，去其重複，共得高注十三篇，許注十八篇，十字疑衍文。蓋高注十三篇，許注八篇，正合二十一篇之數，故云去其重複。否則八篇卽繆稱以次無題篇之八篇，十篇之注，淆入高注十三篇中，不可復識矣，宋時安得有許注全本？宋史誤也。」此則有大謬不然者。蘇頌所言去其重複，蓋所見七本之中皆許、高相參，而互有多少，其間某篇，數本皆有，某篇，此有彼無，故必互相除補，於各本之中，刺取高注之不同者，共得十三篇，校讐寫出，其許注亦除重複，又得十八篇，别爲一本，劉向校書所謂除復重，定著若干篇者，皆如此，陶氏乃謂許注十八篇十字爲衍文。考玉海卷五十五云：「漢淮南鴻烈，隋志二十一篇，許慎、高誘注，唐志、中興書目同。蘇頌去其重複，共得高注十三篇，許注十八篇。」此即是引蘇氏敍，亦作十八篇，則安得謂十字爲衍文？又謂高注十三篇，許注八篇，正合二十一篇之數，是謂今本爲蘇頌所校定，不知蘇氏敍明云「定著外所闕卷，但載本書，許注仍不敍録」，則蘇校本中無許注明矣。陶氏删去此數句不引，自生藤葛，竟似未覩其全篇者然，亦可異矣。晁志所載許注，雖只十七篇，而仍題二十一卷；陳録二十一卷，謂是高誘，而仍題許慎，則凡宋時許注，皆非全本，宋志未爲大誤，無勞獻疑也。陶氏既謂十三篇之注爲高、許相雜，則必如其後一説，許注八篇之外，尚有十篇淆入高注而後可，否則蘇頌所見已只八篇，後人安從得之乎？而惡得謂十字爲衍文乎？尋蘇氏所以校定高注，不校許注者，蓋以高注詳而許注略，以爲高優於許故也。然許注十八篇具在，當時固自别行，不知何人取其八篇以補高注。今十三篇中有無許注，無明文可考，如其有之，亦當僅十篇，不能篇篇都有也。陶氏謂高注之中羼有許注，固自言之成理，島田翰則謂「誘之注必取之於慎，更加詳審，義則有異」，島田氏未見蘇敍及勞氏、陶氏説。説亦可通。蓋高在許後，不容不見其書，則從之采獲，增損入注，亦屬事理所有，未必定是後人羼入高注。各本皆二十一卷，或二十八卷，惟藤原佐世日本國見在書目獨作三十一卷，不知其爲别一本，抑傳寫之誤也。高注自宋時僅存十三篇，玉海言之甚明，而自來目録家皆忽不加察，提要此篇所引證，不能出通考卷二百十三淮南子諸條之外，故尤不能知此，勞氏、陶氏求之蘇魏公集而得其説，然所考又皆不能無誤，故詳辨之如此。

其注爲劉昞所作。昞字延明，燉煌人。舊本名上結銜題涼儒林祭酒，蓋李暠時嘗授是官。然十六國春秋稱沮渠蒙遜平酒泉，授昞秘書郎，專管注記，魏太武時又授樂平從事中郎，則昞歷事三主，署涼官者誤矣。

嘉錫案：隋志只有劉邵書，不載昞注，兩唐志於劉邵人物志之外，又有劉炳注人物志三卷，均不著時代。郡齋讀書志卷十一作僞涼燉煌劉昞注。直齋書録解題卷十云：「梁儒林祭酒燉煌劉昞注。梁史無劉昞，中興書目云爾，晁氏云僞涼人。」夫以涼爲梁，自是中興書目之誤，然其題儒林祭酒，則不誤也。考魏書有劉昞傳，略云：「劉昞字延明，燉煌人也。李暠私署徵爲儒林祭酒，從事中郎，遷撫夷護軍。昞以三史文繁，著略記百三十篇，八十四卷，涼書十卷，燉煌實録二十卷，方言三卷，靖恭堂銘一卷，注周易、老子、人物志、黄石公三畧，並行於世。蒙遜平酒泉，拜秘書郎，專管注記。牧犍尊爲國師。世祖平涼州，夙聞其名，拜樂平王從事中郎。在姑臧歲餘，思鄉而返，至涼州西四百里韭谷窟，遇疾而卒。」北史劉延明傳同，不言其名昞者，避唐諱耳。昞之事蹟，載於正史者，彰著如此，提要捨而不引，顧取明人屠喬孫所撰之十六國春秋以爲據，何哉？昞雖歷事三主，然本傳敍昞所著述皆在李暠之世，則今本之題涼官，據其著書時言之，初未嘗誤也。隋志霸史類有涼書十卷，注云：「記張軌事，僞涼大將軍從事中郎劉景撰。」景字亦因避唐諱改。是亦題涼官，豈亦誤耶？史通古今正史篇云：「建康太守索暉從事中郎劉昞又各著涼書。」是亦舉涼官，非北魏之樂平王從事中郎也。

邵書凡十二篇，首尾完具，晁公武讀書志作十六篇，疑傳寫之誤。

案所謂晁公武作十六篇者，據衢州本讀書志言之耳，若袁州本讀書志卷三上，則固作十二篇也。然修四庫書時，實未見衢州本，此蓋從文獻通考卷二百十二轉引，而未考之本書耳。提要之引晁、陳書，往往如此，其誤已屢見不一見矣。

劉子十卷北齊劉晝

案劉子十卷，隋志不著録，唐志作劉勰撰，陳振孫書録解題、晁公武讀書志俱據唐播州録事參軍袁孝政序作北齊劉晝撰，宋史藝文志亦作劉晝。自明以來，刊本不載孝政注，亦不載其序，惟陳氏載其序，畧曰：「晝傷己不遇，天下陵遲，播遷江表，故作此書。時人莫知，謂爲劉勰、劉歆、劉孝標作。」云云。不知所據何書，故陳氏以爲終不知晝爲何代人。

嘉錫案：隋志雜家類云：「梁有劉子十卷，亡。」在楊偉時務論之下。書名卷數並合，但不著名，是否此書，未可遽定，所當存疑，不得竟謂之不著於録也。新舊唐志皆作劉勰，惟讀書志卷十二、玉海卷五十三作齊劉晝、孔昭撰耳。若書録解題卷十則止言劉晝、孔昭撰，無北齊字，蓋陳振孫初不知北齊有劉晝，故云終不知書爲何代人。今提要謂書録解題、讀書志俱據袁孝政序（袁孝政，讀書志作袁政）作北齊劉晝撰者，蒙讀書志爲文，而未及分析言之也。此書宋刻本有袁孝政注，無序，見天禄琳瑯書目續編卷五，題劉晝撰。孫星衍平津館鑒藏記卷一亦有宋刻巾箱本，題作劉勰。至明刻袁注，有道藏本，在無字號，見白雲霽道藏目録詳注卷四；有覆宋本，題劉勰，見鐵琴銅劍樓藏書目卷十四；有萬曆壬辰海虞蔣以化重刻道藏本，見丁丙善本書室藏書志卷十八；又有泰和堂刻孫鑛評本，二卷不全，亦有注，見邵懿辰簡明目録標注卷十三。明程榮漢魏叢書本題梁東莞劉勰著，播州袁孝政注，但於注删削甚多，只存十之二三，是則明人刻本有注者多矣，修四庫書時自未見耳。

案梁通事舍人劉勰，史惟稱其撰文心雕龍五十篇，不云更有别書。且文心雕龍樂府篇稱「有娀謡乎飛燕，始爲北聲」，此書辭樂篇稱「殷辛作靡靡之樂，始爲北音。」與勰説迥異。又史稱勰長於佛理，後出家，改名慧地，此書末篇乃歸心道教，志趣迥殊。近本仍刻劉勰，殊爲失考。劉孝標之説，南史、梁書俱無明文，未足爲據。劉歆之説，則激通篇稱「班超憤而習武，卒建西域之績」，其説可不攻自破矣。惟北齊劉晝，字孔昭，渤海阜城人，名見北史儒林傳，然未嘗播遷江表，與袁孝政之序不符。傳稱舉秀才不第，乃恨不學屬文，方復綴緝詞藻，言甚古拙，與此書之縟麗輕蒨亦不合。又稱求秀才十年不得，乃發憤撰高才不遇傳；孝昭時出詣晉陽上書，言亦切直，而多非世要，終不見收，乃編録所上之書爲帝道；河清中，又著金箱壁言以指機政之不良，亦不云有此書，豈孝政所指又别一劉晝歟？觀其書末九流一篇，所指得失，皆與隋書經籍志子部所論相同，使隋志襲用其説，不應反不録其書，使其剽襲隋志，則貞觀以後人作矣。

案自晁、陳以下，題此書爲劉晝撰者，大抵據袁孝政之序。余嘗疑孝政作注，文理尚復不通，其言豈足爲據，既而考之，始知初唐時人早有此説。宋劉克莊後村大全集卷一百七十九詩話續集引朝野僉載云：「劉子書咸以爲劉勰所撰，乃渤海劉晝所製。晝無位，博學有才，竊取其名，人莫知也。」然則此書實晝所撰。晝有才無位，積爲時人所輕，故發憤著此，竊用劉彦和之名以行其書，且以避當時之忌諱也。人既莫知，故兩唐志及諸傳本皆題劉勰矣。朝野僉載爲唐張鷟所著，鷟高宗調露時進士，博學有才，且去北齊未遠，其言必有所本，自足取信。晁公武未見僉載原書，陳振孫亦僅見節略之本，然宋、元間自有完書，故克莊得見之。至明其書遂亡，今本出於後人所掇拾，詳見僉載本條。疏漏百出，故無此條，後村大全集亦僅存舊鈔，久無刻本傳世，近始由涵芬樓用鈔本影印入四部叢刊，後村詩話亦經張鈞衡刻人適園叢書。爲自來考證家所未見；且即令見之，又孰知小説、詩話中有此一事哉。

此所以於劉子疑議紛然，終不能定其撰人也。余嘗取此書反復讀之，而確信其出於劉晝，有四證焉。其知人篇曰：「世之烈士，願爲君授命，猶瞽者之思視，躄者之想行，而目終不得開，足終不得伸，徒自悲夫。」其薦賢篇曰：「賢士有脛而不肯至，殆蠧材於幽岫，投跡於柴蓽者，蓋人不能自薦，未有爲之舉也。」又曰：「臧文仲不進展禽，仲尼謂之竊位；公孫弘不引董生，汲黯指謂妒賢；虞邱不薦叔敖，樊姬貶爲不正；東閭不達髦士，後行不正於路。故爲國人寶，不如能獻賢，獻賢受上賞，蔽賢蒙顯戮，斯前識之良規，後代之明鏡矣。」蓋晝嘗求秀才，十年不得，及被舉，又考策不第，上書亦不見收采，竟無仕進，見北齊書及北史本傳。傷時無知己，多竊位妒賢，故有此言。北史本傳言刺史李璵嘗以晝應詔，先告之，晝曰：「公自爲國舉才，何勞語晝。」與薦賢篇語意合。此其證一也。其通塞篇曰：「命有否泰，遇有通塞。否與泰相翻，屈與伸殊貫。遨泰遇伸，不盡叡智；遭否會屈，不專膚蔽。何者？否泰由命，屈伸在遇也。」其遇不遇篇曰：「賢有常智，遇有常分。賢不賢性也，遇不遇命也。性見於人，故賢愚可定；命在於天，則否泰難期。命運應遇，危不必禍，遇不必窮；命運不遇，安不必福，賢不必達。故患齊而死生殊，德同而榮辱異者，遇不遇也。」此二篇詞氣憤激，與其撰高才不遇傳之意同，所謂發憤著書也。此其證二也。北齊書及北史均列晝於儒林，不言其爲老莊之學。然此書中若清神、防慾、去情、韜光等篇，多黄老家言，故盧文弨謂其近乎道家，是其歸心道教，不僅見於九流一篇也。晝九流篇所謂道以無爲化世者，指老莊言之，是道家非道教，提要亦誤。考廣弘明集卷六辨惑篇云：「劉晝渤海人，才術不能自給，齊不士之，著高才不遇傳以自況也。上書言佛法詭誑，避役者多，又詆訶淫蕩，有尼有優婆夷。實是僧之妻妾，損胎殺子，其狀難言。今僧尼二百許萬，并俗女向有四百餘萬，六月一損胎，如是則年族二萬户矣。驗此，佛是疫胎之鬼也，全非聖人之言，道士非老莊之本，藉佛邪説，爲其配坐而已。」是蓋卽齊孝昭時所上之書，時人方競奉佛，故詆爲言雖切直而多非世要。是晝之爲人，詆佛而不非老莊。蓋自昌黎未出以前，凡闢佛者皆老氏之徒，卽傅奕亦然，情有所偏，遂入主出奴耳。晝好老莊之學，故上書詆佛，此書之歸心道家以此也。此其證三也。其正賞篇曰：「至於觀人論文，則以大爲小，以能爲鄙，而不知其目亂心惑也。昔者仲尼先飯黍，侍者掩口笑，子游揚裘而誇，曾參揮指而哂。以聖賢之舉錯，非有謬也，而不免於嗤誚，奚況世人，未有名稱，其容止文華，能免於嗤誚者，豈不難也。以此觀之，則正可以爲邪，美可以稱惡，名實顛倒，可謂歎息也。今述理者，貽之知音君子，聰亮達於聞前，明鑒出於意表，不以名實眩惑，不爲古今易情，採其制意之本，略其文外之華，不没纖芥之善，不掩螢爝之光，可謂千載一選也。」案北史本傳云：「舉秀才，不第。乃恨不學屬文，方復緝綴辭藻。言甚古拙，制一首賦，以六合爲名，自謂絶倫，乃歎儒者勞而寡功。北齊書本傳作自謂絶倫，吟諷不輟，乃歎曰：「儒者勞而少功，見於斯矣。我讀儒書二十年，而答策不第，始學作文，便得如是。」曾以賦呈魏收而不拜，收忿之，謂曰：『賦名六合，已是太愚，文又愚於六合，君四體又甚於文。』原作又甘於文，誤，從通志卷一百七十四校改。晝不忿，又以示邢子才。子才曰：『君此賦正似疥駱駝，伏而無斌媚。』北齊書作曾以此賦呈魏收，收謂人曰：「賦名六合，其愚已甚，及見其賦，又愚於名。」無示邢子才事。晝常自謂博物奇才，言好矜大，每言：『使我數十卷書行於後世，不易景公之千駟也。』容止舒緩，舉動不倫，由是竟無仕，卒於家。」然則晝在當時，不惟文章爲邢、魏所嗤，即其容儀亦爲流俗之所笑。此篇所謂世人未有名稱，容止文華難免於嗤誚者，晝正以之自況，故有慨乎其言之也。篇末則自敍其著書之意，以其詞賦爲人所嗤，故望讀者採其制意之本，而略其文外之華，又自以博學奇才而不爲時所知，故不能無望於知音之君子，觀其詞意，與本傳鍼芥相應，著此書者，非晝而誰？此其證四也。或曰，晝既發憤著書，將欲垂之千載，乃自匿其名字，翻託劉勰之名，以此求知，未喻其理。應之曰，此其故正賞篇明之矣，其言曰：「昔魯哀公遥慕稷、契之賢，不覺孔丘之聖；齊景公高悕管仲之謀，不知晏嬰之智；張伯松遠羡仲舒之博，近遺子雲之美。以夫子之聖，非不光於稷、契，晏嬰之賢，非有減於管仲，揚子雲之才，非爲亞於董仲舒，然而弗貴者，豈非重古而輕今，珍遠而鄙近，貴耳而賤目，崇名而毁實耶？觀俗之論非苟欲以貴彼而賤此，飾名而挫實，由於美惡混揉，真僞難分，摸法以度物情，信心而定是非也。」又曰：「越人臛蛇以饗秦客，甘之以爲鯉也，既而知其是蛇，攫喉而嘔之，此爲未知味也。趙人有曲者，託以伯牙之聲，世人競習之，後聞其非，乃束指而罷，此爲未知音也。宋人得石燕，以爲美玉，銅匣而藏之，後知是石，因捧匣而棄之，此爲未識玉也。郢人爲賦，託以靈均，舉世而誦之，後知其非，皆緘口而捐之，此爲未知文也。故以蛇爲鯉者，唯易牙不失其味；以趙曲爲雅聲者，唯鍾期不溷其音；以燕石爲美玉者，唯猗頓不謬其真；以郢賦爲麗藻者，唯相如不濫其賞。」讀此可以知其託名劉勰之故矣。蓋當時鄴下文士，推重江南文筆，恣其漁獵，用作楷模，故邢子才譏魏收云：「江南任昉，文體本疎，魏收非直摸擬，亦大偷竊。」收聞乃曰：「伊常於沈約集中作賊，何意道我偷任昉！」見北齊書魏收傳。此可以見河北風氣矣。晝自謂奇才博物，文采絕倫，乃因爲六合作賦，大爲邢、魏所嗤，至謂其四體之愚，又甚於賦，橫肆輕薄，殆非所堪。夫其貴任、沈也如彼，而賤晝也如此，此無他，重古而輕今，珍遠而鄙近，貴耳而賤目，崇名而毁實也。晝既恨北人以東家丘見待，又病時無真賞，以劉勰作文心雕龍深得文理，大爲沈約所重，故著此書，竊取其名，猶之郢人爲賦，託以靈均，觀其舉世傳誦，聊以快意，良由憤時疾俗，遂爾玩世不恭，猶是其好自矜大之習也。昔漢人慶虬之嘗爲清思賦，時人不之貴，乃託之司馬相如，遂大見重於世。見西京雜記卷上。晉陸喜作西州清論，借稱諸葛孔明以行其書。喜附見晉書陸機傳。晉武帝閱六代論，問曹志曰：「誰作？」志曰：「以臣所聞，是臣族父冏所作，以先王文高名著，欲令書傳於後，是以假託。」帝曰：「古來亦多有是。」見晉書曹志傳。晝之託名劉勰，亦若此而已。然晝雖偶弄狡獪，本非真欲隱名，必嘗自露蹤跡，時人多知之者，故張鷟得據所傳聞，筆之僉載爾。若夫提要疑爲僞託之故，大要有三：一曰晝未嘗播遷江表，與袁孝政之序不符；二曰本傳言其言甚古拙，與此書之縟麗輕蒨不合；三曰九流篇指陳得失，剽襲隋志。凡此三者，所疑皆妄也，其爲説非也。請得而辨之。孝政之序曰：「天下陵遲，播遷江表。」詳其文義，非謂晝也。晉室雖得天下不以正，然當時皆以正統歸之，故王猛臨死以之戒苻堅，蓋江表一隅，衣冠文物存焉。當晝之時，江左已爲陳氏，晉亡久矣。然晝之視陳，猶猛之視晉也，書中隨時篇曰：「時有淳澆，俗有華戎，不可以一道治，不得以一體齊也。故無爲以化，三皇之時；法術以禦，七雄之世。德義以柔中國之心，政刑以威四夷之性，故易貴隨時，禮尚從俗，適時而行也。」又曰：「老聃至西戎，而效夷言，夏禹入裸國，欣然而解裳，非欲忘禮，隨俗宜也。墨子儉嗇而非樂者，往見荆王，衣錦吹笙，非苟違性，隨時好也。魯哀公好儒服而削，代君修墨而殘，徐偃公行仁而亡，燕噲爲義而滅。夫削殘亡滅暴亂之所招，而此以仁義儒墨而遇之，非仁義儒墨之不行，行非於時之所致也。」詳此篇之意，蓋謂夷狄之民，不可以德義治，夷狄之君，不可以仁義説，其詞怨以怒矣。蓋齊自高洋之後，皆昏暴之君，行同禽獸，晝既不遇於時，自慽生於夷狄之邦，不及覩衣冠文物之盛，而揖讓於其間，故其言如此，第因時多忌諱，故出之以微詞爾。若劉勰、劉孝標則生長江左，其君臣皆以風流文采相高，縱詆諆北虜，無緣以至西戎、入裸國自況也。孝政推知其意，故曰傷己不遇，天下陵遲，播遷江表也，特孝政文理不通，不免詞不達意耳。若以播遷江表指晝言之，則當曰時天下陵遲，晝播遷江表，傷己之不遇，故作此書矣。六朝時以有韻爲文，無韻爲筆，本傳謂晝不學屬文，言甚古拙，觀其爲六合作賦，其拙可知。然不善屬文者，未必不長於筆也。杜子美古今詩聖，而無韻之文，至不可讀，曾子固文章蓋代，而韻語輒不工，人之才性，各有短長，故罕能兼美。且北齊文士，温、邢爲冠，温子昇全不作賦，邢子才又非所長，見北史魏收傳。然不害其爲作者，況於孔昭本是經儒，拙於作賦，良不足異，且言甚古拙之評，出於李百藥，李父德林，見知魏收，以晝爲收所詆諆，遂雷同附和耳。北史謂收常云：「會須作賦，始成大才，士唯以章表碑誌自許，此外更同兒戲。」見收傳。然則立言之道，非收所知。收傳載其所作枕中篇一首，相其理致，尚未足與劉子抗衡，道不同不相爲謀，魏收驚蛺蝶，惡足以論定孔昭乎？孔昭自謂使我數十卷書行於後世，不易景公千駟，觀於劉子，知其言大而非誇。史官敍事，豈皆實録，百藥才謝馬、班，直異南、董，提要據其片言，遂疑孔昭不能著書，亦過矣。且提要謂此書華縟輕蒨，而晁公武則以爲俗薄，品藻異致，毀譽亦復何常。考北堂書鈔卷九十七引有劉畫鄒衍别傳，劉畫莊周傳，又卷九十六引劉孟軻傳，「劉」下蓋亦脱「畫」字。近人李詳媿生叢録卷二謂：「『劉畫』疑『劉晝』之譌字。鄒衍、莊周傳疑皆爲高才不遇傳中人。」其説是也。考後漢書鄭玄傳注引北齊劉晝高才不遇傳論玄曰：「辰爲龍，巳爲蛇，歲至龍蛇，賢人嗟。」晝字亦誤「畫」，可以互證。書鈔所引鄒衍别傳云：「鄒子博識，善敍事，有禹、益之鴻才，道深東海，名重西山，日月不能亂其暉，金玉無以比其貴。」其文體正與劉子相類，然則晝非不能作華縟輕蒨之文者矣。善夫周中孚之言曰：「傳稱其綴緝詞藻，言甚古拙，或疑此書非其所能，亦非篤論。何者？以魏伯起之文，而徐孝穆曰爲之藏拙，盧子行、薛元卿之文，而庾子山曰少解把筆，何怪于孔昭。蓋其才本不嫻於詩賦，既爲邢、魏所笑，耳食者遂過甚其辭耳，未見其不能著書也。」見鄭堂讀書記卷五十六。斯誠篤論也。至其尚論九流，規撫漢書、隋志之言，亦仿班固，既同出一師，故意多冥合，此如詩人擬古，大抵重規疊矩也。且其終篇與隋志無一章一字之偶合，坐以剽襲，據爲罪案，是蓋胸有成見，妄疑人以竊鈇也。故提要之言，嚴可均甚不然之，鐵橋漫稿卷八書劉子後曰：「近人編書目者，謂九流之篇，全襲隋書經籍志之文。隋書非僻書，盍覆檢之，豈其然乎？」凡提要所言，皆不足爲依託之證，故曰所疑皆妄也，其爲説非也。

或袁孝政採掇諸子之言，自爲此書而自注之，又恍惚其著書之人，使後世莫可究詰，亦未可知也。

案提要疑此書袁孝政所依託，尤爲無據。盧文弨抱經堂文集卷十二劉子跋云：「劉子五十五篇，南齊時劉晝孔昭撰，晝非南齊人，此誤矣。有唐播州録事參軍袁孝政注，其云劉晝撰者，亦孝政之序云耳。宋人黃東發遂疑爲孝政所自著，按黃震日抄卷五十五云，播州録事袁孝政注而序之，乃盛稱譽，又謂劉子名晝，字孔昭，而無傳記可憑，或者袁孝政之自爲者耶。余借得道藏本，見孝政所爲注，淺陋紕繆，於事之出左氏、國語者尚多亂道，而謂其能爲此文字乎？余取其本以校世所行名爲新論本，孝政序，兩本皆遺之。」又盧氏羣書拾補中所校新論條下自注語亦略同，然則此書非孝政所能作也。余就孝政之注考之，其命相篇注謂叔姬是羊鮒之祖母，傷讒篇「無極之讒子常」注，謂子常姓郄，謂晉君欲往子常家，風俗篇注謂陳大姬是周穆王長女，此盧氏所謂事之出左氏國語者尚多亂道也。然其謬不止此。崇學篇注云：「有子長有若也。」和性篇注云：「越王鑄劍之人，姓趙名千將，善能歐冶鑄劍石。」薦賢篇注謂汲黯是漢相。防慾篇注云：「二疏者，疏受兩兄弟也。」通塞篇「班超投筆而慷慨」注云：「徐令之子，高祖封爲定遠侯。」愼隟篇注謂張繡爲袁紹下軍將，又謂蘇秦歷說六國，三年而歸，嫂不爲炊飯，妻不爲下機。命相篇注謂文帝夢見落井，而鄧通救之。適才篇注以馮驩彈鋏爲彈琴，以歌辭長鋏歸來爲丈夫歸來，又謂作雞鳴狗盜者皆是馮驩。凡此諸條，與盲人道黑白何以異。又如妄瑕篇注云：「范增是楚之大臣。項羽將兵圍漢王城，陳平說謀，多將珍寶與楚王大將，楚王知，乃欲斬大將。范增諫曰：『此是陳平之計，王勿誅之。』王曰：『攻戰之事，忘其忠武，受他財寶，豈爲臣子。』遂殺之。范增疽發而死。」此節尤爲鄙俚。甚至謂劉備王西蜀，曹操王西晉，孫權王南吳，天下爲三國，愼言篇注。尤其可笑。至於韜光篇注云：「太公作書，名曰六韜者，龍韜、虎韜、豹韜、人韜、驊騮韜、鳳韜。」案六韜爲文、武、龍、虎、豹、犬。大質篇注引說文云：「黃帝於鼎湖山上得仙人遺弓一張，羣臣見之，一時號哭，因曰烏號。」又云：「南嶺上有柘木鳥，每日在其上鳴，因名之烏號弓也。」則僞造古書。審名篇注謂觀周人玉璞者爲卞和，案此事見文選百一詩注，無卞和之說。知人篇注謂韓信仰視刀人滕公。命相篇注謂周亞夫爲細柳將軍。觀量篇「文公種米，曾子植羊」，案此兩語見淮南子泰族訓，陸賈新語及世說尤悔篇注字句稍不同，其事則不可解。注云：「晉文學外國種米，曾參學外國人剉羊皮，用土種之，雖不生，言其志大。」則杜撰故事。其餘大抵穿鑿附會，誣妄之處，舉之不勝其舉，殆是粗識之無、不通文義者之所爲，此豈能作此書者乎？孝政注，余所見者凡三本，一影鈔本，藏故宫博物院；一黄丕烈以宋刻本校舊鈔本，今藏江安傅氏，一近時海寧陳氏影印黄丕烈藏明刻本。故宫本、傅氏本皆只繙閲一過，未及借校，今所舉皆就影印本引用黄氏所校宋本注，與明刻有異同，然其爲謬妄鄙俚，則一也。又按吳騫尖陽叢筆卷九云：「芚兮大令有抄本劉處玄集，紙墨甚舊，細視其書，卽世所傳之劉子五十五篇，不知何以寫作劉處玄集。按道藏目録有仙樂集五卷，乃劉處玄造，皆詩詞歌頌耳，意者後人又以僞劉晝書託之處玄乎？大令謂劉晝書乃實處玄作，未知然否。」考劉處玄爲金末王嘉弟子，見元史釋老傳，若新論果爲處玄所作，何以宋人先爲刻版，又有唐人爲之作注，其言可發一噱。芚兮爲海甯周春字，不識何以發此謬論。陳鱣簡莊文鈔續編卷一劉子注跋云：「北齊書儒林傳劉晝傳雖不云有此書，然於書中大意相合，或疑袁孝政所作，非也。」其說頗是，惜其無所發明。又案此篇定稾已久，今年丁丑見蜀人楊明照，承以所作劉子理惑見示，其言有足補余所未及者，復節録之於此，其畧云：「劉子五十五篇，隋書經籍志不著録，故疑之者衆矣。然皆執一隅之見，而昧通方之觀。夫史氏載筆，易致俄空，班志藝文，不乏其選，則是書之疎闊靡紀，非創見也。且其文詞豐腴，捃摭博贍，婁引於書鈔，自注云：北堂書鈔卷二七引愛民篇及適才篇文，卷一二九引適才篇文，卷一二五引兵術篇文，卷一四四引正賞篇文。曾采於帝範，自注云：帝範崇文篇兩引崇學篇文。湛然之輔行記，自注云：輔行記第四之三引韜光篇文，第五之一引崇學篇文。武后之臣軌篇，自注云：臣軌公正篇用清神篇文。莫不取資，以宏事類。則是書之原出六朝，信有徵也。況世南書鈔，成諸隋季，是先貞觀修史之年矣。敦煌寫本，遠在唐前，自注云：「敦煌寫本劉子殘卷，起韶光第四之後段，訖法術第十四之首行，每行十八九字。卷中理字淵字世字民字均未闕筆，亦未改書，其出六朝人手可知。又一種字體較小，起審名第十六之末行，訖託附第二十一之前段，每行二十八九字，理世諸字均已改易，蓋爲唐人所書，並足證是書之非假託。原本並藏法國巴黎國立圖書館，此據清華圖書館景本。」嘉錫案：上虞羅氏校録之敦煌石室碎金中有劉子殘卷，起去情第三怒向之評者，訖思順第九水必歸海，中間世字或避或不避，當亦唐人寫本。復蚤袁氏加注之日矣。則是書之不容矯託，斷可識也。黃東發乃謂雜取九流百家之説，難預諸子立言之列。自注云：「黃氏日抄卷五十五讀劉子，下同。」殊先哲撰述，多識前言，呂氏春秋、淮南鴻烈亦已乃爾，何病乎此。又謂袁孝政譽其五十五篇取五行生成之數，於義無考，夫尚書分篇，文法列宿，文心定名，數彰大衍，寓意篇章，未爲無例。黃氏又云袁孝政謂劉子名晝，字孔昭，而無傳記可憑，或者袁孝政之自爲者耶。四庫簡明目録云疑卽孝政所僞作而自爲之注也，提要説略同。按劉子之文，多資故實，孝政所注，極爲謬悠。自注云：「孝政注惟道藏本、活字本中尚存，餘皆刪削幾盡，蓋因其不能相副耳。」事之出左氏、國語者，時或妄道，文之本於呂子、淮南者，竟付闕如。有子惡卧焠掌，自注云：「崇學篇云有子惡卧，自焠其掌。」荀子解蔽文也，自注云：「荀子解蔽篇云：有子惡卧而焠掌。又御覽三百七十及六百十一引桓範世要論云有君好卧讀書，倦則焠其掌。」而孝政不知。顔回夜浴整容，自注云：「愼獨篇云：顔回不以夜浴改容。」抱朴譏惑語也，自注云：「按抱朴子讒惑篇云，顔生整儀於宵浴。而孝政弗曉。春山之底，自注云，韜光篇云，丹伏光於春山之底。不諳所在，自注云，按穆天子傳卷一及卷四屢見春山之文。丹水之戰，自注云，兵術篇云堯戰丹水。乃云未聞。自注云，按書鈔十三、御覽六三引六韜犬韜云，堯與有苗戰於丹水之浦，又吕氏春秋召類篇、淮南兵略篇、論衡儒增、恢國二篇，並有堯戰丹水之文。注尚如斯，文可知矣。且孝政未注以前，諸書徵引已衆，自注云：「新、舊唐書俱無孝政傳，他書亦無論及之者，故其生卒不可考，然非初唐人，則可肊斷也，敦煌寫本劉子殘卷，並無注，尤爲塙證。」嘉錫案，舊唐志有劉子而不録袁孝政注，舊志悉以開元時毋煚古今書録爲本，則孝政殆開元以後人也，至新志亦不録袁注，則其人或更在唐末矣。不揣其本，强謂所作，非惟鳩居鵲巢，蔦施松上，亦與師曠將軒轅並世，公明與方朔同時，等夷其謬矣。是書稱名，以署劉子者爲當，自注云，新舊唐書、崇文總目、通志等並題爲劉子，書鈔、輔行記、御覽、海録碎事等所引亦作劉子，道藏本及活字本並作劉子。題新論者非古。自注云，自程榮稱新論後相沿日衆，或有連稱劉子新論者。至於卷帙區分，雖有一二三之異，自注云，子彙本等分爲上下二卷，通志、崇文總目、郡齋讀書志、玉海等題爲三卷，敦煌本殘卷標題已佚，由其斷簡觀之，似不分卷。五十之殊，自注云，郡齋讀書附志、書録解題題爲五卷，諸子賞奇本同，新舊唐書題爲十卷，道藏本、活字本、畿輔叢書本同。然都爲五十五篇，固無差忒也。」

顔氏家訓二卷

舊本題北齊黄門侍郎顔之推撰。考陸法言切韻序作於隋仁壽中，所列同定八人，之推與焉，則實終於隋，舊本所題，蓋據作書之時也。

嘉錫案：北齊書文苑傳有之推傳云：「隋開皇中，太子召爲學士，甚見禮重，尋以疾終。」北史文苑傳同。陳書文學阮卓傳云：「至德元年聘隋，隋主夙聞其名，遣河東薛道衡、琅玡顏之推等與卓談宴賦詩。」南史文學傳略同。然則之推終於隋，史傳具有明文，不知提要何以捨正史不引，而必旁徵切韻也。考切韻序末雖題大隋仁壽元年，然其序云：「昔開皇初，有儀同劉臻等八人同詣法言門宿，夜永酒闌，論及音韻，蕭、顏多所決定。蕭該、顏之推也。魏著作著作郎魏淵。謂法言曰：『向來論難處悉盡，何不隨口記之。』法言卽燭下握筆，略記綱紀。十數年間，未遑修集。今返初服，私訓諸弟子，凡有文藻，卽須明聲韻。屏居山野，交游阻絕，疑惑之所，質問無從。亡者則生死路殊，空懷可作之歎；存者則貴賤禮隔，以報絕交之旨。遂取諸家音韻，古今字書，以前所記者，定之，爲切韻五卷。」是則法言之書，雖作於仁壽元年，而其與之推等論韻，實在開皇之初。本傳云：「開皇中，太子召爲學士，尋以疾終。」法言亦有「亡者生死路殊」之語，蓋之推卽卒於開皇時。錢大昕疑年録卷一云，顏之推六十餘，生梁中大通三年辛亥，卒隋開皇中。自注云，本傳不書卒年，據家訓序致篇云年始九歲，便丁荼蓼，以梁書顏協卒年證之，得其生年。又終制篇云吾已六十餘，則其卒蓋在開皇十一年以後矣。提要乃云：「切韻序作於仁壽中，所列同定八人，之推與焉。」一若之推至仁壽時尚存者，亦誤也。切韻序前所列八人姓名，有内史顔之推。古逸叢書本作外史。 内史之官，本傳不書。 史通正史篇云：「齊天保二年，勅秘書監魏收勒成一史，成魏書百三十卷。世薄其書，號爲穢史。至隋開皇，勅著作郎魏澹與顔之推、辛德源更撰魏書，矯正收失，總九十二篇。」此亦之推入隋後逸事之可見者。 唐顔真卿撰顔氏家廟碑云：「北齊給事黄門侍郎、待詔文林館、平原太守、隋東宫學士諱之推，字介，著家訓廿篇，冤魂志三卷，證俗音字五卷，文集卅卷，事具本傳。」據拓本，亦見金石萃編卷一百一。 又顔勤禮神道碑亦云：「祖諱之推，北齊給事黄門侍郎，隋東宫學士，齊書有傳。」此碑僅見於集古録，他家皆不著録，近時始復出土。 敍之推官職，皆與史合。提要謂舊本題北齊黄門侍郎，爲據作書之時。 考家訓屢敍齊亡時事，其書證篇云：「開皇二年五月，長安民掘得秦時鐵稱權，旁有銅塗鐫銘二所，其書兼爲古隸。 余被勅寫讀之，與内史令李德林對，見此稱權，今在官庫。」是家訓之作於隋時， 本書有明文可考。 其終制篇云：「先君、先夫人皆未還建鄴舊山，今雖混一，家道罄窮，何由辦此奉營經費。」則家訓實作於隋開皇九年平陳之後，提要以爲作於北齊，蓋未嘗一檢原書，姑以臆説之耳。顔真卿所撰殷夫人顔氏碑云「北齊黄門侍郎之推」，據拓本，齊字推字泐，亦見萃編卷一百一。 與家訓署銜同。家廟碑雖書隋官，而下文云「黄門兄之儀」，仍舉齊官爲稱，豈非以之推在齊顯久，且官位尊顯耶？ 新唐書顔籀傳云：「祖之推，終隋黄門郎。」其以官黄門爲隋時事，固誤，然亦可見從來舉之推官爵，必署黄門矣。隸釋卷九司隸校尉魯峻碑跋云：「漢人所書碑誌，或以所重之官揭之，司隸權尊而秩清，非列校可比，亦猶馮緄捨廷尉而用車騎也。」余按後漢班彪傳，彪拜徐令，以病免，後爲望都長，卒官，而班超傳云「徐令彪之少子也」，不云望都長，亦以令之位秩高於長，從所重言之也。隋書經籍志有後漢徐令班彪集二卷。馬融官終議郎，而盧植稱爲故南郡太守，見植傳。以太守秩二千石，議郎僅六百石故也。隋志，梁有漢南郡太守馬融注周易一卷，然則古人署銜，固有從其平生所重，而不以著書之時爲斷者矣。其例甚多，不可枚舉。此書之署北齊黄門侍郎，與唐人之以黄門稱之推，亦從所重言之耳。盧文弨補家訓趙曦明注例言曰：「黄門始仕蕭梁，終于隋代，而此書向來惟題北齊。唐人修史，以之推入北齊書文苑傳中，其子思魯既纂其父之集，則此書自必亦經整理，所題當本其父之志。」此言是也。然則此書之題北齊黄門侍郎，不關作書之時亦明矣。

陳振孫書録解題云：「古今家訓，以此爲祖。」然李翺所稱太公家教，雖屬僞書，至杜預家誡之類，則在前久矣，特之推所撰，卷帙較多耳。

案李翺文公集卷六答朱載言書云：「其理往往有是者，而詞章不能工者有之矣。劉氏人物表、王氏中説、俗傳太公家教是也。」并未嘗指爲齊之太公所作，更未言其真僞，四庫既不著録，作提要者未見其書，何從知其爲僞書耶？宋王明清玉照新志卷三云：「世傳太公家教，其書極淺陋鄙俚，然見之唐李習之文集，至以文中子爲一律，觀其中猶引周、漢以來事，當是有唐村落間老校書爲之。太公者，猶曾高祖之類，非渭濱之師臣明矣。」然則此所謂太公，并非吕望，宋人辨之甚明，提要不考，而以爲僞書，誤矣。考八旗通志阿什坦傳云：「阿什坦翻譯大學、中庸、孝經及通鑑總論、太公家教等書刊行之。當時翻譯者咸奉爲準則，卽僅通滿文者，亦得藉爲考古資。」是其書清初尚存，其後不知何時佚去。宣統間敦煌石室千佛洞發見古寫本書中，有太公家教一卷，上虞羅氏得之，影印入鳴沙石室古佚書中，其書開卷卽云：「代此句上缺五字長值危時，望鄉失土，波迸流離，只欲隱山居住，不能忍凍受飢，只欲揚名後代，復無晏嬰之機。才輕德薄，不堪人師，徒消人食，浪費人衣。隨緣信業，且逐時之隨，輒以討其墳典，簡擇詩書，依經傍史，約禮時宜，爲書一卷，助幼兒童，用傳於後，幸願思之。」觀其自敍，真王明清所謂村落間老校書也，何嘗有僞託古人之意哉？王國維跋在本書卷後，亦見觀堂集林卷二十一云：「原書有云，太公未遇釣漁水，原注，水上疑脱渭字。相如未達賣卜於市，□天嘉錫按，此字似脱上半，恐非天字。居山，魯連海水，孔鳴原注，明字之誤盤桓，候時而起，書中所用古人事止此。或後人取太公二字冠其書，未必如王仲言曾高祖之説也。」嘉錫考古人摘字名篇，多取之第一句，否則亦當在首章之中。今王氏所引在其書之後半，未必摘取以名其書，且其前尚有「唐虞雖聖，不能化其明主；微子雖賢，不能諫其暗君；比干雖惠，惠字疑是忠字之誤。不能自免其身」云云，亦是用古人事，不獨太公數句也。名書之意，仍當以王明清説爲是。要之無論如何，絶非僞託爲齊太公所撰，則可斷言也。

化書六卷南唐譚峭

舊本題曰齊邱子，稱南唐宋齊邱撰。然宋碧虚子陳景元跋稱舊傳陳摶言譚峭景升在終南著化書，因遊三茅，歷建康，見齊邱有道骨，因以授之，齊邱遂奪爲己有而序之，則此書爲峭所撰，稱齊邱子者非也。峭爲唐國子司業洙之子，師嵩山道士，得辟穀養氣之術，見沈汾續仙傳中。又道家稱峭爲紫霄真人，而五代史閩世家稱王昶好巫，拜譚紫霄爲正一先生，其事與峭同時，不知即一人否？方外之士，行蹤靡定，亦無從而究詰矣。

嘉錫案：南唐孟一之貫詩集有贈棲隱洞譚先生詩，李中碧雲集卷下有廬山棲隱洞譚先生院留題詩。宋陳舜俞廬山記卷三云：「棲隱觀古名棲隱洞，保大中，道士譚紫霄來自閩中，賜號金門羽客，始立觀於此。譚之在閩中，號洞玄天師、貞一先生。宋本在卷二。貞一即正一，與五代史合。」陸游南唐書卷十七云：「譚紫霄泉州人，幼爲道士，自言得道陵天心正法，劾鬼魅、治疾病多效，閩王王昶尊事之，號金門羽客、正一先生；閩亡，遯居廬山棲隱洞，學者百餘人；後主聞其名，召見，賜官階，辭不受，俄無疾卒，年百餘歲。」十國春秋卷九十九譚紫霄傳亦云：「康宗按卽王昶奉爲師，封正一先生；閩亡，寓廬山棲隱洞。南唐後主按據廬山記，紫霄賜號在保大中，則當以元宗時至建康，故及見宋齊邱，南唐書及十國春秋均以爲後主召之，誤也。聞其名，召至建康，賜號金門羽客，階以金紫，比蜀之杜光庭，皆讓不受。」是紫霄實嘗自閩中游建康，與陳景元跋所謂歷建康見齊邱者合，然則五代史之譚紫霄，蓋卽著此書之紫霄真人譚峭也。陸游及吳任臣作紫霄傳，均不知其名峭，蓋猶考之未審矣。老學菴筆記卷五云：「林靈素爲金門羽客，用閩王譚紫霄故事。」據廬山記，金門羽客爲南唐賜號，南唐書及老學菴筆記均以爲閩王時事，疑陸游誤記，然亦可見南唐之號金門羽客者，卽閩之譚紫霄也。惟宋趙與旹賓退録卷五云：「南唐保大中，賜道士譚紫霄號金門羽客，見廬山記。祐陵賜林靈素號，用此故事。」其説獨不誤。宋齊丘者，奸人之雄，亦頗能文章，其竊景升之書而有之，殆亦有所潤飾於其間，必不肯一字不易，僅作抄胥而已。王世貞弇州山人續稾卷一百五十一有此書跋曰：「是書也，吾以爲齊丘必竄入其自著十之一二，而後掩爲己有，如五常一章忽云：『運帝王之籌策，代天地之權衡，則仲尼其人是也。』彼蓋所以名齊丘意也。若景升必不推仲尼，亦不必附於儒者。」此説雖無所考證，而其言頗有理，故録之。